D1721710

Charlotte Kost

MEIN BAUM- HOROSKOP 2000

Das keltische Horoskop: Bäume deuten Ihr Schicksal

WILHELM HEYNE VERLAG

MÜNCHEN

HEYNE RATGEBER
08/5316

Umwelthinweis:

Dieses Buch wurde auf
chlor- und säurefreiem Papier gedruckt.

Originalausgabe 11/99
Copyright © 1999 by Wilhelm Heyne Verlag GmbH & Co. KG, München
http://www.heyne.de
Printed in Germany 1999
Lektorat: Nele Haasen
Umschlaggestaltung: Atelier Bachmann & Seidel, Reischach
Umschlagillustration: Christine Wilhelm, München;
Bavaria Bildagentur/VCL, Gauting
Innenillustrationen: Sylvia von Braun, München und Charlotte Kost
Herstellung: H + G Lidl, München
Satz: Fotosatz Völkl, Puchheim
Druck und Bindung: Ebner Ulm

ISBN 3-453-16031-2

Inhalt

Das Keltische Baum-Horoskop

Es waren die Kelten bzw. der kleine Kreis ihrer Priester und Weisen, die sich in der Mitte des zweiten Jahrtausends vorchristlicher Zeitrechnung über die Vorgänge am Himmel Gedanken machten, um den Naturphänomenen, die mit ihnen in Zusammenhang standen, näherzukommen.

Das Wohl und Wehe der Menschen war damals wie heute weitgehend vom Wirken der Sonne abhängig, die in regelmäßigen Abständen und sehr unterschiedlicher Intensität ihrer Energien auf die Erde abstrahlt.

Der ewig wechselnde Strom des Lebens, der sich mit jedem Frühjahr erneuert und sich mit dem Beginn des Winters auf eine Ruhepause einstellt, ist nach wie vor bestimmend für das menschliche Leben.

Dieses fundamentale Geschehen wird alleine von der Sonne in Gang gehalten. Alles, was auf unserer Erde lebt, vom kleinsten Grashalm bis zu den Menschen, steht in einem absoluten Abhängigkeitsverhältnis zu diesem Zentrum des gesamten Geschehens, der Sonne.

Die Priester und Weisen der Kelten, die um das Wohl der ihnen anvertrauten Menschen besorgt waren, sind dem Geheimnis der Vorgänge in der Natur nahegekommen.

Die Anordnung der 21 Bäume im Keltischen Baumkreis, der eine mystische Wirkung ausübte, zeigt, daß schon damals der Wahl der Abstände zwischen den Bäumen und dem Einfallbereich der Sonnenenergie innerhalb dieser exakten Grenzen größte Bedeutung zugesprochen wurde.

Die Tages- und Nachtfolge und der Wechsel der Jahreszeiten, in die wir heute die Zeitspanne innerhalb eines Jahres unterteilen, wurde bereits damals als richtungweisend für das menschliche Leben erkannt. Damit ist man schon damals der Astrologie recht nahegekommen. Ihre Grundlagen sind heute noch gültig.

2000 ist das
»Jahr des Nußbaums«

Ein neues Jahrtausend bricht an, und es könnte nicht besser beginnen als mit dem Einfluß, den das Symbol Nußbaum bereithält.

Eine ganze Menge Unerwartetes wird auf uns zukommen. Es heißt also flexibel zu sein, sich anpassungsfähig zu zeigen. Anpassungsfähigkeit kann man trainieren, sogar wenn man eine Eberesche oder einen Ahorn, beide in der ersten Dekade, in den Geburtsdaten hat.

Entspannungstendenzen, die den Menschen etwas mehr zur Ruhe kommen lassen, ihn privat und beruflich nicht mehr zu sehr in Anspruch nehmen, sind in den Monaten Juni, Juli, September und Oktober zu erwarten.

Im Jahr 2000 sind wir alle um tiefere Erkenntnisse bemüht. Das schöpferische Prinzip wird sich, je nach Veranlagung des einzelnen, auf die eine oder *andere* Weise manifestieren. Wir werden mit einbezogen in eine Spirale, die sich von unten nach oben bewegt. Mit anderen Worten ausgedrückt: Erkenntnisse, die sich als falsch oder unbrauchbar erwiesen haben, werden rigoros ausgemustert.

Die Selbstbewußten und die Mutigen befreien sich von Rachegelüsten oder Eifersuchtsanfällen. Manche werden einsehen, daß dies unnütze Gefühle sind, die am meisten dem eigenen Wohlbefinden schaden.

Doch es wird nicht nur ausgemustert im Jahr 2000, es wird auch durchaus Neues ins Programm aufgenommen. Das bringt erhebliche Vorteile im privaten, wirtschaftlichen und politischen Geschehen.

Das Bedürfnis nach einem erträglichen und harmonischen Miteinander läßt die Klugen, Gescheiten und Besonnenen nach neuen Wegen suchen.

Die Liebe kann sich für das Jahr 2000 allerdings keine bevorzugte Stellung erwarten: Zarte, innige Gefühlsregungen sind weitgehendst auf Eis gelegt. Der Trend zum Sex statt zur innigen Zuneigung ist nicht zu übersehen. Man darf dies allerdings nicht nur dem Nußbaum anlasten, sondern der allgemeinen Verflachung im Gefühlsbereich.

Eine begrüßenswerte Novität ist der beginnende Durchbruch in Sachen Verbundenheit mit dem Naturgeschehen, in das ganz selbstverständlich die Vorkommnisse im Kosmos einbezogen werden. Es wäre tatsächlich ein Durchbruch, den die Menschheit damit wagen würde. Es wäre ein Weg zu einem zufriedeneren Leben.

Das Partnerschaftshoroskop – Wer paßt zu wem?

Beispiel: Sie sind an einem *17. Juli* geboren. Für diesen Tag ist die *2. Dekade ULME* gültig (15. 7. – 25. 7.).

Ulme 2. Dekade	Apfelbaum	2. Dekade
Ulme 2. Dekade	Tanne	2. Dekade
Ulme 2. Dekade	Ulme	2. Dekade
Ulme 2. Dekade	Trauerweide	1. Dekade
Ulme 2. Dekade	Linde	1. Dekade
Ulme 2. Dekade	Nußbaum	2. Dekade
Ulme 2. Dekade	Kastanie	2. Dekade
Ulme 2. Dekade	Eiche	21. 3.
Ulme 2. Dekade	Birke	24. 6.

Wichtig ist zunächst, die für Ihren Geburtstag gültige Baum-Dekade zu finden. Anhand der Tabelle, die für diesen Baum gültig ist, und der Dekade, die den gesuchten Geburtstag (zur Übersicht siehe Inhaltsverzeichnis) aufweist, gelingt es mühelos, den idealen Partner zu finden.

Apfelbaum 2000
23. 12.–1. 1. / 25. 6.–4. 7.

Beharrlichkeit und ein gewisser Ehrgeiz, den auch Kollegen im Berufsleben akzeptieren, führt Menschen, die in diesem Zeitraum geboren wurden, immer an das angestrebte Ziel, das sich jedoch nicht unbedingt in einer überragenden Stellung manifestieren muß. Trotz hoher Erwartungen kann man sich auch mit bescheidenen Erfolgen zufriedengeben. Das Wichtigste ist immer, daß im Grunde des Herzens Harmonie herrscht und eine friedliche Atmosphäre das gesamte Umfeld erträglich macht.

Der Apfelbaum zeigt in seiner Blütezeit ein überwältigendes Blütenkleid – ein deutlicher Hinweis, daß viele Fähigkeiten in ihm schlummern. So wie jede einzelne Blüte die Chance hat, sich zu einem duftenden Apfel zu entwickeln, so warten auch viele Möglichkeiten darauf, sich durch gezieltes Bemühen und Fleiß beruflich auswerten zu lassen. Ob Apfelbaum-Frau oder Apfelbaum-Mann, mit zäher Entschlossenheit werden vorhandene Talente ausgewertet, und wenn man zur ersten Dekade, also zu den im Winter Geborenen gehört, weiß man, daß beruflicher Ehrgeiz noch immer ans Ziel geführt hat.

Die Sommerdekade hat hiermit etwas mehr Schwierigkeiten. Sie versucht auch dort, wo extrem schwierige Hindernisse auftauchen, mit List und Diplomatie noch etwas zu erreichen. Grundsätzlich hängen Apfelbaum-Leute aber nie an Illusionen. Man gehört als Apfelbaum-Geborener zu den Realisten, man tut demzufolge sein Bestes und gibt sich durchaus zufrieden, wenn der eigene Besitz vermehrt werden kann; Luftschlösser bauen gehört auf keinen Fall in das Ressort des Apfelbaum-Geborenen.

Akzeptiert man diese Einstellung, kommt man prächtig mit Apfelbaum-Geborenen aus. Nach der ersten Lebenshälfte wird die unbeschwerte Einstellung zu einem glückbringenden Lebensmotto.

Beide Dekaden können in der Liebe tiefe Gefühle entwickeln, diese aber nicht offen zeigen. Das heißt, Apfelbaum-Geborene sind zurückhaltend, reserviert und absolut konservativ in ihren Anschauungen.

Konzentrierte Sonnenenergie für meinen Baum

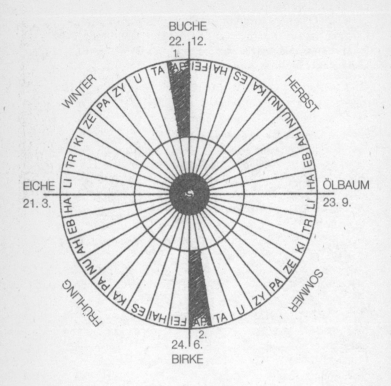

Der *markierte* kleine Teilabschnitt für jeden Baum zeigt seine Position innerhalb der vier Jahreszeiten an.

Die zu dieser Jahreszeit wirksame Sonneneinstrahlung ist für astrologische Erkenntnisse auch heute noch äußerst bedeutungsvoll.

Die *einzelnen Baumfelder* sind mit den *Anfangsbuchstaben des betreffenden Baumes* gekennzeichnet.

Wer paßt zu wem?

Apfelbaum

1. Dekade: 23. 12.–1. 1.
2. Dekade: 25. 6.–4. 7.

Die Zugehörigkeit eines Baum-Symbols zu einem der vier Elemente, Feuer, Wasser, Luft und Erde, muß für die Beurteilung harmonisierender Partnerbeziehungen berücksichtigt werden. Diese fundamentale Wichtigkeit ist bei der Gegenüberstellung der einzelnen Dekaden berücksichtigt. Wenn Sie in der folgenden Aufstellung nicht die Daten Ihres Partners finden, seien Sie nicht beunruhigt. Liebe ist ein Ding mit 1000 Facetten – in das letzte Geheimnis, das sich im Begriff Liebe verbirgt, kann kein Horoskop der Welt Einblick geben.

Apfelbaum 1. Dekade . . . . Apfelbaum 1. Dekade
Apfelbaum 2. Dekade . . . . Apfelbaum 2. Dekade
Apfelbaum 1. Dekade . . . . Tanne 1. Dekade
Apfelbaum 2. Dekade . . . . Tanne 2. Dekade
Apfelbaum 1. Dekade . . . . Ulme 1. Dekade
Apfelbaum 2. Dekade . . . . Ulme 2. Dekade
Apfelbaum 1. Dekade . . . . Kiefer 2. Dekade
Apfelbaum 1. Dekade . . . . Trauerweide 2. Dekade
Apfelbaum 2. Dekade . . . . Trauerweide 1. Dekade
Apfelbaum 1. Dekade . . . . Linde 2. Dekade
Apfelbaum 2. Dekade . . . . Linde 1. Dekade
Apfelbaum 1. Dekade . . . . Nußbaum 1. Dekade
Apfelbaum 2. Dekade . . . . Nußbaum 2. Dekade
Apfelbaum 1. Dekade . . . . Kastanie 1. Dekade
Apfelbaum 2. Dekade . . . . Kastanie 2. Dekade
Apfelbaum 1. Dekade . . . . Buche 22.12.
Apfelbaum 2. Dekade . . . . Eiche 21.3./ Birke 24.6.

Es zeichnet sich ein guter Jahresanfang ab. In der beruflichen Zusammenarbeit herrscht Kompromißbereitschaft. Meinungsverschiedenheiten und ärgerliche Mißverständnisse sind nicht zu erwarten. Es macht sich eine allgemeine Tendenz bemerkbar, die ein friedliches Miteinander bewirkt.

Haben Sie mit Schwierigkeiten zu rechnen, die amtliche Angelegenheiten betreffen, ist es ratsam, sich mit der Erledigung Zeit zu lassen. Geschäftliche Vorgänge, die mit dem juristischen Bereich zu tun haben, wirken sich negativ auf Ihre Laune aus. Völlig am Boden zerstört sind Sie trotzdem nicht.

Beschäftigen Sie sich ab Mitte des Monats intensiv mit Ihrem Privatleben. Hier machen sich positive Strömungen deutlich bemerkbar, gutes Einverständnis ist zumindest garantiert.

Ihr Grundelement ist die Erde, wenn Sie im Januar geboren sind. Damit gehört es zu Ihrer Wesensart, die Realität stets zuerst ins Auge zu fassen.

Ihre Angehörigen haben im letzten Monatsdrittel an Ihrer Gesellschaft Spaß. Weibliche Apfelbäume können mit einem besonders guten Abschneiden bei älteren Verwandten rechnen. Setzen Sie von sich aus noch ein paar Glanzlichter: Hier ein kleines Entgegenkommen, dort eine kleine Aufmerksamkeit, und schon haben Sie dafür gesorgt, daß viel Angenehmes aus diesem Personenkreis auf Sie zukommt.

Sie gehen jetzt mit Ihrem selbstbewußten Verhalten auch eventuell kritische Situationen zielbewußt an.

Am Monatsende verzeichnen Liebesbeziehungen etliche Minuspunkte. Möglicherweise versucht irgend jemand Unruhe, Unfrieden oder ähnliches in Ihre Partnerschaft zu bringen. Bewahren Sie Ruhe, und verlieren Sie nichts von Ihrem Selbstbewußtsein, dann wird der (oder die) Betreffende sich ärgern – aber Sie sich nicht.

Ist in den Februarwochen das Thema Liebe aktuell, treten Zufriedenheit und Glück auf. Bei den weiblichen Apfelbäumen geht sogar alles nach Wunsch. Vieles, wovon Sie bisher nur geträumt haben, läßt sich realisieren. Chancen tun sich auf, die Sie nutzen sollten, denn keine einzige wird sich als Seifenblase erweisen.

Vom Jahressymbol Nußbaum wird Ihnen Energie zu einem Verhalten vermittelt, daß es Ihnen ermöglicht, energisch vorzugehen und doch für ein Klima zu sorgen, das allen ausgezeichnet gefällt. Ihr Auftreten bekommt etwas Natürliches, Selbstverständliches. Kein Wunder, daß man von Ihnen begeistert ist und gut von Ihnen spricht.

In der dritten Februarwoche zeigen sich die Apfelbäume der zweiten Dekade wieder einmal als besondere Glückskinder. Aber haben Sie nicht zu hoch gesteckte Erwartungen. Was Sie vorhaben, muß immer noch mit Überlegung getan werden. Vorsichtig müssen Sie auch sein, wenn Sie im Beruf als Konkurrent eines Kollegen auftreten. Wichtige Elementarkräfte zeigen viel Verständnis für Ihre momentanen Bemühungen, doch nicht bedingungslos. Nehmen Sie also Rücksicht, wenn sich verschiedene Interessen kreuzen. Wenn Sie in diesem Monat mit Ihren Gefühlen für Ihre Familie so einigermaßen auf dem Teppich bleiben, kann eine Menge gelingen. Sie sorgen im Familienbereich ausnahmsweise für Hochstimmung. Emotionen können auch einen positiven Charakter haben. Zurückhaltung ist nur zu empfehlen, wenn es jemanden gibt, der Sie altersbedingt lieber als ruhigen, bescheidenen Menschen sehen möchte. Einige der Herbst-Apfelbäume geraten vom 20. bis 27. unter den Einfluß extremer Liebeszeichen. Diese könnten dazu verleiten, in fremden Revieren Ausschau zu halten. Hüten Sie sich vor kopflosen Entscheidungen.

Geschäftlich und beruflich wird es keine Klagen geben. Viel Fleiß und Aktivität wird von Ihnen verlangt, und doch sei vor zu großer Entschlossenheit gewarnt. Sie müssen jeder ungesunden Hektik, jeder nervösen Unruhe bewußt aus dem Weg gehen. Hier sind besonders Behörden und Amtsangelegenheiten gemeint, die in aller Ruhe und möglichst sachlich abgewickelt werden sollten. Auch wenn nicht alles nach Ihren Wünschen geht, bedenken Sie, daß jeder entschlossene Widerstand im Nußbaum-Jahr unangenehme Folgen haben kann.

Ungewöhnlicher Arbeitseifer wird Sie am Arbeitsplatz für zusätzliche Aufgaben motivieren. Lassen Sie sich von Mitarbeitern nicht abhalten. Die Gelegenheiten, sich als Arbeitskraft zu beweisen, die auch mal dort zupackt, wo es nicht unbedingt erwartet wird, sind selten. Jeder geht tagein, tagaus nur den gewohnten Trott, und wehe, man erwartet mal etwas, das außerhalb des Aufgabenbereichs liegt.

Ortsveränderungen könnten auf dem Programm stehen; es kann auch eine Reise sein, die neue Perspektiven eröffnet. Berufliche Chancen sind in diesem März zu erwarten, und wo sie sich auftun, heißt es, die Ohren zu spitzen und sich interessiert zu zeigen.

In den Märzwochen können Sie auch Angelegenheiten in Ordnung bringen, die schon seit langer Zeit auf Erledigung warten. Sie werden mit den dafür notwendigen Energien reichlich versorgt.

Nach dem 14. melden sich bei einigen Apfelbaum-Leuten Sorgen, die das Wohl oder die Gesundheit von Angehörigen betreffen. Helfen Sie, bieten Sie Ihre Unterstützung an, aber nehmen Sie auch Rücksicht auf Ihre eigene Gesundheit. Es kann bei Leuten der ersten Dekade durchaus passieren, daß sie ohne Rücksicht auf das eigene Wohlbefinden oder den eigenen Geldbeutel anderen zu Hilfe kommen. Vom menschlichen Standpunkt aus gesehen, sicher ein wunderbares Verhalten, doch seit Menschengedenken mit Undank gelohnt. Dieser März ist dafür ein ganz und gar ungünstiger Zeitpunkt – lassen Sie ganz bewußt von derartigen Opfern ab.

Der Sektor Gefühl, Gemüt und auch die Liebe bekommen besonderes Gewicht. Ist eine neue Bekanntschaft in Sicht, die Ihr Herz in Flammen setzen könnte, bleiben Sie trotz heller Begeisterung auf dem Boden der Realität. Es bringt nichts, wenn Sie mit einem vielleicht berechtigten Enthusiasmus alles nur noch durch die rosarote Brille sehen. Vielleicht machen Sie sich Hoffnungen, die nicht erfüllt werden können.

Lassen Sie sich also etwas Zeit mit der Liebe. Ihr gutentwickeltes intuitives Gespür wird Ihnen schnell sagen, ob Sie auf dem richtigen Weg sind.

Der April eignet sich sehr gut zum Schmieden langfristiger Pläne. Sie können unbesorgt sein, schwerwiegende Hindernisse sind zunächst nicht zu erwarten. In der Liebe wird Ihnen nicht allzuviel geboten. Werden Sie nicht zornig, wenn ein Partner mehr von Ihnen erwartet, als Sie jetzt geben wollen. Wer weiß, von welchem kosmischen Zeichen er jetzt beeinflußt wird. Sicher läßt sich ein Weg finden, um einigermaßen miteinander auszukommen.

Die kosmischen Kräfte bewirken in Ihnen jetzt eine versöhnliche Stimmung. Sie werden schon bald feststellen, daß eine Veränderung in Ihrem seelischen Befinden stattfindet. Zunächst sind es nur reine Äußerlichkeiten, die Sie fröhlich machen. Jetzt ist es notwendig, Initiative zu entwickeln, jetzt sollten Sie zeigen, wie und was Sie wirklich sind: vital, selbstbewußt und jeder Anforderung gewachsen.

Im häuslichen Bereich, in Ihrer nächsten Umgebung, sind ganz dicke Pluspunkte zu erwarten. Ein höchst erfreulicher Aufwärtstrend im Beruf könnte dadurch ausgelöst werden. Gute Laune, Anerkennung und ein großes Lob von Angehörigen bringt Sie ganz gewaltig auf Touren. Ein Umbruch zeichnet sich ab. Eine neue Bleibe oder der Wegzug eines Familienmitgliedes könnte Ihnen eine großzügigere Wohnmöglichkeit verschaffen. Zu unnötigen Geldausgaben sollten Sie sich aber nicht verleiten lassen.

Im geschäftlichen Bereich sind Verzögerungen nicht mehr zu erwarten. Endlich läuft hier alles so, daß Sie zufrieden sein können. Für Apfelbaum-Männer ist dieser Zeitabschnitt noch günstiger als für die Damen. Gesellschaftliche Aktivität ist angesagt. Vergessen darf man dabei nicht, daß dies immer mit Sonderausgaben verbunden ist. Solange Sie dabei nicht Ihr »Sparkonto« plündern, geht das in Ordnung.

Ihr stark ausgeprägter Ordnungssinn ist jetzt »auf Urlaub«. Methodisch vorzugehen, alles wohlgeordnet zu regeln, ist Ihnen bereits angeboren. Jetzt macht man Ihnen einen Strich durch diese Rechnung: Für Ihre Begriffe herrscht manchmal das reinste Chaos. Das betrifft vor allem Ihr Privatleben, besonders dort, wo es plötzlich niemanden mehr gibt, der sich um Sie und Ihren gewöhnlichen Alltag kümmert. Kein Grund, sich aufzuregen! Lernen Sie, mit den Wölfen zu heulen, dann kommen Sie damit zurecht.

Seit vielen Wochen haben Sie nur mit guten Einflüssen zu tun gehabt und sind deshalb etwas verwöhnt. Eine drastische Veränderung findet im Mai bei den kosmischen Werten der Apfelbaum-Leute statt. Sorgen Sie sich aber nicht zu sehr, schalten Sie von vornherein jedes Bedenken, jede Angst aus, daß eine Krise oder Probleme lange andauern könnten. Man kann mit ruhigem Gewissen behaupten: Das Nußbaum-Jahr hat im großen und ganzen nur Gutes mit Ihnen im Sinn. Ganz ohne Minusposten geht es trotzdem nicht. Die aber sind ganz spärlich vertreten und bauen sich nie zu einer Katastrophe auf.

Kümmern Sie sich, wenn schon keine Glanzpunkte auftauchen, um die kleinen Freuden des Lebens, damit erhalten Sie sich auch Ihre gute Laune. Machen Sie Ihre Augen auf, schauen Sie sich einmal genau um, die Natur streift sich in diesem Wonnemonat das schönste Kleid über. Wer will da noch ein mißmutiges Gesicht machen oder gar in Sack und Asche gehen?

Bei geschäftlichen Ereignissen ist nicht viel zu erwarten, wenn, dann lediglich Dinge, die über das Alltägliche nicht hinausgehen. Tun Sie, was getan werden muß, und lassen Sie Ihren Ehrgeiz ruhen.

Da und dort kann es zu empfindlichen Störungen kommen. Irgendwo macht man Ihnen Schwierigkeiten. Sie können sich das nicht erklären.

Nur den Künstlern unter den Apfelbaum-Leuten geben die positiven und negativen Erlebnisse gleichermaßen Aufwind. Ihnen stehen Kräfte zur Verfügung, die sich auch bei Schwierigkeiten nicht erschöpfen. Sie sind die einzigen, wenn sie wirklich ihren kreativen Weg verfolgen, die durch Tränen den Pfad nach oben finden.

Im letzten Monatsdrittel bricht bei einigen Apfelbaum-Leuten ein diktatorischer Zug durch, der nichts anderes als eine gesunde Reaktion auf negative kosmische Einflüsse ist. Das ist durchaus gutzuheißen, wenn damit kein größerer Schaden angerichtet wird. Apfelbaum-Leute schwimmen sich häufig durch aufmüpfiges Benehmen frei. Es ist nichts dagegen einzuwenden: »Hilf dir selbst, dann hilft dir Gott«, ist ein bewährter und äußerst brauchbarer Spruch. Damit ist auch keine beabsichtige Rücksichtslosigkeit gemeint. Im gesellschaftlichen Bereich sollte man davon allerdings keinen Gebrauch machen.

Trotz Ihres eindeutig funktionierenden Unterbewußtseins rechnen Sie sich jetzt noch diese oder jene Möglichkeit aus, um zusätzliche Vorteile einzustreichen. Schon allein das Wort »ausrechnen« ist zum jetzigen Zeitpunkt daneben gegriffen. Planen Sie nicht, überlegen Sie nicht. Sorgen Sie für ein entspanntes Gemüt, für einen entspannten Seelenzustand.

Apfelbaum-Leute haben von ihrer Veranlagung her keine Leidenschaftlichkeit. Wird Ihnen in dieser Hinsicht eine Andeutung gemacht, ist es höchste Zeit, ein bißchen Feuer in die Liebesbeziehung zu bringen. Auch wenn man ein Apfelbaum ist, sollte man sich die Liebe unter die Haut gehen lassen. Sie bringen sich sonst um die schönsten Dinge, die Amor zu verschenken hat.

Gehören Sie zu den Singles unter den Apfelbaum-Leuten, so kann sich das bald ändern. Es kann in diesen Junitagen passieren, daß Ihnen eine Sehnsucht nach Liebe ins Herz gelegt wird, die alles daransetzt, hier eine Änderung herbeizuführen.

Bei den täglichen Abläufen droht nichts Unangenehmes. Gutes Gedeihen ist Ihrer Privatsphäre gegönnt. Hegen und pflegen Sie Ihre Gefühle, und lassen Sie sich etwas Besonderes einfallen, um Ihren Liebsten oder die Liebste bei Laune zu halten.

Das Element, das Phantasie wecken kann, und eine zusätzliche Tendenz zeigen, daß sich möglicherweise manches verändern wird. Aber es gibt auch eine Hilfestellung in dieser Wandlungsphase.

Für alle anderen Vorgänge bleibt nur zu sagen: Genießen Sie, was Ihnen angenehm und wohltemperiert serviert wird. Nehmen Sie das Leben so, als sei es tatsächlich ein wunderschönes Geschenk, das Sie dankbar annehmen.

Nehmen Sie sich in einem der schönsten Monate des Jahres morgens vor Tagesanbruch einmal die Zeit, um einen Vogel singen zu hören. Vielleicht ist es ein Lied, das Ihnen besser gefällt als alles, was Sie aus dem Radio oder von CDs zu hören bekommen. Sie werden noch lange an den Tag denken, der Ihnen diese Offenbarung schenkte.

Eine längst fällige Versöhnung bahnt sich im Bereich Familie und Partnerschaft an. Es sieht nach Frieden aus, der von allen angestrebt wird. Es wird Ihnen wieder wohler, wenn hier alles bereinigt ist. Unzufriedenheit ist nur noch zu erwarten, wenn Sie im intimen Gefühlsbereich eifersüchtig werden. Gehören Sie zu dieser Gruppe, dann seien Sie vorgewarnt und stellen Sie sich darauf ein. Zum Trost sei noch gesagt: Diese Phase ist genauso schnell vorüber, wie sie gekommen ist.

Eine kleine Enttäuschung im Beruf macht Ihnen diesen privaten Ärger doppelt unangenehm. Lassen Sie sich von diesen kleinen Nadelstichen des Schicksals nicht aus der Fassung bringen. Ihr relativ gut funktionierendes inneres Gleichgewicht sollte darunter nicht leiden. Es hat auch keinen Sinn, sich mit Selbstvorwürfen zu quälen. Unerfreuliche Ereignisse kommen und gehen. Warum sich heute ärgern, wenn morgen schon alles vergessen ist? Zur Monatsmitte setzen sich die guten Aspekte durch. Ihre Geburtssonne strahlt Ihnen ab dem 17. mit einer intensiven Kraft entgegen. Sie können für die restlichen Julitage damit rechnen, daß alles zufriedenstellend abläuft. Besonders beruflich kommen Sie wieder gut über die Runden. Man schätzt Ihre Leistung und ist demzufolge ausgesprochen freundlich zu Ihnen.

In den letzten Julitagen besteht die Möglichkeit, sich gefühlsmäßig total zu verausgaben. Der ganze Monat ist unter diesem Aspekt nicht ganz durchschaubar. Überprüfen Sie Ihre Einstellung, Ihr Verhalten, und zeigen Sie nur dort Gefühle, wo man Verständnis dafür hat und wo sie entsprechend erwidert werden. Geben Sie insbesondere Ihrem Partner nicht das Gefühl, daß Sie ihn an die Kette legen wollen. Sie wissen sicher aus Erfahrung, daß damit jedes Beisammensein total verpfuscht wird.

Von Freunden kommen gute Ratschläge, die Sie nicht um jeden Preis beherzigen müssen: Aber Sie sollten sich diese unbedingt durch den Kopf gehen lassen. Die jüngeren Jahrgänge sind mit all diesen Vorgängen weniger belastet.

Das Geld wird wohl kaum so knapp sein, daß Sie sich jede kleine Sonderausgabe überlegen müssen. Zumindest wird keine Unzufriedenheit aufkommen, weil wieder einmal drastische Sparmaßnahmen vorgenommen werden müssen.

Es wäre gut, sich an die alltäglichen Pflichten zu erinnern, die getan werden müssen und bei denen manche Apfelbäume die Zügel schleifen ließen. Das Gleichgewicht pendelt sich dann schnell wieder ein.

Jedes der vier Elemente bekommt ein Mitspracherecht, das macht sich überall günstig bemerkbar. Sie lieben es, sich in einem gleichmäßigen Rhythmus vorwärtszubewegen. In diesen Augusttagen werden Sie bei allen Vorgängen unterstützt, die der allgemeinen Beruhigung dienen.

Viele Apfelbaum-Leute machen sich als Friedensstifter nützlich, auch wenn sie nicht unmittelbar in die Streitfragen mit einbezogen sind. Doch niemand sollte sich in Apfelbaum-Geborenen täuschen. Es wohnt keineswegs nur Sanftmut in ihnen, die durch nichts aus der Fassung zu bringen ist, und sei es eine noch so ungeheuerliche Zumutung.

Der Beweis dafür wird gleich in der dritten Woche geliefert. Im Mittelpunkt steht eine Person, die es darauf abgesehen hat, Ihnen eins auszuwischen. Plötzlich ist der schönste Krach im Gange, und Sie bekommen Gelegenheit, es den »Herren« zu zeigen. Es schadet jetzt sicher nicht, wenn Sie Ihre Meinung klar und deutlich sagen. Auf gleiche Weise wird übrigens der Herbst noch manches von Ihnen erwarten.

Suchen Sie nach Unterstützung im Gewirr der Geschehnisse, so werden Sie vergebens danach Ausschau halten. Nahezu alles müssen Sie im Alleingang erledigen. Den Sommer-Apfelbaum-Leuten kommt das nicht ungelegen. Sie wollen jetzt endlich beweisen, wie sehr es sie drängt, sich selbst als dominierende Erscheinung herauszustellen. Bei der ersten Dekade der Apfelbäume liegt die Sache wesentlich anders. Sie verlassen sich auf ihre Lebensmaxime: Die Zukunft wird es bringen. Gedankliche Auseinandersetzungen liegen ihnen besser als lautstarkes Auftreten.

In der Liebe werden Sie genau die Rolle spielen, die Ihnen besonders zusagt. Ihr sicheres Auftreten veranlaßt manchen Partner oder manche Partnerin, Sie mit einem besonders festen Band zu halten. Wenn Sie Geschmack daran haben, warum nicht?! Das feste Band wird sich nicht gleich als eine Fessel erweisen.

Dieser Herbst erwartet einiges von Ihnen, aber er bringt Ihnen auch Möglichkeiten, sich zu verbessern. Das Nußbaum-Jahr liefert Ihnen nicht am laufenden Band berufliche Chancen, es hält sich alles in Grenzen. Doch es kann sich Besonderes ereignen, wenn Sie sich stark darum bemühen.

Besonders die Apfelbaum-Damen sollten sich etwas einfallen lassen, um nicht auf dem Abstellgleis zu landen. Also: soviel Fleiß und Ausdauer wie möglich. Zwei gute Dinge finden jetzt Beachtung. Das Klima unter den Kollegen könnte etwas angenehmer sein. Sorgen Sie hier für Stimmung, es ist allerdings nicht notwendig, daß Sie den Clown spielen. Entgegenkommen und Kameradschaftsgeist, vielleicht auch mal Komplimente, sind drei von vielen Möglichkeiten.

Jubel, Trubel, Heiterkeit ist bei privaten Vorhaben angesagt. Einige Apfelbaum-Männer entwickeln sich gar zu Party-Löwen. Ihr Bekanntenkreis wird größer, und es werden auch interessante Leute darunter sein. Ihr Horizont wird erweitert und schillert in den schönsten Farben.

Ihre persönlichen Ziele bekommen feste Konturen, und vielen Apfelbaum-Leuten steht die Zukunft klar vor Augen.

Es wird in jedem Bereich lebhafter. Sie nehmen Ihre Pflichten ernst. Für den Beruf müssen Sie einen klaren Kopf haben, denn die Anforderungen sind jetzt groß.

Die Jahreswerte aus dem kosmischen Raum beweisen in diesem September das, was sie Ihnen bisher nur andeutungsweise vermittelt haben. Ihre Leistungen werden überall anerkannt, im Beruf, in der Familie und beim Partner. Ideen, die Sie entwickeln und die nicht alltäglich sind, lassen sich gut verkaufen, in besonderem Maße aber, wenn sie mit kulturellen Interessen in Zusammenhang gebracht werden können.

Auch die Liebe ist kein Stiefkind im Schicksalsgeschehen der Apfelbaum-Leute. Lediglich erotische Gefühle sind noch nicht zu erkennen. Kommt Zeit, kommt Rat. In diesem Nußbaum-Jahr ist das bestimmt kein Dauerzustand. Ihre optimistische Einstellung macht genügend Stimmung, da wird sich die Erotik auch noch einstellen.

Mit besonderen Vorkommnissen ist zumindest im beruflichen Sektor zunächst kaum zu rechnen. Sie kommen nun etwas zur Ruhe. Genießen Sie diese vorübergehende gemäßigte Phase, denn noch ist das Jahr nicht zu Ende. Pflegen Sie den Umgang mit Leuten, die Ihnen sympathisch sind. Die anderen, mit denen es öfter mal Streit gibt oder die eine gänzlich andere Lebensauffassung haben, kommen nämlich jetzt unaufgefordert zu Ihnen. Doch keine Sorge, es sieht nicht so aus, als würden in diesem Monat die kosmischen Einflüsse Ihnen Dinge zumuten, die unerfreulich sind.

Die beruhigte Tendenz kommt insbesondere den Künstlern unter den Apfelbaum-Leuten zugute. Was sich nur in der Stille entwickeln kann, sollte jetzt begonnen werden. Ob Sie malen, Musik machen oder sich auf anderem Gebiet künstlerisch betätigen, es ist eine fruchtbare Zeit, um zu guten Ergebnissen zu kommen. Bisher war es wohl zu unruhig, um empfindsamen Künstlern die richtigen Impulse zu vermitteln.

Da sich ein Wasser-Einfluß, der unterschwellig mit dem Element Erde wirkt, langsam abschwächt, aber immer noch wirksam ist, kann auch materieller Gewinn erwartet werden.

Geduld ist allerdings notwendig, sofort wird das Geld nicht in der Kasse klingeln. Apfelbaum-Damen, im Bereich der Wissensvermittlung tätig, sind ausgezeichnet bestrahlt, wenn erst mal der 17. im Kalender steht. Die Tendenz zeigt hier deutlich auf einen Anstieg. Nützen Sie die vorhandenen Beziehungen, um ein gutes Ergebnis zu erzielen, wenn Sie sich um eine bessere Position bemühen. Warum nicht Hilfe in Anspruch nehmen, wenn das ohne »Kniefall« geht?

In Liebesangelegenheiten kann man ins Schleudern geraten, wenn man sich unentschlossen zeigt. Warten Sie einen günstigeren Zeitpunkt ab. Schon in wenigen Wochen verschwinden hier Probleme, ohne daß Sie einen Finger rühren. Geht es darum, einen Partner wieder für sich zurückzugewinnen, muß man zu Konzessionen bereit sein. Sie blockieren sämtliche Möglichkeiten einer Versöhnung, wenn Sie an längst überholten Anschauungen festhalten. Sie haben Selbstbewußtsein genug. Sie müssen nicht durch Auftrumpfen oder Eigensinn übertreiben. Wird eine klare Stellungnahme erwartet, verschieben Sie das ewige Hin und Her auf einen späteren Zeitpunkt.

In den beiden ersten Wochen werden Sie es nicht leicht haben. Die ungerechtfertigte Kritik eines Menschen, dem Sie bisher freundschaftlich verbunden waren, ärgert Sie maßlos. Aber es ist nur ein kurzer Zeitraum, der Sie mit Unannehmlichkeiten dieser Art eindeckt. Das ist noch lange kein Grund, alles grau in grau zu sehen. Apfelbaum-Leute, am Tage geboren, können wegen Nichtigkeiten todunglücklich sein. Dieser Zustand hält zwar nicht lange an, aber zwei Tage können eine Ewigkeit sein. Lachen und Weinen ist bei Ihnen nahe beieinander und ein Zeichen von starker Erlebnisfähigkeit. Menschen, die so empfinden, sind vom Glück bevorzugt. Sie sind schnell ganz unten, aber auch schnell ganz oben. Das ist doch besser, als unberührt und stocksteif alles über sich ergehen zu lassen.

Bei allem, was Sie schreiben, sagen oder planen, sollten Sie vorsichtig sein. Auch bei den Ausgaben muß gut kalkuliert und darf eine bestimmte Grenze nicht überschritten werden.

Nach dem 15. sind Konfliktsituationen kaum noch zu erwarten. Pflegen Sie dann den Umgang mit Ihren Kollegen, das bringt Sie schnell auf gute Gedanken, und jeder Verdruß ist restlos vergessen. Verträglichkeit am Arbeitsplatz macht den Alltag leicht, und eine produktive Zusammenarbeit bringt Vorteile.

Das nun bald zu Ende gehende Jahr hat Sie manchmal reichlich strapaziert. Es wäre an der Zeit, an sich selbst zu denken, etwas für sich zu tun. Verwöhnen Sie sich mit Theater- oder Konzertbesuchen, und gehen Sie zum Friseur. Ist der November halb vorüber, sollten Sie nicht mehr mit Hochdruck arbeiten. Damit ist nicht nur der Beruf, sondern auch die Freizeit gemeint: Ausspannen, Nichtstun, Faulsein wären ideal.

Haben Sie dann endlich zu sich selbst gefunden, ist das Bemühen um bestimmte Familienmitglieder auch keine Last mehr.

Apfelbaum-Herren der zweiten Dekade werden Chancen geboten, einen Menschen kennenzulernen, mit dem man gerne sein Leben teilen möchte. Doch immer noch werden Singles übrigbleiben. Es sind die ewig Unentschlossenen unter den Apfelbaum-Leuten. Vielleicht gehören Sie dazu. Vielleicht gehören Sie zu den Träumern, die lieber in der Welt der Phantasie leben als in der realen Wirklichkeit. Dann allerdings ist es mit der Partnerwahl schwierig.

Nichts ist so wichtig, daß Sie aus dem Häuschen geraten und einen Übereifer zeigen, der in diesem Monat völlig unangebracht wäre. Nichts kann Sie aus der Ruhe bringen, Friede ist in Ihrer Seele, und jeder ehrgeizige Gedanke verschwindet schleunigst, wenn Sie ihn nicht aufgreifen.

In nahezu allen Bereichen scheint eine milde Wintersonne. Apfelbaum-Leute der ersten Dekade, dem Naturell nach sicher keine versponnenen Träumer, verfallen gar romantischen Vorstellungen und erhoffen sich in einer schon lange bestehenden Beziehung eine großartige Erneuerung der Gefühle. Es liegt an Ihnen, die Voraussetzungen dafür zu schaffen.

Was der ersten Dekade recht ist, wird der zweiten nur billig sein. Sie ziert sich nicht lange, wenn Amor zusammen mit Fortuna einen Überfall auf Ihr Herz plant. Doch Sie werden sehr gut zwischen unsinnigem Begehren und beruhigender Harmonie zu unterscheiden wissen.

Es sind günstige Bedingungen, die Ihnen der Kosmos jetzt liefert. Vor allem die Grundelemente bewegen sich in einem ausgewogenen Gleichmaß. Apfelbaum-Leute werden alles Positive, das zu verzeichnen ist, mit Genugtuung zur Kenntnis nehmen. Nicht immer waren die hinter Ihnen liegenden Monate das reine Honiglecken.

Die Geschäfte, die Arbeit, das Bemühen um weiteres Wissen sind auch nach den Feiertagen für Sie noch aktuell. Es sieht ganz so aus, als wollten Sie zu guter Letzt noch eine Glanzleistung zeigen. Wer weiß, welcher kosmische Wert da in Ihre friedliche Welt einbrechen möchte. Solange Sie nur Ihre Gedanken damit beschäftigen, ist nichts dagegen zu sagen. Zeit haben Sie in Hülle und Fülle, sich Verschiedenes durch den Kopf gehen zu lassen. Zu Hause hat der vernünftige Partner dafür vollstes Verständnis.

Eine ziemlich rätselvolle Intuition macht Sie bei Weihnachtsbesuchen zum beliebten Ratgeber. Auch jede Tätigkeit in künstlerischen Bereichen bringt Ihnen Freude und – was sicher auch wichtig sein dürfte – materiellen Erfolg.

In Liebesbeziehungen sind keine Störungen zu erwarten. Ihre optimistische Lebenseinstellung ist so ansteckend, daß auch ohne aufwendige Geschenke die Weihnachtsstimmung garantiert ist.

Tanne 2000
2. 1.–11. 1. / 5. 7.–14. 7.

Die Tanne ist das vollkommene Abbild des in diesem Zeitraum geborenen Menschen, was seine innere Haltung und
Einstellung betrifft. Kerzengerade aufragend, als ein in sich
geschlossenes Wesen strebt ein Tannenbaum wie sonst kein
anderer Baum in den Himmel. Keine Jahreszeit kann sein
harmonisches Erscheinungsbild verändern oder gar auflö-
sen. Ebenso ist die körperliche und seelische Kraft dieser
Menschen beschaffen. Keine Anstrengung ist zu groß oder
zu mühsam, um dem Leben eine gesunde und gutfundierte
Basis zu geben. Die Neigung, sich abzusondern, sich in sich
zu verschließen, ist bei der Januar-Dekade offensichtlich; ein
leicht melancholischer Schleier liegt über ihrer Erscheinung.

Die Juli-Dekade ist gelöster, aber überschäumend, spontan oder gar himmelhoch jauchzend kann auch sie nicht sein.

Nach Abschluß des dritten Lebensjahrzehnts zeigen sich
bei vielen Tanne-Geborenen bereits die ersten gravierenden
Lebenserfolge. Auch die eigene Persönlichkeit ist dann in
sich gefestigt und hat sich von allen familiären Bindungen,
falls sie noch vorhanden waren, befreit.

Das Unabhängigkeitsstreben steht nun immer an vorder-
ster Front. Sind die Lebensumstände günstig, können ausgezeichnete Ideen reifen, die zum Teil überwältigende Ergebnisse bringen können. Kommt dann noch ein besonderes
Vergnügen auf, sich in bestimmten Berufssparten zu beweisen, sind dem Ehrgeiz und auch einem gewissen Machtstreben keine Grenzen gesetzt.

Meldet sich die Liebe, ist man sicher sehr engagiert, aber
man bemüht sich, sich kühl zu zeigen. Die Spannung zwischen Gefühl und Verstand, dem Intellekt, wird anscheinend
ganz bewußt aufrechterhalten. Für Tanne-Leute ist dies nie
ein Problem, nur für den unmittelbar Beteiligten.

Konzentrierte Sonnenenergie für meinen Baum

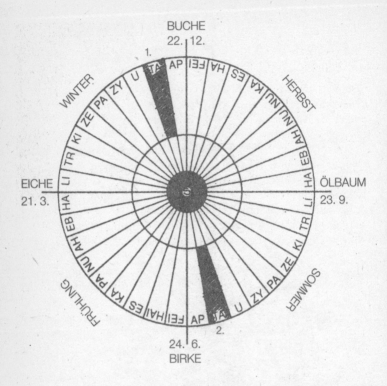

Der *markierte* kleine Teilabschnitt für jeden Baum zeigt seine Position innerhalb der vier Jahreszeiten an.

Die zu dieser Jahreszeit wirksame Sonneneinstrahlung ist für astrologische Erkenntnisse auch heute noch äußerst bedeutungsvoll.

Die *einzelnen Baumfelder* sind mit den *Anfangsbuchstaben des betreffenden Baumes* gekennzeichnet.

Wer paßt zu wem?

Tanne

1. Dekade: 2. 1.–11. 1.
2. Dekade: 5. 7.–14. 7.

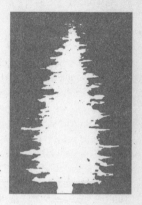

Die Zugehörigkeit eines Baum-Symbols zu
einem der vier Elemente, Feuer, Wasser, Luft
und Erde, muß für die Beurteilung harmonisierender Partnerbeziehungen berücksichtigt
werden. Diese fundamentale Wichtigkeit ist
bei der Gegenüberstellung der einzelnen Dekaden berücksichtigt. Wenn Sie in der folgenden Aufstellung nicht die Daten Ihres Partners finden, seien Sie nicht beunruhigt. Liebe
ist ein Ding mit 1000 Facetten – in das letzte Geheimnis, das sich im
Begriff Liebe verbirgt, kann kein Horoskop der Welt Einblick geben.

Tanne 1. Dekade	....	Apfelbaum 1. Dekade
Tanne 2. Dekade	....	Apfelbaum 2. Dekade
Tanne 1. Dekade	....	Tanne 1. Dekade
Tanne 2. Dekade	....	Tanne 2. Dekade
Tanne 1. Dekade	....	Ulme 1. Dekade
Tanne 2. Dekade	....	Ulme 2. Dekade
Tanne 1. Dekade	....	Kiefer 2. Dekade
Tanne 1. Dekade	....	Trauerweide 2. Dekade
Tanne 2. Dekade	....	Trauerweide 1. Dekade
Tanne 1. Dekade	....	Linde 2. Dekade
Tanne 2. Dekade	....	Linde 1. Dekade
Tanne 1. Dekade	....	Nußbaum 1. Dekade
Tanne 2. Dekade	....	Nußbaum 2. Dekade
Tanne 1. Dekade	....	Kastanie 1. Dekade
Tanne 2. Dekade	....	Kastanie 2. Dekade
Tanne 1. Dekade	....	Buche 22.12.
Tanne 2. Dekade	....	Eiche 21.3. / Birke 24.6.

Gewöhnen Sie sich schon jetzt an, tonangebend zu sein. Tanne-Leute sind zwar die geborenen Realisten, wissen aber genau, daß man sich heute zur Schau stellen muß, wenn man Erfolg haben will. Ihr Naturell verbietet Ihnen aber immer wieder diese Art der Selbstdarstellung. Für das Jahr 2000 gelten andere Regeln. Stellen Sie Ihr Licht nicht unter den Scheffel, zeigen Sie, was Sie draufhaben!

Ihre Familie und Ihre Mitarbeiter machen dabei zunächst große Augen. Aber sie werden sich schnell daran gewöhnen, daß Sie zäh und ausdauernd Ihr ICH als Mittelpunkt anerkannt sehen wollen. Sie werden es erleben: Sofort läuft alles viel besser!

Es ist viel, was Ihnen dieser Januar aufbürdet. Das finanzielle Ergebnis wird sich aber sehen lassen können.

Im normalen Tagesablauf ist Ihnen keine Ruhe vergönnt. Sie sind von früh bis spät am Werkeln. Sogar Ihre Freizeit ist voller Hektik. Ihre gesundheitliche Verfassung ist tadellos, es ist nicht zu befürchten, daß Sie diesen stressigen Monat nicht gut überstehen.

Ein kleines Problem, das Ihnen in der zweiten Januarwoche Kopfzerbrechen bereitet, darf nicht überbewertet werden. Geben Sie sich betont selbstbewußt, und schon haben Leute Respekt vor Ihnen, die Sie bisher nur als notwendiges Übel eingestuft haben. Man bemüht sich um Sie, man räumt Hindernisse aus dem Weg.

Nach dem 17. kann es größeren Ärger geben. Vermutlich kommt er aus dem näheren Verwandtenbereich. Auch wenn die Angelegenheit nicht harmlos ist, die Welt geht deshalb noch lange nicht unter.

Eine gute, vielleicht sogar glückliche Zeit erwartet Sie in Liebesdingen. Sie müssen nur die dritte Monatswoche abwarten. Es wird vieles ganz nach Ihren Wünschen gehen. Sie bekommen die Möglichkeit, die Liebe mit all ihren amüsanten Begleiterscheinungen kennenzulernen.

Gehen Sie auch hier aus Ihrer Reserve heraus. Wenn Sie sich endlich nicht mehr isolieren, wird man auf Sie aufmerksam, und es ergibt sich ein anregendes Gespräch mit Leuten, die für Sie bisher abweisende Fremde waren.

Sie werden eine ganze Menge Arbeit zu erledigen haben. Ein ruhiges, gleichmäßiges Dahinplätschern der Tage ist sicher nicht zu erwarten. Man muß Sie nicht extra dazu auffordern, tüchtig anzupacken. Ihr Umfeld, privat oder beruflich, wird mit allen möglichen Anliegen und Wünschen auf Sie zukommen. Möglich ist auch, daß Entscheidungen getroffen werden müssen, die bei anderen Leuten Unbehagen oder Ärger auslösen. Sie als Tanne-Frau oder Tanne-Mann nehmen eine Herausforderung jedoch immer an, auch wenn sie zu einem ungeeigneten Zeitpunkt erfolgen sollte.

Das Element Erde, dem alle Tanne-Leute zugeteilt sind, macht aufnahmebereit, egal, ob die Umstände dafür oder dagegen sprechen. Wozu haben Sie großen Mut und den Glauben an die eigene Tüchtigkeit! Es findet sich immer ein Weg, auch wenn er mit tausend Hindernissen gepflastert sein sollte, Sie wissen, daß Sie es trotzdem schaffen.

Hat sich die erste Hälfte des Februar relativ ruhig verhalten, dann wird es nach dem 15. lebhafter. Für Ihre verschiedenen Pläne und besonderen Vorhaben werden Sie von kosmischen Energien unterstützt. Trotzdem sind auch Ausgeglichenheit und ein ruhiges Klima zu erwarten. Ihr zuversichtliches Selbstvertrauen sorgt für die nötige Geduld.

Übertriebene Sorge um nahestehende Angehörige sollte nicht aufkommen. Was Sie jetzt dringend brauchen, ist volle Konzentration und ein besonderes Gespür für die Realität.

Probleme ergeben sich in einzelnen Fällen in der letzten Februarwoche. Im Privatbereich werden einige Unannehmlichkeiten nicht auszuschließen sein. Versuchen Sie es mit diplomatischem Geschick. Für Tanne-Leute keine leichte Aufgabe, aber die Mühe würde sich lohnen.

Von energischem Auftreten oder deutlicher Meinungsäußerung ist jetzt unbedingt abzuraten. Mit klug überlegtem Verhalten kommen Sie tadellos über die letzte Februarwoche.

Die Liebe köchelt auf Sparflamme. Trotz ausgezeichneter Tendenzen werden Ihnen Spezialwünsche nicht erfüllt. Trösten Sie sich, der Frühling ist noch nicht im Land, haben Sie noch ein wenig Geduld.

Das Thema Liebe wird in diesem Monat nicht nur aktuell, es wird auch bereits höchst erfreuliche Tage noch heller, freundlicher und ereignisreicher machen. Bringen Sie Verschiedenes in Ordnung, wenn Sie sich Fehler geleistet haben, die einen Partner oder eine Partnerin in schlechte Stimmung gebracht haben.

Machen Sie Ihren Kopf frei von allem, was nach Mißmut oder Unzufriedenheit aussieht. Tanne-Männer haben dadurch etwas mehr Nachteile einzustecken. Für sie erholt sich eine Liebesbeziehung am schnellsten, wenn sie nicht auf Biegen und Brechen hundertprozentig wiederhergestellt werden soll. Ihre Verfassung ist auch ohne Gott Amor in einem tadellosen Zustand. Sich mal zwischendurch zu isolieren, ist kein schlechtes Mittel, um einen neuen, besonderen Geschmack an der Beziehung zu finden.

Nach den ersten beiden Märzwochen werden sich erfreuliche Tage lückenlos aneinanderreihen. Lassen Sie diese Gelegenheit nicht ungenützt vorübergehen. Schaffen Sie aus der Welt, was Sie belastet und Mitmenschen wütend auf Sie gemacht hat. Gut wäre es, wenn sich Tanne-Menschen in diesen Tagen Kompromißbereitschaft angewöhnen würden.

Werden materielle Wünsche bzw. finanzielle Ansprüche an Sie herangetragen, überlegen Sie sich das Nein gründlich. Sie werden nicht ausgenützt und auch nicht benützt. Dieses Thema ist für Tanne-Männer eigentlich nie eine Sache, der sie aus dem Weg gehen. Sie sind dazu zu sehr realitätsbezogen und wissen, daß das Leben ein teurer Spaß sein kann.

Auch im Bereich Liebe kann das Thema Geld nicht ausgeschlossen werden. Soll sie interessant sein, soll sie amüsieren, muß der äußere Rahmen stimmen. Auch eine überwältigende Zuneigung ist an irdische Bedürfnisse gebunden. Diese Tatsache muß Tanne-Leuten nicht besonders erklärt werden.

Im Beruf treten keine Klagen auf. Dem Element Erde nahestehende kosmische Energien sorgen für Pluspunkte. Sie haben die Möglichkeit, sich eine gesunde Basis zu schaffen. Sie besteht nicht nur aus einer risikolosen Beschäftigung, auch das gute Verhältnis zu Mitarbeitern sorgt für Sicherheit und vor allem für Freude an der täglichen Arbeit.

Achten Sie jetzt auf den berühmten Wink des Schicksals. Jeder kleine Hinweis muß beachtet werden. Es können sich Veränderungen positiver Art im Privatbereich ebenso wie im Beruf ergeben.

Tanne-Damen sind in diese Vorgänge stärker einbezogen als Tanne-Männer. Die etwas robuste Einstellung gegenüber Gefühlen erfährt in diesem April eine ungewohnt sanfte Note. Es ist klar, daß dies eine neue Intensität der Zuneigung von der Partnerseite erweckt.

Auch die Möglichkeit einer neuen Liebesbeziehung ist nicht auszuschließen. Allerdings ist die Frage, ob dies eine verbesserte Situation einbringt, wenn man sich die Liebe als dauerhafte Beziehung wünscht.

Tadellos funktioniert das Familienleben. Besonders mit älteren Leuten ist man ein Herz und eine Seele. Ihre betont herzliche Art kommt ausgezeichnet an und bringt alten Menschen Sonnenschein in die Tage, die in diesem Alter nicht immer nur reine Freude sind.

Ohne persönlichen Einsatz und ohne zielbewußtes Verhalten wird dieser April nicht zu machen sein. Es wird einige Pluspunkte geben. Machen Sie also Ihre Augen auf, und zeigen Sie sich interessiert. In besonderen Fällen dürfen Sie jetzt sogar Ihre Ellenbogen benützen, um sich das zu sichern, auf das andere Leute auch schon ein Auge geworfen haben.

Es wird niemand Anstoß daran nehmen, wenn Sie jetzt betont selbstbewußt Ihren Weg gehen und Ihre Ziele verfolgen. Verbieten Sie sich jede Kritik oder abwertende Bemerkung. Es steckt sicher nur Mißgunst oder eine gewisse Art von Eifersucht dahinter. Dagegen ist kein Kraut gewachsen und jede Aufregung völlig sinnlos.

Am Ende des Monats sind Sie nahe daran, sich Illusionen zu machen. Sie manövrieren sich in eine Erwartung, die nicht die geringste Chance hat, reale Formen anzunehmen. Vorsicht also, es wäre schade um Ihre gute Verfassung!

Halten Sie sich an die gute Zusammenarbeit mit nahestehenden Menschen aus dem Freundeskreis. Hier könnte sich etwas ergeben, das als »Nägel mit Köpfen« bezeichnet werden kann.

Halten Sie jetzt nicht nach einer neuen Liebe, nach einer neuen Partnerschaft Ausschau. Ihr Urteilsvermögen ist in diesen Tagen sehr eingeschränkt, es würde mit Sicherheit nicht gutgehen. Das Element Wasser, das Unruhe auslöst, zusammen mit einer aggressiven Mondstrahlung, ist für derartige Vorhaben absolut ungeeignet. Ganz allgemein gesehen, ist Ihre Stimmung nicht als optimal zu bezeichnen. Beruflich, aber auch in der Freizeitgestaltung kann es Schwierigkeiten geben. Sie fühlen sich überfordert, Ihre Leistungen bleiben weit unter dem gewohnten Niveau.

Was bringt Ihnen das für Nachteile ein? Genau besehen keine! Machen Sie unbeirrt weiter, die Zeit, in der Sie Glanzpunkte setzen können, kommt wieder. Diese unbefriedigenden Tage lassen Ihnen nun endlich Zeit für all die Nebensächlichkeiten, die bisher zu kurz gekommen sind.

Die Familie ist mit Ihnen jedenfalls zufrieden. Wärme wird Ihnen geschenkt, und langsam entwickelt sich auch in Ihrer Seele wieder das Gefühl der Zusammengehörigkeit. Auch wenn Sie darüber im allgemeinen wenig nachdenken, in diesen Maitagen sind Sie froh über die Zuneigung der Familie.

Eine Liebesbeziehung kann, wenn sie schon eine ganze Weile gehalten hat, als glänzend bezeichnet werden. Besonders die nachtgeborenen Tanne-Menschen haben hier mit guten Konstellationen zu rechnen.

Doch nicht alles, was geschieht, findet Ihre Zustimmung. Es kann Nervosität aufkommen, die nur mit einem seelischen Spannungszustand zu erklären ist. Es gibt keine Probleme, die zu bewältigen wären, doch Sie haben ab und zu Herzklopfen, das Sie sich nicht erklären können. Das menschliche Herz kommt nicht nur wegen Rhythmusstörungen aus dem Takt, auch Gefühle wie die Liebe lassen es schneller schlagen! Möglich ist, daß sich Ihr Unterbewußtsein mit Veränderungen abgibt, von denen Sie noch wenig Ahnung haben. Wenden Sie sich einem Personenkreis zu, dem Sie weder mit starken Gefühlen noch beruflich verpflichtet sind.

Dieses Nußbaum-Jahr hat so manche Überraschung auf Lager, in diesem Mai wartet sie auf die Tanne-Menschen. Davon sind auf keinen Fall besondere Nachteile zu erwarten, und ein sorgenvolles Nachdenken wird nicht notwendig.

Unter der Herrschaft ganz besonderer kosmischer Energien wird Ihnen von berufener Seite Achtung und Anerkennung entgegengebracht. Man sucht Ihre Nähe und weiß in Ihnen den klugen Mitarbeiter zu schätzen.

Bei der ersten Dekade ist es nicht notwendig, auf zusätzliche Verdienstmöglichkeiten hinzuweisen. Sind Sie im Juli geboren, werden deutlichere Hinweise notwendig sein. Die Kräfte aus dem kosmischen Raum meinen es gut mit Ihnen. Zögern und langes Überlegen bringt nichts.

Wird es notwendig, sich die Beschaffung finanzieller Mittel zu überlegen, dann klammern Sie alle Hemmungen aus, und setzen Sie sich über alle Bedenken hinweg. Ihre Zähigkeit, Ihr Fleiß und Ihr Können sind groß genug, um ein Fiasko auszuschließen. Das Wohlwollen und die Überzeugung wichtiger Leute ist Ihnen jetzt sicher, die Mitarbeit von Kollegen ebenso.

Sie sind jetzt der erklärte Liebling sämtlicher Götter. Wenn Sie dann auch noch mit besonderer Umsicht und diplomatischem Geschick vorgehen, werden weder Neid noch Mißgunst aufkommen. Sie können mit diesem Juni zufrieden sein, egal, ob Sie Geschäftliches oder Privates ins Visier nehmen.

Genießen Sie so nebenbei auch einmal Ihre »Freiheit«, die Ihnen so wertvoll ist. Tanne-Menschen beider Dekaden legen besonderen Wert darauf, sich die eigene Meinungsbildung zu bewahren.

Die Zufriedenheit mit der sozialen Position vervollständigt das Wohlbehagen, das dieser Juni für Sie bereithält.

Die innere Sicherheit und Gelassenheit beweist Ihnen, daß es nichts geben kann, was Ihrer Seele noch mehr Kraft schenkt. Endlich können Sie ganz alleine mit sich zurechtkommen.

Bei einem Partner bekommen Sie das Verständnis, das Ihnen Ellbogenfreiheit garantiert. Mehr ist nicht zu erwarten, und mehr wollen Sie auch nicht.

Verschiedenes, was Sie sich jetzt privat vornehmen und was bisher nicht leicht durchzuführen war, wird jetzt in Gang gebracht. Lassen Sie sich nicht von Ihren Plänen abbringen, auch wenn es doch mal schwierig wird.

Nur die Juli-Dekade muß gewarnt werden, wenn sich bei Absprachen oder Vereinbarungen ein autoritäres Verhalten des Gesprächspartners abzeichnet. Sie werden durch eine ausgefallene Vitalität aufgeheizt, die Ihnen bestimmte Energien aus dem kosmischen Raum vermittelt. Versuchen Sie, gelassen und abgeklärt zu sein, damit lassen sich immer gute Ergebnisse erzielen.

Kontakte, die sich mit Leuten ergeben, die nicht nur sympathisch sind, sondern auch geistig bzw. intellektuell was zu geben haben, sind am laufenden Band möglich.

Chancen, sich selbständig zu machen oder sich beruflich freizuschwimmen, werden bei Tanne-Leuten beider Dekaden nicht fehlen. Bestimmte Berufssparten können sogar mit ungewöhnlichen Ergebnissen rechnen. Doch vor allzu großem Druck, den Sie überall ausüben, wo Sie Ihre Pläne und Ihre Vorhaben vortragen, muß gewarnt werden. Nicht jeder kann dabei Begeisterung zeigen, und nicht jeder ist mit dem Tempo, das Sie vorlegen, einverstanden.

In diesen Tagen hängt eigentlich alles von Ihrem Auftreten ab. Es gibt also eine ganze Menge zu berücksichtigen. Großartige Ideen, aussichtsreiche Vorhaben und eine glückliche Hand nützen wenig, wenn Sie auf den Kontakt mit cleveren Geschäftsleuten angewiesen sind. Hier sind einzig und allein geschicktes Vorgehen und finanzielle Vorteile wichtig, die Sie gegebenenfalls herausstreichen müssen. Nicht einfach für Tanne-Leute, die eine gerade und aufrichtige Linie bevorzugen.

Angenehmes gibt es in der Familie. Hier bekommen Sie den Rückhalt, der Ihnen die ganze Geschäftemacherei erträglich gestaltet. Damit wird Ihr Lebensrhythmus angenehmer. Ihr Wohlbefinden nimmt dies dankbar zur Kenntnis.

Es können sich Störungen im gesundheitlichen Befinden bemerkbar machen. Sie sollten nicht als belanglos eingestuft werden. Nehmen Sie sich unbedingt Zeit für Ihr Wohlbefinden. Ein Arztbesuch sollte nicht auf einen späteren Termin verschoben werden.

Es ist selten, daß sich Tanne-Leute über körperliche Beschwerden beklagen. Wird jedoch die Frage akut, ob dieser oder jener Schmerz nicht doch das Anzeichen einer Erkrankung ist, muß gezielt etwas unternommen werden.

Mitte des Monats bekommt ein maskulines kosmisches Zeichen eine Intensität, die Ihre gesundheitlichen Probleme wegschmelzen läßt wie die Frühlingssonne den letzten Schnee. Das maskuline Element bringt eine kosmische Energie ins Rollen, die dort eingesetzt wird, wo sie am nötigsten gebraucht wird.

Der bei Tanne-Menschen der ersten Dekade gutentwickelte Sinn für Humor sorgt für einen Optimismus, der ausgezeichnete Dienste leistet – beruflich und privat.

In Partnerbeziehungen sind Sie jetzt sogar in der Lage, beide Augen zuzudrücken. Man kann Ihnen sogar Geld abschwatzen. Sonst kein leichtes Unternehmen bei den Januar-Tannen! Es handelt sich aber ganz sicher nicht um Riesensummen, die von Ihnen erwartet werden.

Wie gut, daß der Mond, der Auslöser für Gefühle, in diesen Tagen seinen Einfluß besonders geltend macht. Die zärtliche Seite der Liebe wird damit ebenso wachgerufen wie die erotische.

Für manche Tanne-Dame besteht die Chance, sich einen »Super-Mann« anzulachen. Auch ein Tanne-Mann wird nicht leer ausgehen. Vielleicht begegnet Ihnen gar ein Paradiesvogel in Gestalt einer entzückenden Frau!

Es ist weiter nicht verwunderlich, daß Sie nur noch positive Gedanken in Ihrem Kopf haben. Das manchen Tanne-Leuten angeborene Mißtrauen ist endlich auf ein Minimum reduziert.

Sie haben nun Herbsttage vor sich, die sich in einem milden Licht zeigen werden. Sie haben eine gute Ausgangsbasis, denn Ihre innere Ausgeglichenheit wird dafür durchaus sorgen, daß Sie gut durch diesen September kommen.

Ein harmonisches Zusammenwirken verschiedener kosmischer Energien macht das möglich.

Die Einsicht, daß Probleme, Ärger und Schwierigkeiten meist durch das persönliche Verhalten heraufbeschworen werden, setzt sich in Ihrem Denken durch.

Niemand kann aus seiner Haut heraus, das ist sicher wahr, aber wozu haben Menschen die Möglichkeit des selbständigen Denkens.

Hier liegt der Hase im Pfeffer! Was verkehrt gemacht wird, hat seine Ursache entweder in Gedankenlosigkeit oder purer Gleichgültigkeit. Sorgen Sie in diesen Tagen dafür, daß Ihnen dies nicht mehr passiert. Wichtig ist nur, daß der Alltagsstreß nicht zu heftig wird und Ihnen noch Zeit für derartige Überlegungen läßt.

In der Familie und beim Partner wird so ziemlich alles zufriedenstellend ablaufen.

Wenn Sie in den vergangenen Wochen und Monaten finanzielle Sorgen hatten, bringt dieser Herbst eine gewisse Erleichterung. Plötzlich klappt es mit der Einteilung der Finanzen, Sonderwünsche für Neuanschaffungen kommen erst gar nicht auf.

Für das Liebesleben ist im Moment der Mond zuständig, er befindet sich bis 19. in zunehmender Phase. Tanne-Leute, die zwischen Mitternacht und dem frühen Morgen geboren sind, bekommen vom zunehmenden Mond meist einen seelischen Auftrieb. Möglich wäre, daß sich eine Zufallsbekanntschaft ergibt, die über das übliche Geplänkel hinausgeht.

Besonderen Gewinn können Tanne-Damen machen, die vergessen können, daß sich der Partner vor gar nicht so langer Zeit völlig danebenbenommen hat.

Das engere Umfeld, für das Sie bisher wenig Interesse gezeigt haben, wird von heute auf morgen zum gerne gesehenen Personenkreis. Was Sie bisher als unfreundliches Verhalten bezeichneten, ist nicht mehr zu bemerken.

Ernsthafte Meinungsverschiedenheiten gibt es keine, und Ihr Temperament »flippt« nicht mehr aus. Immer wenn Emotionen in Zaum gehalten werden, gelingt plötzlich auch freundschaftliches Verhalten. Sie sind in der Lage, sich ein objektives Bild von dem einen oder anderen zu machen, und plötzlich stellen Sie fest, daß Ihr Nächster gar nicht so übel ist.

Ihre Zukunft und vor allem Ihre Verfassung wird leichter und lockerer, wenn Sie sich von diesem positiven Zeitabschnitt belehren lassen.

Begraben Sie jeden kleinen Rest von unsozialem Verhalten. Sie fühlen sich zwar in Ihrer eigenen Gesellschaft absolut wohl, aber ganz ohne die Umwelt geht es halt doch nicht.

Im Bereich Liebe gibt es ein schönes Gleichgewicht von Geben und Nehmen. Doch auch mit dem gegenseitigen Verständnis sind Tanne-Leute noch nicht zufrieden. Sie erwarten sich Impulse, die etwas Einmaliges auslösen. Dies ist jedoch genauso selten möglich wie der große Haupttreffer in einer Lotterie.

Sondieren Sie sorgfältig die seelische Verfassung bei den Leuten, mit denen Sie beruflich tagein, tagaus zu tun haben. Die Mühe würde sich lohnen. Es ist entschieden besser, in ein heiteres Gesicht zu schauen, als in eines, in dem der Griesgram deutlich zu sehen ist.

Zum Monatsende hilft dann die Familie, gewisse Belastungen, die Ihrer Laune zusetzen, zu überwinden oder aus dem Weg zu räumen.

Wenn Tanne-Männer auch meinen, ganz alleine mit dem Leben zurechtzukommen, eine liebevolle Zuneigung ist immer noch das A und O eines erträglichen Lebens.

Die kosmischen Energien bewirken im November positive Vorgänge und sorgen für einen angenehmen November, soweit die Interessen der Tanne-Menschen in Betracht gezogen werden. Auch das Element Erde, für Tanne-Leute intensiv wirksam, bringt sagenhafte Vorteile.

Ist es die Verwandtschaft, die sich jetzt besonders um Sie bemüht, oder sind es Freunde? Kommen Sie mit diesen Leuten zusammen, dürfen Sie nicht wie sonst strenge Maßstäbe ansetzen. Man mag Sie, man akzeptiert auch das Tanne-Naturell, aber man ist nicht gewillt, Besserwisserei zu tolerieren.

Möglich, daß Ihre Geduld nun auf eine harte Probe gestellt wird! Denken Sie jedoch daran, daß sich Etliches zu Ihrem persönlichen Vorteil entwickeln kann!

Besonders nett sollten Sie ab der Monatsmitte zum Partner sein. Das hebt die Stimmung, das Zusammensein wird um etliche Grade herzlicher und wärmer. Möchten Sie Ihren Liebespartner einmal ganz für sich alleine haben, müssen Sie sich noch ein wenig gedulden. Ein wirksames Mittel ist immer: ein Heiratsantrag! Dann haben Sie »ihn« oder »sie« von morgens bis abends und auch noch die ganze Nacht!

Im Freundschaftsbereich sieht es nach Problemen aus. Vieles deutet darauf hin, daß sich hier ein Sinneswandel vollzieht. Möglich wäre zum Beispiel, daß Sie jemanden plötzlich nicht mehr ertragen können. Werden Sie nach dem Wieso und Warum gefragt, haben Sie keine konkrete Antwort darauf. Es ist einfach so, jeder muß damit auf seine Art und Weise fertig werden.

Ihnen persönlich wird das wenig Sorgen machen. Die Erkenntnis, daß Sie immer bemüht sein müssen, sich selbst ein angenehmes Umfeld zu schaffen, wird Ihnen helfen, über diese, für einen November typische Phase, hinwegzukommen.

Der Dezember wird ein Zeitabschnitt ohne gravierende Ereignisse. Die Feiertage sind selbstverständlich davon ausgenommen. Es wird ein guter Monat, um sich ein privates Glück zurechtzuzimmern.

Ihr gutes Befinden hängt in den ersten Monatswochen weitgehend von der Stimmung und der Atmosphäre im beruflichen Bereich ab. Kann hier auch einmal das Gemüt zu Wort kommen, werden Sie zufrieden sein. Tanne-Menschen wollen nicht nur als tüchtige Arbeiter oder Angestellte gelten. Sie wollen, daß man sie auch als Persönlichkeit, die Nerven und Herz besitzt, schätzt. Das sind Gedanken, die für Tanne-Leute eigentlich alltäglich sind.

Sie können an vielen Tagen in diesem Monat Gefühl zeigen, niemandem wird es einfallen, darüber zu lächeln, jeder hat in diesen Weihnachtswochen Verständnis dafür. Die Menschheit hat sich seit über 2000 Jahren daran gewöhnt.

Nur eingefleischte Sachlichkeits-Fanatiker, die immer nur objektiv und absolut realistisch denken, gehen durch diese Tage unberührt und teilnahmslos.

Nach dem 22. darf Sie nichts davon abhalten, einen auf Liebe programmierten Standpunkt einzunehmen. Hier ist kein negativer Aspekt zu sehen. Sorgen Sie dafür, daß bei dem Zusammensein mit Ihrem Herzenspartner der langweilige, fade Alltag ausgeklammert bleibt. Lassen Sie sich dann auch nicht einfallen, anderen schöne Augen zu machen. An Gelegenheiten wird es nicht fehlen. Doch letzten Endes werden Sie genau wissen, was zu tun und was zu lassen ist.

Es ist zu hoffen, daß Sie sich so verhalten, wie es für Sie am besten ist. Bei den Winter-Tannen kommt in dieser Beziehung nicht der geringste Zweifel auf. Die Juli-Geborenen sind nicht gar so fest in ihren Grundsätzen verankert.

Ulme 2000

12. 1.–24. 1. / 15. 7.–25. 7.

Im Zeichen der Ulme geboren zu sein heißt, seelische Kraft zu haben und über eine Spontaneität zu verfügen, die das Überwinden von Schwierigkeiten des Lebens relativ leicht macht. Nicht ganz so problemlos laufen negative Lebenserfahrungen im Innern der Ulme-Geborenen ab. Ein totales Zurückziehen in die eigene Gedankenwelt ist die Folge und zeigt sich leider auch dann, wenn durch diese selbstgewählte Isolation empfindliche Nachteile zu erwarten sind. In der Jugend ist es die eigene Familie, die dafür wenig oder überhaupt kein Verständnis zeigt. Später ist es das berufliche Umfeld.

Die Januar-Geborenen leiden aber kaum darunter, sie genießen vielmehr geradezu ihre Selbstherrlichkeit. In gewissem Sinne sind Ulme-Menschen also schwierig; trotzdem ernten sie Anerkennung, zum Teil sogar Bewunderung.

Die Ulme als Baum ist der zur Zeit am meisten gefährdete. Rein äußerlich zeigt sich dies zunächst nur in recht geringem, fast nicht erkennbarem Ausmaß. Sie hat nämlich die Fähigkeit, Energien aus dem All hundertprozentig aufzunehmen, auch wenn der Unrat unserer Welt die Gesundheit anderer Bäume schon längst unterhöhlt hat.

Eine wunderbare Lösung für dieses Debakel ist der Schöpfung auch für die Menschen eingefallen, die unter den Ulme-Daten zur Welt kamen. Sie sind in ihrem eigenen Ich so fest verankert, daß ihnen das gelegentliche Übel eines Erdenlebens, mit Verlaub gesagt, völlig schnuppe ist.

In Liebesangelegenheiten sind sie äußerst konservativ. Der Alltag wird durchorganisiert, so daß mit den Alltagsärgernissen nicht allzuviel Unfriede aufkommt, und die Zärtlichkeit kommt auch nicht zu kurz. Ein wunderbares Rezept steht also zur Verfügung, welches die lange Dauer einer Liebe eigentlich garantiert.

Konzentrierte Sonnenenergie für meinen Baum

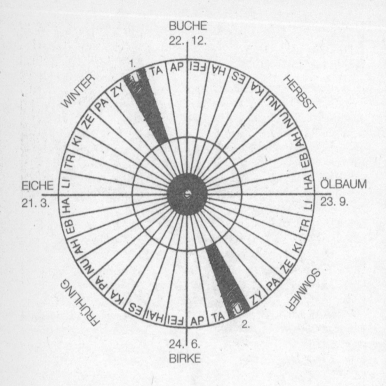

Der *markierte* kleine Teilabschnitt für jeden Baum zeigt seine Position innerhalb der vier Jahreszeiten an.

Die zu dieser Jahreszeit wirksame Sonneneinstrahlung ist für astrologische Erkenntnisse auch heute noch äußerst bedeutungsvoll.

Die *einzelnen Baumfelder* sind mit den *Anfangsbuchstaben des betreffenden Baumes* gekennzeichnet.

Wer paßt zu wem?

Ulme

1. Dekade: 12. 1.–24. 1.
2. Dekade: 15. 7.–25. 7.

Die Zugehörigkeit eines Baum-Symbols zu einem der vier Elemente, Feuer, Wasser, Luft und Erde, muß für die Beurteilung harmonisierender Partnerbeziehungen berücksichtigt werden. Diese fundamentale Wichtigkeit ist bei der Gegenüberstellung der einzelnen Dekaden berücksichtigt. Wenn Sie in der folgenden Aufstellung nicht die Daten Ihres Partners finden, seien Sie nicht beunruhigt. Liebe ist ein Ding mit 1000 Facetten – in das letzte Geheimnis, das sich im Begriff Liebe verbirgt, kann kein Horoskop der Welt Einblick geben.

Ulme 1. Dekade	. . . .	Apfelbaum	1. Dekade
Ulme 2. Dekade	. . . .	Apfelbaum	2. Dekade
Ulme 1. Dekade	. . . .	Tanne	1. Dekade
Ulme 2. Dekade	. . . .	Tanne	2. Dekade
Ulme 1. Dekade	. . . .	Ulme	1. Dekade
Ulme 2. Dekade	. . . .	Ulme	2. Dekade
Ulme 1. Dekade	. . . .	Kiefer	2. Dekade
Ulme 1. Dekade	. . . .	Trauerweide	2. Dekade
Ulme 2. Dekade	. . . .	Trauerweide	1. Dekade
Ulme 1. Dekade	. . . .	Linde	2. Dekade
Ulme 2. Dekade	. . . .	Linde	1. Dekade
Ulme 1. Dekade	. . . .	Nußbaum	1. Dekade
Ulme 2. Dekade	. . . .	Nußbaum	2. Dekade
Ulme 1. Dekade	. . . .	Kastanie	1. Dekade
Ulme 2. Dekade	. . . .	Kastanie	2. Dekade
Ulme 1. Dekade	. . . .	Buche	22.12.
Ulme 2. Dekade	. . . .	Eiche 21.3./Birke 24.6.	

Gleich zu Beginn des neuen Jahres werden sich Mitarbeiter nicht von der angenehmsten Seite zeigen. Keine Sorge, es ist nur eine vorübergehende Erscheinung, schon nach dem 10. werden verschiedene kosmische Energien aktiv, die sich um eine angenehme Atmosphäre bemühen. Auch der Berufsbereich wird davon berührt, und die Quengeleien hören auf.

Eine private Enttäuschung, die schon in den Wochen vor dem Jahresbeginn schlaflose Nächte verursacht hat, ist auch jetzt noch nicht restlos überwunden. Lenken Sie sich ab, suchen Sie privaten Kontakt mit Kollegen und Kolleginnen, die Ihnen sympathisch sind. Das wird Sie auf andere Gedanken bringen.

Müssen Sie feststellen, daß Sie plötzlich überempfindlich und schnell gekränkt sind, ist das nur die Folge der Enttäuschungen, die Sie erlebten. Das schlechte Benehmen einzelner darf Sie aber nicht ungerecht gegen das gesamte Umfeld machen. Im Juli geborene Ulme-Menschen haben nach privatem Ärger immer besonders damit zu kämpfen. Bei den Januar-Ulmen läuft so etwas weniger dramatisch ab.

Familienangehörige sind intensiv um Sie bemüht. Lassen Sie sich ausnahmsweise auch einmal einen guten Rat gefallen. Bemüht sich jemand um Sie, so ist das gut gemeint. Es ist verständlich, daß Sie alles, was man Ihnen angetan hat, gefühlsmäßig verarbeiten müssen. Bewahren Sie sich aber immer eine der Realität zugewandte Einstellung.

Die letzten Januartage sehen wesentlich erfreulicher aus. Im privaten Bereich und im Beruf ist Sonnenschein zu erwarten. Außerdem ergeben sich Chancen, mit der Liebe Bekanntschaft zu machen.

Viele interessante kosmische Werte, darunter besonders das Element Wasser, sorgen dafür, daß Sie Temperament und Interesse auch dort zeigen, wo es Ihnen schwerfällt. Es wird Leute geben, die das zu ihrem persönlichen Vorteil benutzen. Ist damit aber Geld auf dem Konto zu erwarten, geht das in Ordnung.

Kontakte, die Ihnen neue Bekanntschaften ermöglichen, sind Ihrer guten Laune recht nützlich. Nur keine falsche Bescheidenheit! Jede Steigerung Ihrer Lebensqualität tut Ihnen gut und bringt Ihnen neue Möglichkeiten.

Das glückliche Naturell der Ulme-Menschen, das sich in einer besonderen Hilfsbereitschaft zeigt, kann sich an einigen Februartagen auf diese Weise nützlich machen.

Ihre Hilfsbereitschaft wird Ihnen Sympathie einbringen, aber auch Mißgunst und Neid. Es ist wichtig, sich letztere vom Hals zu halten. Sie werden schnell erkennen, wo Leute mit negativer Einstellung zu finden sind.

Lassen Sie sich während dieser Februarwochen auf keine Hektik ein, auch nicht, wenn man Ihnen Höchstleistungen abverlangt. Das gute Vorwärtskommen im Beruf ist Ihnen für das Jahr 2000 gewiß. Allerdings müssen gewisse Grenzen respektiert und eingehalten werden, wenn Ihnen ein intaktes Nervenkostüm wichtig ist.

Nur für wenige Ulme-Menschen wird es Chancen geben, außerhalb des gewohnten Berufsbereiches erfolgreich nach einer neuen Erwerbsmöglichkeit Ausschau zu halten.

Wechseln Sie nicht das Pferd, bevor Sie nicht sicher sind, daß Sie beim nächsten ebenso sicher im Sattel sitzen.

Handelt es sich um eine als Freizeitbeschäftigung angesehene Tätigkeit, die beruflich genutzt werden könnte, muß das gründlich überprüft und getestet werden. Ein intensives Studium der Möglichkeiten ist selbstverständliche Voraussetzung.

Für Juli-Geborene wird es allerdings heißen: »Schuster, bleib bei deinen Leisten.«

Für viele Ulme-Leute wird dieser März Veränderungen mit sich bringen. Neben Fleiß und handwerklicher Geschicklichkeit wird auch Unternehmergeist gefragt sein. Fragen Sie nicht, ob das alles gutgehen wird. Sie können davon ausgehen, daß Sie Unterstützung aus dem Bereich der kosmischen Energien bekommen werden. Erst nach dem 20. ist wieder eine gemächlichere Gangart möglich.

Das Privatleben ist für die Januar-Ulmen nicht so harmonisch, wie sie es gerne hätten. Da aber Freundschaften fast genauso geschätzt werden wie das Leben mit der Familie, liegen Sie mit der besonderen Zuneigung, die Sie jetzt von Freunden erfahren, absolut richtig.

Lassen Sie sich hier von der guten Laune anstecken, die Ulme-Menschen so dringend benötigen wie das tägliche Brot. Lehnen Sie auch die ausgefallendsten Vorschläge nicht ab. Abwechslung und eine völlig neue Freizeitgestaltung bringt neues Leben in den Alltag der Ulme-Menschen.

Vielleicht wartet der eine oder andere ausgefallene Wunsch darauf, endlich erfüllt zu werden. Die Märztage nach dem 14. sind dafür bestens prädestiniert. Keine Sorge, wenn das Geld für etwas ausgegeben wird, das in die Kategorie Luxus gehört. Etwas, das Ihnen Freude und Sie zufrieden macht, ist nicht unnütz. Lassen Sie also die nüchternen Überlegungen.

Planetarische Energien, die sich in der vierten Märzwoche voll für Sie einsetzen, sind genau das, was Ihnen hilft, sich über den tristen Alltag hinwegzusetzen.

Auch in privaten Beziehungen bekommen Sie die Gunst der Schicksalsfügung zu spüren. Bemühen Sie sich um den Partner, stimmen Sie ihn versöhnlich. Wollen Sie einen »Liebesfrühling« haben, müssen Sie sich darum bemühen. Ohne besondere Pflege gedeiht die Blume mit dem Namen Liebe nämlich nicht.

Besondere Bemühungen im privaten Bereich werden durch kosmische Kräfte unterstützt. Neue Leute, die Sie kennenlernen, werden nicht nur Bekannte bleiben. Unternehmen Sie alles, um sich in das beste Licht zu setzen. Es darf aber nichts gespielt sein, ein ehrliches Gefühl muß in allem, was Sie sich einfallen lassen, vorhanden sein.

Sie wissen, daß Sie auch als Einzelgänger gut zurechtkommen. Doch hie und da einen Menschen zu haben, der zuhören oder von Herzen fröhlich sein kann, ist Gold wert.

Eine völlige Übereinstimmung mit dem Partner wird nur schwer möglich sein. Sie haben neben Flausen auch den neuerwachten Frühling im Kopf, aber auch im Herzen. Ein wunderbarer Zustand, wenn er erkannt und genüßlich verwertet wird.

Sind Sie total unentschlossen, darf das nicht dramatisch ausgeweitet werden. Neue Wünsche, neue Gefühle dürfen sich nicht zu Problemen auswachsen. Schlaflose Nächte sind dann nicht auszuschließen.

Die kurz vor Mitternacht geborenen Ulme-Leute können mit erfreulichen Entwicklungen rechnen, wenn sie neue Pläne im Beruf haben. Setzen Sie alles ein, was Ihnen an Kenntnissen zur Verfügung steht. Überlegung, diplomatisches Geschick und Kaltblütigkeit stehen den Ulme-Leuten meist sofort zur Verfügung – auch in diesen Aprilwochen. Bleiben Sie jedoch auf dem Boden der Realität, wenn es um Gehalts- oder Lohnfragen geht.

Verschiedene ausgezeichnete Möglichkeiten garantieren einen befriedigenden Monatsabschluß.

Im Bereich Liebe sind die männlichen Ulme-Menschen aufgerufen, ihren krassen Egoismus abzulegen. Sie sind meist nur dann zufrieden, wenn das Liebchen immer nur verständnisinnig mit dem Kopf nickt. Es ist kein Sieg, wenn man stets das letzte Wort hat! Sie bringen sich um das Schönste, was das Miteinander zu bieten hat: gegenseitiges Verständnis, das beide glücklich macht.

Ihr in diesen Wochen besonders reges Interesse an allen beruflichen Vorgängen verhindert, daß Sie irgend etwas privat berührt – auch wenn es Sie berühen sollte.

Nur die Ulme-Damen können sich eine Extrazuwendung in Sachen Liebe erwarten. Es sind aber nur die Jahrgänge '64 und '65, die hier besonders berücksichtigt werden.

Überraschende Einfälle und Ideen sorgen für Erlebnisse, die sich außerhalb der alltäglichen Liebeszuwendungen bewegen. Zeigen Sie sich im besten Licht und vor allem in bester Laune. Auch der Freundeskreis wird in diesen Wochen eine besondere Rolle spielen. Es können sich Gespräche ergeben, die sich auf irgendeine Weise als nützlich erweisen.

In der Familie ist kaum mit Widerstand zu rechnen. Mit gutem Willen und sehr viel Entgegenkommen wird sich während des ganzen Monats Mai ein behagliches Klima einstellen.

Am Arbeitsplatz machen Sie sich besonders beliebt. Das ist Ihrer fairen Art zuzuschreiben, die Sie im Umgang auch mit unbeliebten Leuten zeigen. Jeder kommt Ihnen ausgesprochen freundlich entgegen, Ihr Alltag wird damit unbeschwert und heiter.

Zeigen Sie sich interessiert an den verschiedenen Problemen Ihrer Kollegen, auch wenn es keine Freude ist, andere klagen zu hören.

Nahezu die Hälfte Ihres Lebens verbringen Sie an Ihrer Arbeitsstätte und in Gesellschaft von Mitarbeitern und Mitarbeiterinnen. Es ist schon beinahe ein Akt der Selbsterhaltung, wenn Sie bemüht sind, daß hier eine harmonisch ablaufende Zusammenarbeit zustandekommt.

Vielleicht wäre es von Vorteil, wenn Sie sich einmal außerhalb der Arbeitszeit zu einem fröhlichen Zusammensein verabreden würden. Private Kontakte sind durchaus zu begrüßen, wenn sie die Grenzen des unbeschwerten Miteinander nicht überschreiten. Lassen Sie sich aber kein Liebesgeplänkel einfallen, denn damit bringen Sie Zündstoff in eine Arbeitsgemeinschaft. Es wird nämlich Leute geben, die das äußerst kritisch beurteilen. Sie wissen sicher aus Erfahrung, daß Neid und Gehässigkeit eine schwer erträgliche Atmosphäre auslösen.

Endlich beginnt alles, was außerhalb Ihres Berufes liegt, Sie zu interessieren. Vorsicht nur dort, wo sich eine neue Beziehung anbahnt. Liefern Sie sich nicht sofort mit Haut und Haar aus. Die Wesensart und die charakterliche Veranlagung eines neuen Partners sollten schon bekannt sein, bevor Sie sich auf ein intimes Verhältnis einlassen.

Das Element Wasser sorgt, wenn es sich besonders in die Vorgänge des alltäglichen Lebens einmischt, für bewegte Tage. In einigen Fällen könnte es sogar für nervöse Unruhe verantwortlich gemacht werden. Gönnen Sie sich schon zu Beginn dieses Monats ein paar Stunden mehr zusätzliche Ruhe und Schlaf. Ihre Nerven, Ihr Gemütszustand sind dafür dankbar, und Sie selbst sehen dem etwas unruhigen Juni gelassen entgegen.

Sehr wichtig ist, daß in diesen Wochen Ihre Ausgaben die geplante Grenze nicht überschreiten.

Eine bewegte Phase zeigt sich in allen Ihren Lebensbereichen. Vor allem ist es der Freundeskreis, der sich besonders um Sie bemüht und Sie zu allen möglichen und unmöglichen Freizeitbeschäftigungen überreden will. Eigenartig ist, daß Sie sich zu Leuten hingezogen fühlen, die Ihnen bisher nicht besonders sympathisch waren.

Was sich außerhalb Ihres Berufes ergibt, beginnt Sie mehr als bisher gewohnt, zu interessieren. Haben Sie eine Ortsveränderung geplant, so kann dies positiv bewertet werden. Sie fühlen sich stark genug, auch mit den damit verbundenen Unbequemlichkeiten fertig zu werden. Sicher ist es nicht eine berufliche Veränderung, die Sie dazu veranlaßt. Es werden nahestehende Menschen sein, die derartige Vorschläge machen.

Beginnt nach dem 26. bereits die Tendenz des Juli an Einfluß zu gewinnen, sind Konfliktsituationen in allen Lebensbereichen weitgehend ausgeschaltet.

Suchen Sie sich Leute mit einem heiteren Gemüt, und verbringen Sie Ihre Freizeit mit diesen. Ausgezeichnet ist auch, an einigen Tagen dieses Monats nur an sich selbst zu denken. Körperpflege, Schlaf, gesunde Kost und sich um nichts Sorgen machen ist ein bewährtes Rezept, um das Ich wieder auf Vordermann zu bringen.

W as in diesen Wochen auf Sie zukommt, ist nicht negativ zu bewerten, auch wenn etliche Tage nicht ganz nach Ihrem Geschmack sind.

Ulme-Leute leben meist in dem Bewußtsein, daß alles machbar ist, auch wenn die dicksten Prügel im Weg liegen. Diese Einstellung, diese glückliche Veranlagung, das Leben relativ leicht zu nehmen, ist die wichtigste Voraussetzung, um erfolgreich zu sein.

Mit dieser Einstellung, dem Element Luft zu verdanken, ist Ihnen die Sympathie vieler Leute sicher. Heutzutage gibt es nämlich nicht viele Leute, die so zuversichtlich und optimistisch sind.

Ist die Beziehung zu Kollegen nicht mehr so, daß Sie sich in diesem Kreis wohl fühlen können, plagen Sie sich nicht mit Versuchen, das zu ändern. Entweder es berührt Sie die abweisende Haltung nicht mehr oder Sie schließen sich bewußt und ostentativ von jeder privaten Unterhaltung aus.

Alles, was sonst noch auf Sie zukommt, ist für Ihre Gemütsverfassung gut. Besondere Beachtung können Sie sich von der Familie erwarten, sei es von der eigenen oder von Vater, Mutter und Geschwistern. Nach dem 26. Juli haben Sie eine Ausstrahlung, die bei einigen Ulme-Damen als faszinierend bezeichnet wird: kein aufgesetztes Entgegenkommen, auch keine krampfhafte Fröhlichkeit. In dieser letzten Juliwoche sind die kosmischen Kräfte so freundlich, Ihnen auf ihre Art das Leben leichtzumachen. Ulme-Damen der Juli-Dekade passiert dies ab und zu. Sie gelten dann als Außenseiter, weil man sie insgeheim als besondere Geschöpfe empfindet.

In einem künstlerischen Beruf Tätige können sich gegen Monatsende einen außergewöhnlichen Erfolg ausrechnen. Versäumen Sie keine Gelegenheit, sich und Ihre Arbeiten ins Gespräch zu bringen.

Sollte aus verschiedenen Richtungen mehr Lebensernst verlangt oder erwartet werden, kümmern Sie sich nicht darum. Das Leben ist so vollgepackt mit ernstzunehmenden Ereignissen, daß Sie richtigliegen, wenn Sie sich in diesen Hochsommertagen bei derartigen Vorwürfen taub stellen.

Bei Freunden gibt es da und dort etwas auszubügeln. Gehen Sie jedem Streitgespräch aus dem Weg. Dieser August ist nicht geeignet, um über Recht oder Unrecht zu diskutieren.

Zeigen Sie Ihr verbindlichstes Lächeln, und warten Sie eine günstigere Zeit ab, um Ihre persönliche Meinung zu äußern.

Diplomatisches Verhalten sollten Ulme-Leute immer zeigen und ganz besonders in diesem August. Diplomatie im Umgang mit allen Leuten schont Ihre Nerven und kann Ihr gutes Aussehen bewahren.

Ihr beruflicher Ehrgeiz hält sich in Grenzen. Wirklich wichtig ist fast nichts, vielleicht nur, daß Sie mit einer Erhöhung Ihrer Bezüge rechnen können.

Pluspunkte sind zu erwarten, wenn das andere Geschlecht Ihr ganzes Interesse beansprucht. Fröhlichkeit und unbeschwertes Zusammensein, besonders mit jungen Leuten, bringt neuen Auftrieb und neue Impulse. Genau das richtige für den August.

Haben Sie bestimmte Pläne mit einem Wohnungswechsel, sollten allzu große Bedenken ausgeschlossen werden. Sie haben hier mit guten Einflüssen aus dem kosmischen Raum zu rechnen. Es ist also mit einer gesunden Basis zu rechnen, was diese Angelegenheit betrifft.

Unerwartete Situationen ergeben sich, wenn es Differenzen gegeben hat, die nicht so ernst zu nehmen sind. Es lohnt sich nicht, sich nachträglich auf die Palme bringen zu lassen. Im Rückblick werden Sie feststellen können, daß sich wieder einmal kein einziger Streit gelohnt hat.

Schon in den ersten Septembertagen zeichnet sich ein kleiner Erfolg ab. Er wird Ihnen einige Pluspunkte im Berufsbereich einbringen. Endlich, nach vielen Wochen des Wartens, fühlen Sie sich vom Schicksal ein bißchen verwöhnt. Nicht nur Ihre Arbeit macht Ihnen wieder Freude, auch der Umgang mit Kollegen und Kolleginnen wird wieder erträglich. Vorgesetzte, von denen Sie bisher kaum beachtet wurden, zeigen Interesse an Ihren Bemühungen und an Ihrer Person.

Möglichkeiten einer finanziellen Aufbesserung Ihrer Bezüge sind zu erwarten. Vielleicht hat sich Ihre Geschäftsleitung eine Gehaltsaufbesserung einfallen lassen. Es könnte auch ein kleiner Nebenverdienst sein, oder ein Lotto-Gewinn.

Ganz ausgezeichnete Werte beeinflussen Ihren seelischen Zustand. Sie sind plötzlich nicht mehr so empfindlich und nehmen kleine, derbe Scherze nicht als persönliche Beleidigung.

Im privaten Bereich gibt ein bestimmtes Familienmitglied endlich den Widerstand auf. Vergessen Sie alles, was hier für Sie unangenehm oder sogar unerträglich war. Sie bekommen wieder Ihren Seelenfrieden, wenn der sporadisch immer wieder auflebende Zank und Streit endlich begraben wird.

Nach dem 20. lohnt es, sich die Leute des gesamten Umfeldes zu Freunden zu machen. Die Initiative muß hier jedoch von Ihnen ausgehen.

Dieser September ist übrigens richtungweisend für Ihre berufliche Zukunft. Ein ganz besonderer Mondeinfluß bringt Veränderungen nicht nur in beruflicher Hinsicht, sondern auch hinsichtlich Ihrer persönlichen Einstellung. Es könnte sein, daß es sich um eine grundlegend neue Beschäftigung handelt, die Ihnen hundertprozentig zusagt und zudem mehr Geld einbringt.

Eine Nachricht, die nicht erfreulich sein wird, verdirbt Ihnen die gute Laune. Es wird eine Angelegenheit sein, die Ihnen in den vergangenen Wochen und Monaten schon ab und zu Ärger eingebracht hat. Möglich ist, daß es sich um besagte Familienangelegenheit handelt. Bemühen Sie sich um eine offene Aussprache, damit dieser Ärger ein für allemal ausgestanden ist.

In den ersten beiden Oktoberwochen fühlen Sie sich physisch recht wohl. Nach dem 15. heißt es dann, sich nicht zu verausgaben. Große Belastungen sind unbedingt zu vermeiden. Gehen Sie mit Ihren Reserven sparsam um.

Laden Sie sich vor allem keine Sorgen auf, die mit übertriebener Ängstlichkeit bestimmt nicht kleiner werden. Was Sie jetzt brauchen, sind freundschaftliche Gefühle, die Sie von Familienmitgliedern und Freunden erwarten können.

Da fast alle wissen, daß Geld in diesem Jahr bei Ulme-Leuten eine wichtige Rolle spielt, wird Ihnen von unerwarteter Seite finanzielle Hilfe angeboten. Werden Gegenleistungen von Ihnen erwartet, ist das kein Grund abzulehnen. Es sei denn, man will Sie für Arbeiten einspannen, die über Ihre körperlichen Kräfte gehen.

Möglich ist, daß sich in der zweiten Monatshälfte ein Flirt ergibt, sich ein kleines Techtelmechtel anbahnt. Sorgen Sie dafür, daß Ihnen die Sache nicht unter die Haut geht. Vor allem dann nicht, wenn Sie »in festen Händen« sind. Bemühen Sie sich um klare Verhältnisse. Ulme-Leute sind von Ihrer Veranlagung her nicht dafür geeignet, zweigleisig zu fahren.

Im Arbeitsbereich sollten Sie in diesem Monat nicht zu rigoros sein. Im diplomatischen Verhalten sind Sie kein Meister; vermeiden Sie ganz bewußt umstrittene Situationen, damit Sie nicht gezwungen werden, von sich aus für gutes Wetter zu sorgen.

Es werden Ihnen kosmische Werte zur Verfügung stehen, die nicht nur materielle Vorteile bringen, sondern auch Sympathien vermitteln: Zuneigung, Liebe und Aufmerksamkeit sind zu erwarten. Ihr Selbstwertgefühl läßt jetzt vieles zu, was Sie bisher vermieden haben. Die neue Stabilität Ihrer Gefühlsregungen versorgt Sie mit einer bisher kaum gekannten Zärtlichkeit. Das erweist sich dort als äußerst positiv, wo Herz und Gemüt gefragt sind.

Ältere Menschen, besonders die zu Ihrer Familie gehören, werden sich über Ihre Zuwendung freuen. Jenseits der 70 empfinden Menschen die Liebe als eine Art Medizin. Vielleicht ist es für Sie eine schwere Aufgabe, die Atmosphäre in einem Altenstübchen aufzuhellen. Doch schon das Gefühl und die Genugtuung, Sonne in ein verblühendes Leben zu bringen, ist mehr wert, als später einen üppigen Rosenstrauß auf einen frischen Grabhügel zu legen. Der Rosenstrauß bringt Ihnen sicher keinen Dank, wohl aber die Wärme, die Sie einem alten Menschen gespendet haben.

Es ist die typische Atmosphäre eines Novembers, die über diese Dinge nachdenken läßt. Die Liebe in ihrem ureigentlichen Sinn kommt dabei zum Vorschein.

Elementare Kräfte, die Beharrlichkeit und eine klare Übersicht aktivieren, versorgen Ulme-Leute mit allem, was innere Ruhe und Zufriedenheit beschert. Das an manchen Tagen kämpferische und aufmüpfige Verhalten macht einem wohltuenden Gleichmut Platz. Ihr Wohlbefinden wird das dankbar registrieren. Ulme-Damen lernen sogar, Fehler einzusehen – das ist stets der erste Schritt zum gegenseitigen Verständnis.

Am Arbeitsplatz gibt es nicht den geringsten Anlaß für Ärger. Es geht alles den gewohnten Gang. Keine Unstimmigkeiten, kein schlechtgelaunter Chef. Schriftliche Arbeiten werden besonders leicht zu erledigen sein.

In der Familie herrscht schon in den ersten Monatswochen Feiertagsstimmung.

Mit dem täglichen Kleinkram, der recht unbequem werden kann, sollten Sie sich nicht befassen. Bei Ulme-Leuten, besonders wenn sie in der ersten Dekade geboren sind, ist es häufig der Fall, daß ein kleiner, fast lächerlicher Anlaß eine ganze Lawine von Unzufriedenheit auslöst. Lernen Sie jetzt, während der relativ friedlichen Weihnachtswochen, über banale Verdrießlichkeiten hinwegzusehen. Sie werden erstaunt feststellen, daß ihnen dies Vorteile einbringt, die mit keinem Geld der Welt zu bezahlen sind.

Nach dem 17. werden die Tage für Sie ruhiger, und trotz der beginnenden Hektik, die in diesem Monat anscheinend immer notwendig ist, bleiben Sie völlig unbeteiligt und gelassen.

Stabile, freundliche Aspekte machen es in der zweiten Monatshälfte leicht, optimistisch zu sein. Sie sprühen plötzlich vor umwerfendem Charme, der von allen Leuten Ihrer Umgebung bewundert wird. In einer Zeit, wo alle hektisch bemüht sind, sich Überraschungen auszudenken, bleiben Sie der »ruhende Fels in der Brandung«.

Gelingt es Ihnen dann noch, Initiative zu zeigen, wenn sich das andere Geschlecht für Sie interessiert, werden wunderschöne Tage auf Sie zukommen.

Ernsthafte Privatinteressen verlangen kurz nach den Feiertagen Ihre ungeteilte Aufmerksamkeit. Sagen Sie nein, wenn Ihnen danach ist. Zeigen Sie sich lächelnd verhandlungsbereit, auch wenn Ihnen das Lächeln schwerfällt.

Zypresse 2000
25. 1.–3. 2. / 26. 7.–4. 8.

Eine Aura von Ernst und Feierlichkeit umgibt diesen Baum. Doch aus der Nähe betrachtet, zeigt sich, daß sein geschlossenes grünes Kleid ein filigranes Netz von abertausend kleinen und kleinsten Ästchen und Trieben ist, das seinem äußeren robusten Erscheinungsbild absolut widerspricht.

Dies entspricht auch dem Wesensmerkmal der Zypresse-Leute der ersten Dekade. Sie umgeben sich mit einer gewissen Bescheidenheit, die ihrem innersten Wesen ganz sicher nicht entspricht. Auch die Neigung, sich als Autokrat zu geben, ist vorhanden, doch im Gegensatz zur zweiten Dekade machen sie kein besonderes Aufhebens davon. Zypresse-Geborene wissen, daß die Sympathien des Umfeldes ein wesentlicher Faktor sind, um in Frieden zu leben, und deshalb wird der unumschränkte Herrscherwille gut getarnt und niemals offen demonstriert.

Eine etwas kühle Ausstrahlung, die sich schon im Kindesalter zeigt, ist nach dem 21. Lebensjahr ihr ständiger Begleiter. Nur in besonderen Ausnahmefällen bemüht man sich um menschliche Wärme.

Ein unübersehbares Selbstvertrauen ist bei der Sommer-Dekade eine angeborene Selbstverständlichkeit. Eine vitale Kraft vermittelt diesen Menschen das Gefühl, im Leben eine besondere Position einzunehmen.

In der Liebe ist das Verhalten völlig identisch mit den Gefühlen und dem Empfinden. Keine Lüge, keine Heuchelei sind zu erwarten. In festen Beziehungen liegt ein Hauch von Sentimentalität über allen Liebessehnsüchten, und die Zuneigung äußert sich nicht in glutvollen Liebesschwüren, sondern im tatkräftigen Einsatz für das Wohl des Partners.

Zypresse-Geborene sind gesellig, charmant und menschenfreundlich, aber sie brauchen eine »lange Leine«.

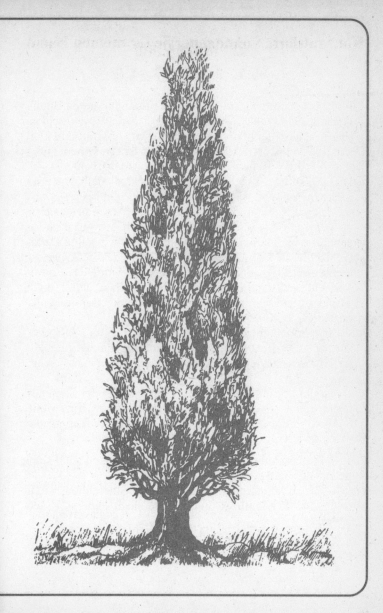

Konzentrierte Sonnenenergie für meinen Baum

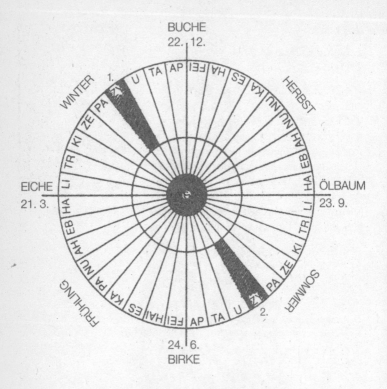

Der *markierte* kleine Teilabschnitt für jeden Baum zeigt seine Position innerhalb der vier Jahreszeiten an.

Die zu dieser Jahreszeit wirksame Sonneneinstrahlung ist für astrologische Erkenntnisse auch heute noch äußerst bedeutungsvoll.

Die *einzelnen Baumfelder* sind mit den *Anfangsbuchstaben des betreffenden Baumes* gekennzeichnet.

Wer paßt zu wem?

Zypresse

1. Dekade: 25. 1.–3. 2.
2. Dekade: 26. 7.–4. 8.

Die Zugehörigkeit eines Baum-Symbols zu
einem der vier Elemente, Feuer, Wasser, Luft
und Erde, muß für die Beurteilung harmonisierender Partnerbeziehungen berücksichtigt werden. Diese fundamentale Wichtigkeit ist bei der
Gegenüberstellung der einzelnen Dekaden
berücksichtigt. Wenn Sie in der folgenden Aufstellung nicht die Daten Ihres Partners finden,
seien Sie nicht beunruhigt. Liebe hat 1000 Facetten, in ihr letztes Geheimnis kann kein Horoskop der Welt Einblick geben.

Zypresse 1. Dekade	Zypresse	1. Dekade
Zypresse 2. Dekade	Zypresse	2. Dekade
Zypresse 1. Dekade	Pappel	1. Dekade
Zypresse 2. Dekade	Pappel	3. Dekade
Zypresse 1. Dekade	Zeder	1. Dekade
Zypresse 2. Dekade	Zeder	2. Dekade
Zypresse 1. Dekade	Kiefer	1. Dekade
Zypresse 1. Dekade	Haselnuß	2. Dekade
Zypresse 2. Dekade	Haselnuß	1. Dekade
Zypresse 1. Dekade	Eberesche	2. Dekade
Zypresse 2. Dekade	Eberesche	1. Dekade
Zypresse 1. Dekade	Ahorn	2. Dekade
Zypresse 2. Dekade	Ahorn	1. Dekade
Zypresse 1. Dekade	Esche	1. Dekade
Zypresse 2. Dekade	Esche	2. Dekade
Zypresse 1. Dekade	Hainbuche	1. Dekade
Zypresse 2. Dekade	Hainbuche	2. Dekade
Zypresse 1. Dekade	Feigenbaum	1. Dekade
Zypresse 2. Dekade	Feigenbaum	2. Dekade
Zypresse 1. Dekade	Ölbaum	23. 9.

Machen Sie sich nicht zu viele Hoffnungen, sollten Sie von Ihrem Vorgesetzten bevorzugt werden. Sie können kein Verständnis erwarten, wenn er bemerkt, daß Sie sich sehr bemühen, einen besseren Posten zu bekommen.

Sie haben das Nachsehen, wenn Sie jetzt nicht geschickt vorgehen. Man nimmt Ihnen übel, daß Sie sich die besten Kastanien aus dem Feuer holen, und man wird geradezu giftig, wenn die eigenen Felle anfangen davonzuschwimmen. Behalten Sie Ihre ehrgeizigen Pläne schön für sich, und halten Sie Ihre Zunge im Zaum.

Sie werden schon in diesen Januarwochen darauf aufmerksam gemacht, daß es etliche Möglichkeiten gibt, die Ihnen einen Aufstieg ermöglichen.

Eine Entwicklung beginnt, die einen Jahreserfolg einbringen kann. Machen Sie sich unverzüglich daran, Chancen auszuwerten. Der Umgang mit den Mitarbeitern sollte äußerst diplomatisch gehandhabt werden. Die neuen, äußerst positiven Berufsaussichten können nur dann gezielt angepeilt werden, wenn in Ihrer Arbeitsgemeinschaft Friede herrscht.

Im Privatbereich können Sie mit einem angenehmen, erträglichen Klima rechnen. Hier können Sie sich geben, wie Sie sich fühlen. Kein Neid, kein eifersüchtiges Beobachten Ihrer Bemühungen macht Sie nervös oder unsicher.

Ihr seelisches Gleichgewicht und die Zuneigung der nahestehenden Menschen versetzen Sie in die Lage, auch gelegentliche Fehler zu übersehen oder diese zu tolerieren.

Wenn Sie das Thema Liebe interessiert: Möglich ist, daß Sie für dieses Jahr einen »Paradiesvogel« erwarten: Es könnte schon sein, daß dies für Zypresse-Menschen Tatsache wird. Aber vergessen Sie nicht, daß Paradiesvögel für einen Käfig völlig ungeeignet sind!

Doch noch ist es nicht soweit, und Sie können sich die Sache noch reiflich überlegen!

Es zeichnen sich Differenzen mit jüngeren Menschen ab. Selbstbewuß-te Überheblichkeit ist das Verkehrteste, was Ihnen einfallen könnte. Ist Ihnen an gutem Auskommen mit diesen jungen Leuten gelegen, müs-sen Sie gelegentliche Ausfälle einfach überhören. Es ist keine Katastro-phe, wenn Sie einem jüngeren Mitarbeiter einmal seine eigene Meinung lassen oder diese vielleicht sogar übernehmen.

In einer sehr persönlichen Angelegenheit wird Ihnen zum wiederhol-ten Mal ziemlicher Verdruß bereitet. Auch der Februar bringt in dieser Sache keine Lösung. Vor allem die zweite Dekade kann sich keine Chan-ce ausrechnen. Die im Juli oder August Geborenen stehen unter dem Re-giment Feuer, das einen gewissen Eigensinn auslöst. Damit ist Friede im Bereich Heim, Familie, Eltern, Geschwister schwer zu halten.

Möglicherweise bahnt sich eine Freundschaft an, nach den kosmischen Werten dürfte es sich um mehr als eine flüchtige Angelegenheit handeln.

Ihr sicheres Auftreten und Ihr Charme bezaubern so nachhaltig, daß eine Freundschaft mit Ihnen als ein besonderes Plus gewertet wird. Ob es sich hier um eine geschäftliche Beziehung handelt oder ob sich etwas In-timeres anbahnt, ist aus den Aspekten nicht zu erkennen. Jedenfalls sieht es nach einer langlebigen Beziehung aus.

Im Berufsbereich begünstigen vorteilhafte stellare Einflüsse alle Vor-gänge, die etwas völlig Neues für Sie in Aussicht stellen.

Sie finden eine innere Ruhe und Zufriedenheit, die Ihnen selbst uner-klärlich sein wird. Auch Ihr soziales Empfinden ist tiefgehender als sonst. Ohne besonderen Anlaß machen Sie sich Sorgen um Leute, denen es nicht so gut geht wie Ihnen. Irgendwie haben Sie das Bedürfnis, zu trösten und zu helfen. Ganz ungewöhnliche planetarische Kräfte machen sich auf diese Weise bemerkbar.

In diesen Märztagen wird das Thema Liebe für Sie interessant. Vielleicht sollte zunächst Verschiedenes in Ordnung gebracht werden. Was es auch sein mag, bitte keine Vorwürfe, keine Rachegedanken. Unzufriedenheit, die eventuell noch vorhanden ist, darf sich nicht in schlechtem Benehmen abreagieren.

Zypresse-Männer bekommen bei diesem »Großreinemachen« meist viel zu tun. Ist eine Liebesbeziehung schon fast am Ende und sind Sie darüber weder glücklich noch erleichtert, versuchen Sie zu retten, was noch zu retten ist, auch wenn alles im Moment noch so hoffnungslos in Scherben liegt.

Ihr Seelenzustand ist auch ohne Amor in guter Verfassung, aber wenn eine Beziehung noch einigermaßen annehmbar funktioniert, ist es zu begrüßen, wenn Sie sich zum Bleiben entschließen könnten. Zypresse-Männer sind solo nicht so gut aufgehoben, sie spüren genau, daß ihnen dabei etwas fehlt.

Werden finanzielle Wünsche an Sie herangetragen, zeigen Sie sich großzügig. Geld ist für Sie kein Thema, dem Sie geflissentlich aus dem Weg gehen. Gehören Sie zur ersten Dekade der Zypresse-Leute, sind Sie absoluter Realist und wissen sehr genau, daß die Liebe nicht nur von ideellen Vorstellungen lebt. Soll Liebe amüsant sein und reale Bedürfnisse anmelden, entspricht das Ihrer Natur!

Beruflich gibt es kaum etwas zu beklagen. Hier ist das Element Erde darum bemüht, daß Sie zufrieden sein können. Bei neuen Plänen und neuen Möglichkeiten werden Sie die Unterstützung von planetarischen Energien bekommen.

Besonders in einem technischen Beruf Tätige können sich eine Glückssträhne erwarten.

Bei den Kollegen und Kolleginnen haben Sie es nicht nötig, sich besonders zu profilieren. Sie sind auch ohne die Bewunderung von Mitarbeitern ein Geschöpf mit Herz, Verstand und Gefühl sowie – was sehr wichtig ist – mit einem berechtigten Stolz.

Was im März noch Anlaß zu Klagen gegeben hat, was sogar peinlich oder lästig war, ist jetzt abgeschlossen. Ihr Leben zeigt sich als eine gut funktionierende Einrichtung, in die auch die seelische Verfassung einbezogen ist.

Kosmische Werte, die für reale Vorgänge verantwortlich sind, werden diesen Monat mit Pluspunkten versorgen. Materielle Erwartungen werden sich erfüllen, wenn Sie zu Kompromissen bereit sind. Es ist also kaum möglich, daß Sie Grund zu klagen haben.

Sie fühlen sich wohl, kommen zum Nachdenken, ein typischer Monat unter dem Einfluß eines Nußbaum-Jahres.

Haben Sie Geschäfte vor – von kleinsten bis zu größeren kaufmännischen Vorgängen – dieser April ist dafür wie geschaffen. Ein besonderes Plus: Sie müssen sich nicht einmal besondere Mühe geben, zu günstigen Abschlüssen zu kommen, man liefert Ihnen die positiven Möglichkeiten »frei Haus«.

Hören Sie in dieser glücklichen Phase nicht auf Leute, die sich wichtig machen wollen. Sehen Sie sich genau um, wo ein Mißgünstling sitzen könnte. Es ist gut möglich, daß er sogar unter den Angehörigen zu suchen ist. Keine Sorge, es wird sich nichts zu Ihrem Nachteil auswachsen. Zypresse-Leute haben genug Reserven, wenn es einmal Probleme gibt, die ein energisches Vorgehen erforderlich machen.

Hinsichtlich der Liebe ist zu sagen: Sie können hier ausgezeichnete Trümpfe ausspielen. Lebensfreude, genußreiche Stunden und Zärtlichkeit stehen jetzt auf Ihrem Programm.

Jeden Morgen sollten Sie sich vor Augen führen, daß Ihnen ein guter Monat bevorsteht und daß er nur Ihre Unterstützung in Form von Zuversicht, Optimismus und gutem Willen braucht.

Sie fühlen sich in Hochform. Das zeigt sich nicht nur im privaten Bereich, sondern auch im Beruf. Man wird doch tatsächlich auf Sie aufmerksam, sogar der Chef bekommt ein besonderes Interesse an Ihrem beruflichen Einsatz. Ihre gewinnende Art und Ihr Optimismus machen sich bezahlt und sichern Ihnen besondere Sympathie. Sie sorgt für eine lange Zeit dafür, daß das gute Betriebsklima, soweit es Ihre Person betrifft, nicht nur heute und morgen gesichert ist.

Es wird ein guter, aber auch lebhafter Monat. Es könnte sogar geschehen, daß Sie sich in die Reihen der Herzensbrecher begeben. Auch die Zypresse-Damen sind da nicht ausgeschlossen. Ihre Bemühungen, Kontakte aufzunehmen und geselligen Anschluß zu finden, werden Erfolg haben, der sich schon in den Maiwochen abzeichnet.

Niemand wird daran Anstoß nehmen. Nur wenn Sie sich zu leichtfertig über die angestammten Rechte von derzeitigen eifersüchtigen Partnern hinwegsetzen, könnte Verdruß aufkommen.

Ein Familienmitglied, von dem Sie auf irgendeine Weise abhängig sind, macht eventuell Schwierigkeiten. Sie sind in so guter Verfassung, daß Sie das kaum aus der Ruhe bringt.

Erst wenn die dritte Maiwoche beginnt, sollten Sie besonnener werden. Selbstdisziplin heißt das Zauberwort. Das Element Wasser, das nur dem Naturell der zweiten Dekade zusagt, bringt so manches in Bewegung, das dem Temperament der Zypresse-Leute einen deutlichen Dämpfer versetzt. Halten Sie trotzdem alle Termine pünktlich ein. Auch bei den Finanzen muß für Ordnung gesorgt werden. Dieser Mai verführt nämlich zum Geldausgeben. Neue Kleider wären wunderbar und eine kleine Wochenendreise ebenso. Das alles läßt sich in Kürze machen.

Verlusttendenzen sind in diesen Wochen noch nicht ernst zu nehmen.

Sie haben endlich Zeit, sich über vieles Gedanken zu machen. Weitab vom alltäglichen Geschehen finden Sie zu Erkenntnissen, die Ihnen eine neue Sicht ermöglichen, besonders hinsichtlich der Existenz höherer Kräfte. Viel Zeit bleibt dafür leider nicht. Sie sind zu sehr ins Alltagsgeschehen eingebunden, das Sie schnell aus Ihrer Nachdenklichkeit herausholt.

Unstimmigkeiten zu Hause und bei den Freunden bringen Sie zudem ziemlich unsanft wieder auf das ganz normale Erdengeschehen zurück. Das Friedenstiften fällt Ihnen jetzt nicht schwer. Was Ihnen dabei fehlt, ist etwas mehr Geduld.

Der Beruf und alles, was mit ihm zusammenhängt, läßt Sie in diesen Juniwochen ziemlich kalt. Eine Konzentration auf die Arbeit ist völlig unmöglich. Es ist kein Unglück, wenn Sie einmal nur routinemäßig Ihre Pflicht tun. Niemand wird es bemerken, daß Sie mit Ihren Gedanken in völlig anderen Gefilden sind.

Sie sind jetzt nicht aus der Ruhe zu bringen. Sie sagen ungeniert nein, auch wenn andere ein Ja erwarten. Zypresse-Leute der zweiten Dekade müssen darauf achten, daß sie den irrationalen Strömungen dieser Juniwochen nicht zu sehr verfallen.

Möglich ist auch, daß Sie sich zuviel von der Liebe erwarten. Da wären zunächst die Begleiterscheinungen zu erwähnen, wie Komplimente, Geschenke, alltägliche Aufmerksamkeiten, die alle ausbleiben. Sind das wirklich erste Anzeichen dafür, daß die Zuneigung, die Liebe abnimmt? Vielleicht schlägt sich Ihr Partner derzeit mit persönlichen Problemen herum, die ihn geistesabwesend machen. Haben Sie dafür Verständnis, und werden Sie nicht depressiv. Sie sind ganz alleine für sich ein Geschöpf, das wie jeder Baum, wie jede Blume alleine existieren kann und niemals ausschließlich von der Zuwendung eines anderen Menschen abhängig ist. Ihr Verhalten dem Partner gegenüber muß unverändert bleiben, dann kommt alles ganz schnell wieder in Ordnung.

Daß jetzt deutlich wird, wenn Beziehungen sich endgültig auseinandergelebt haben, ist nicht auszuschließen. Zählen Sie sich zur ersten Dekade der Zypresse-Geborenen, so werden Sie ohne große Komplikationen damit fertig. Bei der zweiten Dekade ist es schon möglich, handfeste Auseinandersetzungen zu erleben.

Gefällt es Ihnen in einer Verbindung gar nicht mehr, gehen die Interessen und die Meinungen nur noch verschiedene Wege, so ziehen Sie einen endgültigen Schlußstrich, aber lösen Sie mit Ihrem Verhalten keine Katastrophe aus. Liebe ist eine äußerst diffizile Sache, der weder mit Vernunftargumenten noch mit Wutanfällen beizukommen ist.

Haben Sie sich dann endlich einen Freiraum geschaffen und belastet Sie nichts mehr, so suchen Sie Ablenkung. Noch sollten Sie nicht sofort an einen neuen Partner denken oder jede sich bietende Gelegenheit näher ins Auge fassen: Im Zusammensein mit Freunden können Sie die hinter Ihnen liegenden Unannehmlichkeiten bald vergessen.

Eine kleine Wochenendreise wäre auch ein Mittel, um auf andere Gedanken zu kommen. Ein Tapetenwechsel, egal in welcher Form, ist stets eine wirksame Therapie, um sich endgültig freizuschwimmen. Verbannen Sie jeden Rachegedanken aus Ihrem Herzen. Rachegedanken lassen Sie schlecht aussehen und schließen das »Vergessen« aus.

Ältere Jahrgänge bekommen etwas freundlichere kosmische Werte zur Verfügung gestellt. Hier können neue Kontakte geknüpft oder alte Freundschaften aufgefrischt werden. Endlich findet man eine gemeinsame Basis, die ein herzliches und relativ liebevolles Zusammenleben zu einer Selbstverständlichkeit macht.

Zypresse-Menschen mit künstlerischen Neigungen, vielleicht sogar Talenten, können mit neuen Impulsen rechnen, die eine schöpferische Phase einleiten.

Es ist zu hoffen, daß Sie zu den auserwählten Zypresse-Leuten gehören, die am Ende dieses Monats mit einem leidenschaftlichen Engagement im Bereich der Kunst erfüllt werden.

Haben Sie beruflich ein neues Ziel vor Augen, das aus dem normalen Rahmen fällt, so steuern Sie ungeniert darauf zu. Hören Sie sich in diesem Zusammenhang die Meinung nahestehender und kompetenter Leute an, so mancher Hinweis könnte nützlich sein. Ein Alleingang wäre zwar nicht zu verurteilen, aber es macht Sie sicherer, wenn Menschen, die Ihnen nahestehen, sich positiv äußern.

Bei Wohnungsfragen, die noch nicht abgeschlossen sind, werden Schwierigkeiten nicht zu vermeiden sein. Hier darf nur allein Ihre Meinung, Ihre Entscheidung den Ausschlag geben. Erst wenn Sie sich in allen Punkten sicher sind, sollten Sie sich zu einem endgültigen Schritt entschließen.

Der Hauptakzent dürfte im August für viele Zypresse-Leute auf der Liebe liegen. Es sind keine Ereignisse zu erwarten, die Anlaß zu Klagen geben. Doch erwarten Sie sich auch keine Supertage. Es wird eine wohltemperierte Zeit, die Sie zufrieden machen wird.

Sollte Ihnen jemand in der letzten Augustwoche wirklich die große Liebe versprechen, ist Vorsicht besser als spontanes Zugreifen.

Doch das Leben wird auf jeden Fall farbiger und lustvoller, wenn der 22. August beginnt. Vorbei ist dann der eintönige Tagesablauf. Man zeigt sich von allen Seiten besonders freundlich. Plötzlich »glänzen« Sie ohne besondere Anstrengung, ganz einfach nur, weil Sie unter freundlichen Strahlungen kosmischer Energien stehen.

Ihr Selbstbewußtsein kennt keine Grenzen. Für Zypresse-Leute ist dies ein einmaliger Zustand und als Abschluß einer Entwicklung anzusehen, die sich schon seit Wochen bemüht, Ihre guten Veranlagungen herauszustellen.

Ausgesuchte Höflichkeit gegenüber dem Chef oder kompetenten Mitarbeitern sichern Ihnen Sympathien, die ein angenehmes Arbeitsverhältnis garantieren.

In diesem September sollte jedes Risiko vermieden werden. Zurückhaltung ist gefragt.

Ein unsympathischer Zeitgenosse ist ständig bemüht, Ihnen das Leben schwerzumachen. Auch wenn Sie sich dieses Verhalten nicht erklären können, er hat dafür seine Gründe. Es gibt nämlich tatsächlich Leute, denen die Zufriedenheit anderer ein Dorn im Auge ist. Beweisen Sie sich und ihm, daß Sie der Klügere sind.

Berufliche Absprachen, die für Sie von Bedeutung sein können, müssen auf einen späteren Termin verlegt werden. Die Atmosphäre ist voll von Nervosität, schon eine kleine, mißverstandene Äußerung kann zum Scheitern Ihrer schönsten Zukunftsaussichten führen.

Diese gespannte Atmosphäre ist im Familienbereich nicht zu spüren. Allerdings können Sie auch hier erst ab dem 12. September volles Verständnis erwarten. Es heißt also: Geduld haben. Auch wenn Sie darüber traurig sind: Es muß Ihnen genügen, daß auch dieser Herbst einige schöne Tage bringen wird.

Verlängerte Wochenenden wären ausgezeichnet geeignet, um Ihre Laune anzuheben. Erholung, Ruhe und völliges Absetzen vom Alltagskram ist die beste Therapie, die Sie sich unbedingt gönnen sollten.

Wird Ihnen ein gutes Angebot gemacht, vielleicht eine Arbeit außerhalb Ihres Berufes, könnte das eine deutliche Verbesserung Ihrer Lebensqualität einbringen.

Es gibt auch einen älteren Menschen, der Ihnen mit seiner Gesellschaft Freude und vielleicht sogar Vergnügen bereiten möchte. Auch wenn Sie zunächst skeptisch sind, sagen Sie nicht ab, wenn er mit seinem Anliegen auf Sie zukommt. Besonders die erste Dekade der Zypresse-Leute zeigt sich nicht begeistert.

Ab und zu muß man eben auch über seinen eigenen Schatten springen können!

Verschiedenes, was bisher recht zufriedenstellend war, wird sich ändern. Zunächst werden es Familienmitglieder sein, die ungewöhnliche Wünsche haben und sich anscheinend vorstellen, Sie wären die geeignete Person, diese zu erfüllen. Zypresse-Leute beider Dekaden sind familienverbunden und nehmen alles, was von dieser Seite an sie herangetragen wird, sehr ernst. Man weiß das und nützt es aus. Bleiben Sie also auf dem Teppich mit dem Erfüllen von Wünschen. Auch bei Kollegen sollte sich das Entgegenkommen in Grenzen halten.

Angelegenheiten, die ein Rechtsurteil erforderlich machen, entwickeln sich viel zu langsam, das zehrt an Ihren Nerven und macht Sie nervös. Dieser Oktober wird in der ersten Hälfte vom Element Luft beherrscht. Sie sind gut beraten, wenn Sie sich diesem Luft-Trend unterordnen. Das heißt: Nehmen Sie nichts tragisch, messen Sie unbequemen Ereignissen nicht zuviel Gewicht bei. Der Schicksals-Planet Saturn hatte schon zur Zeit der Kelten seine Tücken, nur war sein Name, seine Existenz noch nicht bekannt. Heute, im Jahr 2000, hat man ziemlich genaue Kenntnisse über seine positiven und negativen Seiten. Vom 1. bis zum 18. Oktober geht er eine enge Verbindung mit dem Element Luft ein, damit werden selbst schwere Krisen rasch überwunden.

Der Bereich Liebe hat nur wenige Wermutstropfen für Zypresse-Leute parat. Möglicherweise haben Sie sich hier etwas Besonderes erwartet, das jedoch noch in weiter Ferne liegt. Ärgern Sie sich nicht. Lassen Sie sich die Laune nicht verderben. Erstens nützt das nichts, und zweitens vermiesen Sie sich damit die paar netten Ereignisse auch noch. Sie sollten endlich besonders klug werden und sich das Ärgern abgewöhnen!

Neue Möglichkeiten, Bekanntschaften zu machen, wird es gegen Ende des Monats geben. Es kann Ihnen mancher neue Weg gezeigt werden, den Sie bisher überhaupt nicht in Erwägung gezogen haben. Zurückhaltung ist nicht empfehlenswert, wenn eine neue Bekanntschaft nicht nur einen guten Eindruck auf Sie macht, sondern vielleicht sogar Gefühle weckt, die Ihnen das Herz erwärmen.

Das Nußbaum-Jahr bemüht sich noch einmal mit guten kosmischen Werten, bevor das Jahr seiner Herrschaft zu Ende geht. Was Sie jetzt noch planen, was Ihnen einfällt, wird bestens befürwortet.

Eine ganze Menge hervorragender Gelegenheiten sorgen vor Torschluß dafür, verschiedene Schäfchen ins trockene zu bringen. Die Zypresse-Damen bekommen besonders viel mit. Es ergeben sich schon in diesem November gute Aussichten, im kommenden Jahr völlig neue Wege zu gehen. Jedes Gespräch, jeder Hinweis, der diese Tendenz zeigt, muß mit besonderer Aufmerksamkeit aufgenommen werden.

Fühlt sich jemand aus Ihrem Freundeskreis dazu berufen, seine ganz persönliche Meinung darüber abzugeben, können Sie nur eine einzige Erwiderung haben: Er soll sich heraushalten.

Trainieren Sie Ihr Auftreten und eine selbstverständliche Ungezwungenheit – damit haben Sie jede Chance, sich besondere Kastanien aus dem Feuer zu holen.

Auffällig ist in diesen Novembertagen, daß sich Zypresse-Leute beider Dekaden für Geschehnisse interessieren, die weder den Beruf noch das Privatleben auf irgendeine Weise berühren. Dies wird nun für eine lange Zeit Ihr ganz besonderes Markenzeichen. Damit nehmen Sie eine Sonderstellung ein, die sich auch in Ihrem äußeren Erscheinungsbild vorteilhaft bemerkbar macht.

Geldsorgen werden Sie kaum plagen, Ihre Selbstsicherheit sorgt auch in diesem Bereich für Stabilität.

Nach dem 14. November setzt sich die planetarische Kraft Venus im Skorpion recht intensiv für Ihre privaten Interessen ein. Sie werden deutlich zu spüren bekommen, daß Ihr intimes Privatleben Zügel angelegt bekommt. Es wird als wohltuender Dämpfer empfunden, und die schöpferische Gestaltungskraft, die bei einigen Zypresse-Leuten der zweiten Dekade vorhanden ist, wird damit neue Impulse erhalten.

Sie haben es geschafft, das Jahr geht angenehm zu Ende! Das Element Luft ist so häufig im Bereich Ihrer Lebensvorgänge vertreten, daß nichts mehr schiefgehen kann. Ob Zypresse-Frau oder -Mann, jeder Bereich bekommt eine ausgeglichene Haltung von diesem Luft-Element verliehen.

Es werden sich damit keine außergewöhnlichen Vorhaben durchführen lassen, aber wer will das schon im letzten Monat eines Jahres. Meistens wird Bilanz gezogen, Rückschau gehalten, um sich ein Bild von der Entwicklung zu machen, die im vergangenen Jahr der eigenen Person gut getan, vielleicht aber auch geschadet hat.

Im Kreis Ihrer Familie sind Sie in diesen Wochen besonders gerne gesehen. Auch Freunde zeigen sich begeistert, wenn Sie Ihre Späße vom Stapel lassen. Niemand hat etwas dagegen, wenn Sie sogar auf die Pauke hauen. Jeder ist großzügig und denkt, er oder sie wird schon einen Grund dafür haben.

Knistern wird es, wenn Ihre seelische Grundhaltung im Bereich Liebe eine besondere Entwicklung erfährt. Ihre Phantasie und Ihr Gespür für Ungewöhnliches ist angesprochen, und es ist sicher, daß Sie keine Enttäuschung erleben werden.

Das ist noch nicht alles. Der häusliche Friede wird trotzdem zum Mittelpunkt Ihrer Wünsche. Die kommenden Feiertage tragen viel dazu bei. Trotz Computer und Fernsehen bleibt immer noch Zeit für Besinnlichkeit und gemütliches Beisammensein.

Was immer Sie Angenehmes zu erwarten haben, schon das Befreitsein von der Berufsarbeit ist schön und Anlaß, sich rundum wohl zu fühlen. Es ist nur zu hoffen, daß Sie vom puren Nichtstun nicht zu herrischem Verhalten verleitet werden. Leider hört man so oft, daß dies gerade an Tagen des Nichtstuns der Fall ist. Wie arm und wie dumm! Letzten Endes ist es doch immer die eigene Person, die darunter leidet und Nachteile einstecken muß.

Pappel 2000
4. 2.–8. 2. / 1. 5.–14. 5. / 5. 8.–13. 8.

Die Pappel ist der einzige Baum, der drei Positionen im magischen Baumkreis der Kelten einnimmt.

Die Pappel-Leute der ersten Dekade sind typische Einzelgänger. Zwar schätzen sie Freundschaften, doch sind sie am liebsten für sich alleine. Das entspringt allerdings nicht dem Bedürfnis, die eigenen Ansichten hochzuzüchten, man will nur nichts von seinen eigenen innersten Regungen und Erkenntnissen preisgeben.

Die zweite Dekade ist ein damit nicht vergleichbarer Menschentypus. Gediegen und in sich ruhend, entwickeln sich diese Pappel-Leute meist zum ruhenden Pol ihrer Umgebung. Leben und leben lassen ist ein ganzes Leben lang ihre Devise. Das Streben nach Besitz und der Erhalt des Besitzes ist bei diesen Menschen besonders intensiv. Das alles geschieht jedoch ohne jede Hektik, denn man trägt das sichere Gefühl in sich, daß man es schon schaffen wird. Die im August Geborenen sind mit Energie am ausgiebigsten versorgt. Einen ersten Platz im Leben einzunehmen ist nicht nur Wunsch, sondern das selbstverständliche Ziel jeder ihrer Bemühungen. Mit umwerfender Offenheit werden die eigenen Gedanken dargelegt, und immer wird volle Zustimmung erwartet.

In der Liebe zeigt sich die Februar-Dekade wählerisch und ist nur schwer für eine feste Bindung zu gewinnen. Für die zweite Dekade ist die Liebe das Glückserlebnis schlechthin, doch darf sie in keiner Weise anstrengend sein. Hier sind die zuverlässigsten Partner anzutreffen, die wissen, daß eine gutfundierte Lebensbasis nur auf einer beständigen Liebe beruht.

Die dritte Dekade liebt die Geselligkeit und ist häufig ein wahrer Magnet für das andere Geschlecht. Obwohl liebevoll und herzlich, wechselt man den Partner ohne jede Bedenken, wenn es die Einsicht verlangt.

Konzentrierte Sonnenenergie für meinen Baum

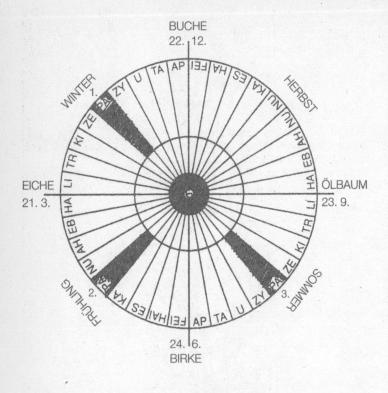

Der *markierte* kleine Teilabschnitt für jeden Baum zeigt seine Position innerhalb der vier Jahreszeiten an.

Die zu dieser Jahreszeit wirksame Sonneneinstrahlung ist für astrologische Erkenntnisse auch heute noch äußerst bedeutungsvoll.

Die *einzelnen Baumfelder* sind mit den *Anfangsbuchstaben des betreffenden Baumes* gekennzeichnet.

Wer paßt zu wem?

Pappel

**1. Dekade: 4. 2.–8. 2., 2. Dekade: 1. 5.–14. 5.,
3. Dekade: 5. 8.–13. 8.**

Die Zugehörigkeit eines Baum-Symbols zu einem der vier Elemente, Feuer, Wasser, Luft und Erde, muß für die Beurteilung harmonisierender Partnerbeziehungen berücksichtigt werden. Diese fundamentale Wichtigkeit ist bei der Gegenüberstellung der einzelnen Dekaden berücksichtigt. Wenn Sie in der folgenden Aufstellung nicht die Daten Ihres Partners finden, seien Sie nicht beunruhigt. Liebe hat 1000 Facetten – in ihr letztes Geheimnis kann kein Horoskop der Welt Einblick geben.

Pappel 1. Dekade	Zypresse	1. Dekade
Pappel 3. Dekade	Zypresse	2. Dekade
Pappel 1. Dekade	Pappel	2. Dekade
Pappel 3. Dekade	Pappel	3. Dekade
Pappel 1. Dekade	Kiefer	1. Dekade
Pappel 1. Dekade	Haselnuß	2. Dekade
Pappel 3. Dekade	Haselnuß	1. Dekade
Pappel 1. Dekade	Eberesche	2. Dekade
Pappel 3. Dekade	Eberesche	1. Dekade
Pappel 1. Dekade	Ahorn	2. Dekade
Pappel 3. Dekade	Ahorn	1. Dekade
Pappel 1. Dekade	Esche	1. Dekade
Pappel 3. Dekade	Esche	2. Dekade
Pappel 1. Dekade	Hainbuche	1. Dekade
Pappel 3. Dekade	Hainbuche	2. Dekade
Pappel 1. Dekade	Feigenbaum	1. Dekade
Pappel 3. Dekade	Feigenbaum	2. Dekade
Pappel 1. Dekade	Ölbaum	23.9.
Pappel 2. Dekade	Apfelbaum	1. Dekade
Pappel 2. Dekade	Tanne	2. Dekade
Pappel 2. Dekade	Ulme	1. Dekade
Pappel 2. Dekade	Pappel	2. Dekade
Pappel 2. Dekade	Kiefer	2. Dekade
Pappel 2. Dekade	Trauerweide	2. Dekade
Pappel 2. Dekade	Nußbaum	1. Dekade
Pappel 2. Dekade	Kastanie	1. Dekade
Pappel 2. Dekade	Buche	22.12.

Energiegeladen wie Sie jetzt sind, wird es schwer, geduldig zu sein und abzuwarten. Sie können und dürfen nicht schon jetzt einen Erfolg anpeilen, den sie sich in den letzten Wochen und Tagen des vergangenen Jahres erträumt haben.

Sie können zwar mit der Unterstützung verschiedener kosmischer Kräfte rechnen, aber Ihr berufliches Umfeld wird dafür kein Verständnis haben. Von Kraftproben mit Kollegen ist dringend abzuraten. Ein späterer Zeitpunkt wird die Lösung für dieses Problem liefern.

Die beste Atmosphäre finden Sie in der Gesellschaft von Freunden. Hier hat man für alles Verständnis, was Sie bewegt. Dadurch bekommen Sie die Sicherheit, daß sich auch die ehrgeizigsten Pläne durchführen lassen, wenn die Zeit dafür reif ist.

Nehmen Sie sich ab und zu die Zeit und die Ruhe, richtig nachzudenken, dann gewinnen Sie Erkenntnisse von besonderer Bedeutung. Sie wissen dann, daß eine starke physische Kraft nutzlos ist, wenn die Seele mit ihren Ansprüchen zu kurz kommt.

Ist die Mitte des Monats vorüber, wird ein Lebensernst aufkommen, der für Pappel-Leute ungewöhnlich ist. Leider übertragen Sie diese Tendenz auch auf Ihre Umgebung. Das ergibt schwierige Situationen, die eigentlich niemand gewollt hat.

Alle wissen aber, daß auf Sie Verlaß ist, und man wird über diese nur gelegentlich auftauchenden Diskrepanzen großzügig hinwegsehen.

Ende des Monats gewinnt das berufliche Interesse wieder an Boden. Es wird Sie nicht so intensiv in Anspruch nehmen wie der ungewöhnliche Auftrieb Anfang des Monats. Mit diesem gebremsten Enthusiasmus wird mehr erreicht als mit verbissenem Bemühen. Ganz abgesehen davon, daß Sie so mit Kollegen und Mitarbeitern zurechtkommen. Am Monatsende liegt es in Ihrer Hand, sich ein paar sonnige Tage zu schaffen.

Es können sich Überraschungen einstellen, die Sie nicht für möglich gehalten haben. Als besondere »Aufmerksamkeit« wird man Ihnen einen ganzen Sack voller neuer Verpflichtungen aufbürden. Ist alles noch nicht ausgereift, überlegen Sie sich eine Zusage genau. Sie sind nämlich sehr unschlüssig, wissen nicht, ob das als ein besonderes Vertrauen gewertet werden soll oder ob man Sie nur deshalb dafür ausgesucht hat, weil kein anderer zur Verfügung stand.

Im Zusammenhang mit diesen Vorgängen ergeben sich allerdings Möglichkeiten, am Monatsende über mehr Geld zu verfügen. Lassen Sie sich trotzdem ein bißchen Zeit mit einer endgültigen Zusage, und quälen Sie sich nicht mit Zweifeln.

Mit den Querelen im Familienbereich wird die Sache noch unerträglicher. Es gibt Pappel-Leute, die darüber in Verzweiflung geraten. Doch bedenken Sie, daß es im menschlichen Leben nie einen triftigen Grund gibt, um absolut verzweifelt zu sein. In wenigen Wochen sind die jetzigen Probleme schon wieder vergessen.

Wieso sollte also eine negative Sonnenposition, die vielleicht Ihren Mond überschattet, einen Streit auslösen, der Sie unglücklich, fast krank macht. Sicher sind höhere Kräfte äußerst einflußreich, aber die Chance, schwarze Tage mit Gelassenheit zu bewältigen, hat man eigentlich immer.

Ihre Herzensangelegenheiten kommen endlich in Ordnung. Der Hauptakzent liegt in diesem März auf einem kameradschaftlichen Verhalten. Liebestrunkene Nächte kann sich kein Pappel-Mann und keine Pappel-Frau erwarten!

Im Moment genügt es tatsächlich, wenn Sie ein freundliches Gesicht machen und nur ganz einfach nett sind. Auch in der Familie würden einige Leute darauf Wert legen. Doch hier wird Ihnen umgängiges Verhalten schon schwerer fallen. Trotzdem müssen höfliche Umgangsformen beibehalten werden.

Die Familie erwartet sich eine Ihrer üblichen Hilfeleistungen. Stellen Sie sich zur Verfügung, wenn es einzurichten ist. Erstens wird es keine Schwerstarbeit sein, die man Ihnen zumutet, und zweitens werden Sie in Zeiten des Umbruchs Angehörige zur Verfügung haben, die zu Ihnen halten.

In diesen Wochen wird sich vieles so entwickeln, daß Sie rundum zufrieden sein können. Sie haben jetzt, wie man so schön sagt, eine glückliche Hand!

Vorhaben, die mit einer Wohnungsrenovierung zu tun haben, sind jetzt durchzuführen. Sie müssen befürchten, daß Handwerker vereinbarte Termine nicht einhalten oder Ihr Partner vieles »ganz anders« haben möchte. Bei allem, was in dieser Wohnungsangelegenheit geplant oder unternommen wird, haben Sie die besten Chancen, daß so ziemlich alles wunschgemäß abläuft. Sogar ein Wohnungswechsel außerhalb Ihres jetzigen Wohnsitzes wäre zu befürworten. Widerstände, die bisher so hartnäckig jede Ihrer Bemühungen vereitelt haben, gibt es nicht mehr. Oder Sie können sie mit der Ihnen jetzt zur Verfügung stehenden Energie überwinden.

Die im Mai geborenen Pappel-Menschen können sich etwas mehr Vorteile erwarten als die Dekaden vom Februar oder August. Die erfreulichsten Ereignisse sind im Arbeitsbereich zu erwarten. Es wird zwar hundertprozentiger Einsatz verlangt, aber die Kollegen sind zuvorkommend und der Chef in ausgezeichneter Laune. Es herrscht eine beinahe private Atmosphäre.

Im Partnerbereich gibt es keine negativen Strömungen. Es könnte sogar der Fall sein, daß hier vieles geboten wird, was das Leben fröhlicher und lustiger macht.

Zudem verstehen Sie es jetzt ganz ausgezeichnet, Ihre Qualitäten ins richtige Licht zu setzen. Am Monatsende sind Sie im Kreis ausgelassener Leute zu finden. Lassen Sie sich dann keine zu strengen Maßstäbe gefallen, die einzelne verbiesterte Leute ansetzen wollen.

Schwierige Situationen ergeben sich am Arbeitsplatz. Sie könnten vermieden werden, wenn Sie sich absolut neutral verhalten. Noch besser wäre es natürlich, Sie könnten besonders großzügig, vielleicht sogar zum Nachgeben bereit sein.

Privat bemühen sich die Ihnen zur Verfügung stehenden kosmischen Werte um besondere Zuwendungen. Das Ihnen angeborene Talent, sich in Worten geschickt und klug zu äußern, bringt Ihnen in diesen Aprilwochen gewisse Vorteile.

Zunächst sollte aber in Ihre Gefühlswelt Ordnung gebracht werden. Sie sind zwar überall willkommen, aber sehen sich ohne wirklichen Grund mit eifersüchtigem Verhalten konfrontiert, das jeder Grundlage entbehrt. Zum Glück läßt Ihnen niemand Zeit, um darüber nachzudenken. Nur abends, wenn Sie mit sich alleine sind, werden Sie feststellen, daß eifersüchtige Gefühle das Verhalten des anderen bestimmt haben. Pappel-Leute brauchen jetzt eine ruhige Zufriedenheit; sie sollte nicht aufs Spiel gesetzt werden.

Am Monatsende sieht es trotz Zahltag und Geldeingang nach Geldknappheit aus. Sorgen Sie dafür, daß das alleine Ihre Angelegenheit bleibt. Es gibt Schlimmeres, als sich dieses und jenes nicht kaufen zu können. Sind finanzielle Mittel notwendig, die für bestimmte berufliche Vorhaben benötigt werden, darf keine Mühe zu groß, kein Bittgesuch zu peinlich sein, um zu einem positiven Ergebnis zu kommen.

Pappel-Damen sind leider stets zu schnell verzweifelt, wenn im Geldbeutel Ebbe ist. Glücklicherweise läßt Ihnen dieser April keine Zeit dazu. Sie werden alle schnell feststellen: Wenn sich »die Räder drehen«, gibt es immer etwas, das Sie von den Finanzen ablenkt oder vielleicht auch Geldquellen eröffnet.

Schließlich können auch durchaus Tendenzen wirksam werden, die Ihr Kunstinteresse wecken und Alltagsprobleme zu einem Nichts zusammenschrumpfen lassen.

Es ist fast selbstverständlich, daß Mai-Tendenzen Liebessehnsüchte auslösen. Pappel-Männer verwandeln sich zusehends in feurige Liebhaber, die ständig die Initiative ergreifen. Trotzdem stecken sie voller Idealismus, und darüber hinaus macht sich ein Bedarf an luxuriösem Ambiente bemerkbar.

Doch dieser Mai hat noch mehr zu bieten. Pappel-Leute, ob weiblich oder männlich, können ihren Besitz vermehren.

Man kann tatsächlich von einem Bilderbuchmonat sprechen, besonders dann, wenn Sie zu den August-Pappel-Geborenen gehören.

Die stellaren Energien vermitteln ein ungewöhnliches Temperament, das ein harmonisches Seelenleben ermöglicht. Eine ideale Kombination, die nur mit dem Begriff Glück richtig bezeichnet ist.

Das tägliche Geschehen ist ganz sicher nicht mehr langweilig und uninteressant. Es können sich Veränderungen ergeben, die Ihren Alltag von Grund auf netter und abwechslungsreicher machen. Pappel-Menschen sollten beherzt zugreifen, es ist leicht möglich, daß sie alle mit den jetzigen Vorkommnissen überfordert sind. Wagen Sie sich trotzdem an ungewöhnliche Aufgaben oder ausgefallene Ereignisse, es sind Chancen, die in dieser Größenordnung als einmalig bezeichnet werden können.

Großartig sind die Möglichkeiten für kunstschaffende Pappel-Damen und -Herren. Vereinzelt sind Erfolge möglich, die den endgültigen Durchbruch ermöglichen.

Die Wünsche im erotischen Bereich werden zum Monatsende bescheidener. Ein kameradschaftliches Miteinander hat nun den Vorzug. Es kommt auf das persönliche Niveau an, ob man diese Veränderung in guter Haltung akzeptiert.

Das Familienleben bringt keine Probleme. Sie kommen mit allen Mitgliedern gut zurecht.

Das gute Abschneiden ist in diesem Monat nicht alleine Ihr Verdienst. Es sollte auch als ein Geschenk des Schicksals verstanden werden.

Sie hegen erneut Wünsche, Sehnsüchte, äußern diese jedoch im Gegensatz zum Monat Mai diesmal kaum laut. Sie züchten sich ein verklemmtes Seelenleben an, wenn Sie sie den ganzen Juni hindurch als »geheime Staatssache« behandeln. Das gilt für die Pappel-Damen ebenso wie für die -Herren.

Das kosmische Element Feuer meint es fast zu gut mit Ihnen: Da Sie den großen Auftritt lieben, sollten Sie sich dieses Vergnügen auch gönnen. Einiges sieht recht vielversprechend aus, besonders dort, wo Gefühle die Hauptrolle spielen.

Im Umgang mit Ihren Kollegen oder Kolleginnen könnten Sie wirklich etwas einfühlsamer werden. Feuerköpfe gibt es in diesem Juni viele, es ist nicht notwendig, daß Sie sich auch noch in diese Gilde einordnen. Sie können nicht immer absolut ruhig bleiben, aber Sie können schon dazu beitragen, daß das Klima gemäßigt bleibt.

Die gewohnte Arbeit geht flott voran. Hindernisse und Ärgernisse halten sich in Grenzen. Der übliche Büroklatsch blüht in diesen lebhaften Sommerwochen. Halbe Wahrheiten werden als unumstößliche Fakten aufgetischt, kleine Fehler zu sensationellen Vergehen aufgeplustert. Halten Sie sich raus, wo immer sich dieser Trend bemerkbar macht. Der Juni mit seinem aufpolierten Glanz wird vorübergehen. Dann kommt der große Katzenjammer über alle, die ihren Mund nicht halten konnten.

Im Bereich Liebe sind Sie gut aufgehoben. Hier können Sie sich den allgemeinen Frust von der Seele reden. Ihr Schatz wird Sie als seinen Engel bezeichnen. Das sagt schon alles aus über Ihre derzeitigen Vorzüge.

Sie werden von freundlichen kosmischen Werten versorgt. Versprechen Sie sich nicht zuviel davon. Klug wäre es, wenn Sie sich einen kurzen Urlaub gönnen würden. Ihr seelisches Gleichgewicht könnte eine Unterbrechung im Alltagsstreß gut gebrauchen. Versuchen Sie, wenn eine kurze Unterbrechung nicht möglich ist, zumindest Gelassenheit zu bewahren. Nichts darf so wichtig sein, daß es jetzt unbedingt und unter allen Umständen erledigt werden muß.

Sind Sie dann tatsächlich an einem Urlaubsort gelandet, lautet das erste Gebot: sich nach einem angenehmen Gesprächspartner umsehen. Nur bitte Vorsicht, es sind Kräfte in Aktion, die sich nicht in Schach halten lassen, wenn sich, allen Warnungen zum Trotz, daraus eine Liebesromanze entwickeln sollte.

Gestört ist in diesen Julitagen seltsamerweise auch der seelische Bereich. Empfindsame Regungen sind bei allen Pappel-Leuten festzustellen, aber sie sind alle unerwünscht. Zum Teil werden sie sogar als unbequem und lästig empfunden. Auf keinen Fall sind sie in ihrem vorgefaßten Programm eingeplant.

Für Pappel-Damen besteht die Gefahr, daß sie in den Sog männlicher Verführungskünste geraten. Machen Sie sich aus dem Staub, bevor Sie sich wie ein hypnotisiertes Karnikel benehmen! Für Pappel-Damen der August-Dekade könnte sich das durchaus zu einer kleinen Katastrophe auswachsen.

Alle Pappel-Leute müssen sich in den Sommerwochen des Jahres 2000 als Mittelpunkt aller Ereignisse fühlen, dann kann keine Macht der Welt sie »unterbuttern«.

Hatten Sie nicht das Glück, Urlaub zu machen, wird der Wunsch nach Ruhe und Ausspannen übermächtig. Auch ein Wochenende könnte als Ersatz gute Dienste leisten. Diese Juliwochen sind für die meisten Pappel-Geborenen nicht leicht. Sie sind alle nervös, manche ohne jeden Anlaß ungenießbar. Mit einem erholsamen Samstag oder Sonntag ist dem abzuhelfen.

Wenn Sie Rückschau halten, müssen Sie sich eingestehen, daß Sie trotz verschiedener lästiger Machenschaften in diesem Juli gut davongekommen sind. Es gibt keinen Anlaß, völlig unzufrieden zu sein.

In Partnerbeziehungen kommt man sich wieder verstärkt entgegen. Räumen Sie der Liebe wieder den Platz ein, den sie zu Recht beanspruchen kann. Lebensfreude, Frohsinn und vieles andere wird erst mit ihr auf volle Touren kommen.

Bemühen Sie sich wieder um einzelne Familienangehörige, die einsam sind.

Auch kameradschaftliche Zuneigung kommt überall gut an. Holen Sie nach, was in dieser Richtung in den vergangenen Tagen versäumt wurde. Ein nettes Zusammensein mit vertrauten Gesichtern bringt Sie auf Gedanken, die alle möglichen positiven Anregungen zur Folge haben.

Diese Augusttage sollten aber auch dort genützt werden, wo sich Vorteile für Sie ergeben. Nur mit Idealvorstellungen kommen Sie nicht weiter. Wichtig ist, sich auch mit kleinen Erfolgsergebnissen zu begnügen. Das ist keine übertriebene Bescheidenheit, sondern ein Akt der Selbsterhaltung.

Nach dem 10. August, wenn bestimmte kosmische Energien etwas weniger Spannungen im Seelenleben auslösen, glänzen Pappel-Leute ohne jede Anstrengung. Ganz einfach, weil sie plötzlich wieder liebenswürdig und anteilnehmend sein können. Wer sich in der nächsten Umgebung dagegen auflehnt, weil zugleich eine gewisse Herrschsucht wirkt, wird ganz einfach nicht zur Kenntnis genommen!

So günstig, wie sich die stellaren Möglichkeiten jetzt den Pappel-Geborenen zur Verfügung stellen, ist es fast sicher, daß es keine Klagen geben wird, wenn Sie das Verhältnis zu einem Partner unter die Lupe nehmen.

Bei Problemen mit den Kollegen oder Kolleginnen dürfen Sie sogar diplomatische Tricks anwenden. Der Zweck heiligt die Mittel, wie man schon vor langer Zeit festgestellt hat.

Damit ist natürlich nicht gemeint, daß Sie gar nichts mehr gutheißen, was von Mitarbeitern gesagt und getan wird. Mit einem gekonnten Verhalten im Arbeitsbereich sichern Sie sich die Sympathie des Chefs.

Es kommt eigentlich alles gut an, was Sie tun. Überraschend ist, daß Sie auch Arbeiten und Aufgaben übernehmen, die von anderen höchst widerwillig oder überhaupt nicht übernommen werden.

Ihre Konzentrationsfähigkeit wird in diesen Septembertagen von den kosmischen Werten, die für Pappel-Menschen verströmen, wohlwollend versorgt und unterstützt.

Nicht so wolkenlos zeigt sich der Himmel in Liebesbeziehungen. Es ist Ihnen leider nicht möglich, sich geduldig zu zeigen, auch wenn sich die Gegenseite noch so heftig bemüht, entgegenkommend zu sein.

Völlig abwegig wäre allein schon der Gedanke, sich anderweitig umzusehen. Es gibt auf der ganzen Welt keinen einzigen Menschen, der Ihren Vorstellungen entspricht. Es geht einfach nicht, daß sich zwei menschliche Wesen in allen Punkten völlig einig sind. Es ist immer notwendig, sich anzupassen. Zeigen Sie sich also bitte verständnisvoll.

Bei Pappel-Menschen aller drei Dekaden ist seelisches Engagement und Sex recht gut auf einen Nenner zu bringen. Das läßt hoffen, daß die kritische Lage, die vielleicht so offensichtlich ist, gut und vielleicht sogar mit guten Vorsätzen überstanden wird.

Im Beruf scheinen sich das Zusammenarbeiten und das gegenseitige Verständnis auf eine erträgliche Basis einzupendeln.

Niemals sollte einem Mitarbeiter eine böse Absicht unterstellt werden, wenn er Ihnen nicht in allen Punkten recht gibt. Jeder hat so seine eigenen Gedanken, seine eigenen Ansichten, und jeder hält sie für die einzig richtigen.

Bemühen Sie sich deshalb, ein kleines Lächeln zustande zu bringen, auch wenn Sie keinen Grund dazu haben.

Sie gehören ganz einwandfrei zu den Leuten, die Taktgefühl haben. Auch wenn das Element Feuer jetzt deutlich Ihre Gemütsverfassung negativ beeinträchtigt, sollte das so bleiben. Die momentan kritische Phase ist nicht von langer Dauer, das Nußbaum-Jahr läßt keinen Sturm und ganz sicher keinen Orkan aufkommen, der das Unterste zuoberst kehrt.

Haben Sie aber das Bedürfnis, sich unter allen Umständen eine Sonderstellung zu ergattern, verlegen Sie diese Ambitionen in Ihren Freizeitbereich. Besonders wenn Sie Sport treiben, ist es leichter, sich abzureagieren. Gehören Sie nicht zu den Menschen, die sich sportlich betätigen, könnte vielleicht ein Ausflug mit dem Fahrrad dieselben Dienste leisten. Sie können viele Kilometer fahren, bis Sie an die Grenze Ihrer Kraft kommen, und damit löst sich auch der Unmut und der Ärger, den Sie mit sich herumschleppen, in nichts auf.

Ergeben sich Gespräche, die in Streit ausarten, verlassen Sie doch einfach den Raum. Ihre aufgestauten Emotionen werden sicher Widerstand leisten wollen. Doch schließlich sollte Ihnen Ihr Ich doch wertvoller sein als kleinliche Zänkereien.

Kommen Sie mit harmlosen, aber netten Leuten zusammen, die mit Ihrem Alltag nichts zu tun haben, dann versuchen Sie, sich in dieser Gesellschaft wohl zu fühlen, wenn Sie nicht alleine bleiben können.

Sie müssen in diesem Oktober jede Gelegenheit ergreifen, um sich das Leben leichtzumachen. Schön wäre es, wenn es in der Familie jemanden gäbe, der Ihnen die Grillen austreibt.

Ihre gesundheitliche Verfassung ist zum Ende des Oktober nicht gerade hervorragend. Man hat es nicht immer im Griff, daß der seelische Zustand optimal ist und es automatisch keine Klagen über die physische Verfassung gibt.

Erfreuliches ist im Bereich Partnerschaft und Liebe zu erwarten. Manche Pappel-Leute zeigen ein leidenschaftliches Naturell, das immer schon vorhanden war, aber erst im Zusammensein mit besonderen Menschen, die über ein fast magisches Flair verfügen, zum Durchbruch kommt.

Es kommt darauf an, ob Sie dieser Naturgewalt gewachsen sind. Nach dem Studium der verschiedenen Temperamente, die den drei Dekaden der Pappel-Geborenen zur Verfügung stehen, kann gesagt werden, daß die August-Geborenen davon am intensivsten betroffen sind.

Trotzdem, die Phasen, die Sie jetzt durchleben, sind eine Seltenheit. Genießen Sie diesen Ausnahmezustand. Lassen Sie die Leute reden, die sich wieder einmal Kritik erlauben, die unsachlich oder gar gehässig ist. Es ist immer noch die Liebe, die den Menschen alles vergessen läßt, was ihn einsam, traurig und vielleicht auch zornig macht. Lassen Sie Ihrer Begeisterung für ein nettes weibliches Wesen oder für einen liebenswerten Mann keine Grenzen setzen.

Schon mit der dritten Woche werden Sie auf den nüchternen Boden eines ganz gewöhnlichen Lebens zurückgeholt und müssen dem Alltag wieder zur Verfügung stehen.

Möglich ist, daß die Familie Sie dann wieder öfter sehen möchte. Wenn es sich einrichten läßt und Sie Spaß daran haben, ist nichts dagegen einzuwenden.

Was sich in der letzten Novemberwoche an Veränderungen, an Verbesserungen anbietet, sollte sofort in die Wege geleitet werden. Sie verfügen über größte Aktivität und Begeisterung, die Sie sich aus den Stunden mit einem Geliebten oder einem Liebhaber herübergerettet haben. Das kommt auch dem Berufsleben zugute.

Sie werden feststellen können, daß Sie vieles unter einem unerklärlichen Zwang tun. Es ist nur der Beweis, daß kosmische Strömungen wirksam sind, die sich Ihrer jetzt noch sehr empfindsamen Seele bemächtigen.

Man kann behaupten, Sie sind mit sich und der Welt zufrieden. Es gibt genügend Gründe, daß Sie dieses Jahr zu einem ausgezeichneten Ende führen. Nicht nur der Beruf hat Ihnen Erkenntnisse vermittelt, die für ein ganzes Leben ausreichen. Die Veränderungen, die sich insbesondere für die im Mai Geborenen ergaben, haben Ergebnisse eingebracht, die aus Pappel-Menschen wohlversorgte Menschen macht. Sie können eine weitere positive Entwicklung mit zum Teil hervorragenden Erfolgen erwarten.

Nur die Februar-Pappeln sind noch nicht voll zufrieden. Mit großem Engagement, das nicht unbedingt angebracht ist, versuchen sie, sich da und dort, und meist am verkehrten Ort, durchzusetzen. Am Jahresende ist dies stets ein völlig unnützes Bemühen. Es ist unmöglich in einem Monat, der als Abschluß eines ganzen Jahres gilt, anderen Leuten seine eigene Meinung schmackhaft zu machen oder gar aufzuzwingen.

Es mag durchaus in guter Absicht geschehen, aber der Dezember ist nicht der richtige Monat, um damit gut anzukommen. Jeder will – und zwar absolut berechtigt – seine Ruhe haben!

Die Mai- und August-Dekaden sind da besser beraten. Sie halten die eigene Meinung auch für einmalig, aber sie wollen sich mit den Menschen des Umfeldes gut vertragen. Das verbietet von vornherein jede Besserwisserei. Bei diesen beiden Dekaden ist das Gemüt und das Gefühl im Dezember von primärer Wichtigkeit. Bei den Februar-Pappeln hat der Intellekt das Sagen.

Verbringen Sie zum Jahresende wenigstens ein paar schöne Tage, um Frohsinn und Unbeschwertheit aufzutanken. Lassen Sie doch einfach nur das Schicksal handeln, damit sind Sie gut beraten, denn die Bewegungen der Planeten finden innerhalb einer friedlichen Strömung statt. Keine Position ist so bedrohlich, daß Sie eine Katastrophe befürchten müßten.

Zeder 2000
9. 2.–18. 2. / 14. 8.–23. 8.

Dieser immergrüne Baum steht wie ein Mahnmal inmitten einer meist heroisch wirkenden Landschaft, gleichsam als Beweis für seine Widerstandskraft und seinen Lebenswillen.

Ähnlich sind die Menschen beschaffen, die der Februar-Dekade zugeordnet sind. Selten ist man bereit, sich fremdes Gedankengut anzueignen, alles sollte sich von selbst im eigenen Innern ergeben. Das Gedankengebäude, das daraus entsteht, wird als das einzig richtige angesehen. Die Gebärde der Großartigkeit ist beiden Dekaden angeboren. Gewiß kein leichter Standpunkt, wenn die Umwelt dafür kein Verständnis aufbringt, und das ist leider nur zu oft der Fall.

Die August-Geborenen sind sicher nicht bescheidener als die der ersten Dekade, aber sie haben ein aufmerksames Auge für das Erreichbare. Vielleicht ist es aber auch nur Bequemlichkeit, die sich als Bescheidenheit tarnt.

Einmalig in der Erscheinung und imponierend mit dem zur Schau gestellten Verhalten sind beide Dekaden. Die Geschlossenheit einer Persönlichkeit, die nur aus einer inneren Ruhe kommen kann, wird deshalb oft in Frage gestellt. Große Männer der Geschichte, die diesen Baum als Geburts-Symbol hatten, mußten neben überdimensionalen Erfolgen auch häufig schmerzliche Einbußen verkraften.

Die Liebe ist für die August-Zeder-Leute ein unbedingtes Muß, aus dem man sich persönliches Glück erhofft. Freiraum wird allerdings auch bei einer sogenannten »großen Liebe« beansprucht. Die im Februar geborenen Zeder-Leute sind wohl am vorsichtigsten bei der Partnerwahl. Vielfach wird versucht, durch Manipulation zu einem Idealpartner zu kommen.

Ein großes Freiheitsbedürfnis kennzeichnet beide Dekaden, eine autoritäre Führung lehnen ebenfalls beide ab.

Konzentrierte Sonnenenergie für meinen Baum

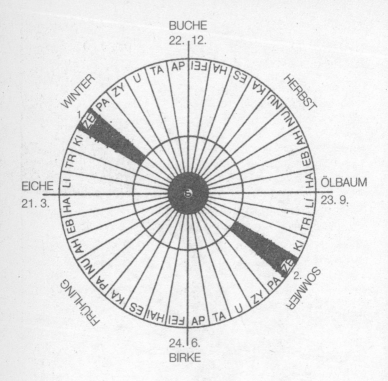

Der *markierte* kleine Teilabschnitt für jeden Baum zeigt seine Position innerhalb der vier Jahreszeiten an.

Die zu dieser Jahreszeit wirksame Sonneneinstrahlung ist für astrologische Erkenntnisse auch heute noch äußerst bedeutungsvoll.

Die *einzelnen Baumfelder* sind mit den *Anfangsbuchstaben des betreffenden Baumes* gekennzeichnet.

Wer paßt zu wem?

Zeder

1. Dekade: 9. 2.–18. 2.
2. Dekade: 14. 8.–23. 8.

Die Zugehörigkeit eines Baum-Symbols zu einem der vier Elemente, Feuer, Wasser, Luft und Erde, muß für die Beurteilung harmonisierender Partnerbeziehungen berücksichtigt werden. Diese fundamentale Wichtigkeit ist bei der Gegenüberstellung der einzelnen Dekaden berücksichtigt. Wenn Sie in der folgenden Aufstellung nicht die Daten Ihres Partners finden, seien Sie nicht beunruhigt. Liebe hat 1000 Facetten, in ihr letztes Geheimnis kann kein Horoskop der Welt Einblick geben.

Zeder 1. Dekade	....	Zypresse 1. Dekade
Zeder 2. Dekade	....	Zypresse 2. Dekade
Zeder 1. Dekade	....	Pappel 1. Dekade
Zeder 2. Dekade	....	Pappel 3. Dekade
Zeder 1. Dekade	....	Zeder 1. Dekade
Zeder 2. Dekade	....	Zeder 2. Dekade
Zeder 1. Dekade	....	Kiefer 1. Dekade
Zeder 1. Dekade	....	Haselnuß 1. Dekade
Zeder 2. Dekade	....	Haselnuß 2. Dekade
Zeder 1. Dekade	....	Eberesche 2. Dekade
Zeder 2. Dekade	....	Ebersche 1. Dekade
Zeder 1. Dekade	....	Ahorn 2. Dekade
Zeder 2. Dekade	....	Ahorn 1. Dekade
Zeder 1. Dekade	....	Esche 1. Dekade
Zeder 2. Dekade	....	Esche 2. Dekade
Zeder 1. Dekade	....	Hainbuche 1. Dekade
Zeder 2. Dekade	....	Hainbuche 2. Dekade
Zeder 1. Dekade	....	Feigenbaum 1. Dekade
Zeder 2. Dekade	....	Feigenbaum 2. Dekade
Zeder 1. Dekade	....	Ölbaum 23.9.

Dieser Januar zeigt sich von einer erfreulichen Seite. Alles deutet darauf hin, daß an allen Ecken und Enden etwas geschieht, was Ihre Zuversicht, Ihre Laune und Ihre Lebensfreude verbessert.

Ihre Erwartung, daß davon der Berufsbereich besonders profitiert, ist genau richtig. Sicher sind es vorerst nur Ansätze, aber Zeder-Leuten genügt das, besonders dann, wenn sie im August geboren sind.

Schon eine kleine positive Entwicklung genügt, und Sie träumen sofort von einer imposanten Aufwärtsbewegung. Ein kleiner Fingerzeig genügt, um Ihren Optimismus zu intensivieren.

Das angeborene Talent, das viele Zeder-Leute besitzen, mit zäher Ausdauer und Zuversicht eine einmal in die Wege geleitete Verbesserung der beruflichen Existenz voranzutreiben, wird sich in diesem Jahr wieder einmal bestätigen. Im Januar zeigt sich schon das erste Morgenrot am beruflichen Himmel. Die ersten Reaktionen sind schon zu verzeichnen. Befürchtungen, daß Sie keine oder nur wenig Chancen auf beruflichen Aufstieg haben, können Sie getrost vergessen.

Sie spüren, wie Ihre Leistungen bei Ihren Kollegen besser ankommen. Es ist wie so oft im beruflichen Leben: Ist die erste Hemmschwelle erst einmal überwunden, stellt sich alles ein, was für ein »gehobenes« Berufsleben notwendig ist.

Haben Sie sich, allen Unkenrufen zum Trotz, zu einer selbständigen Existenz entschlossen, ist dieser Januar die richtige Zeit, um die Fühler auszustrecken. Es gibt eine ganze Menge vorzubereiten, eine ganze Menge zu planen und zu organisieren.

Ist eine Finanzierung nicht zu umgehen, wird sich auch dafür ein Weg finden. Sie können mit der Unterstützung freundlicher Strömungen aus dem Kosmos rechnen.

Völlig abwegig wäre es, wenn Sie schon in diesen Februarwochen gezielt die neuen Pläne realisieren wollen. Auch ein neuer Job winkt jetzt noch nicht, auch wenn Sie sich das in den Kopf gesetzt haben. Wenn Sie sich nebenbei etwas verdienen wollen, ist dagegen aber nichts einzuwenden.

Am Arbeitsplatz geht alles weiterhin bestens, nur im persönlichen Umgang mit den Kollegen wird nicht alles perfekt sein. Es kann da jemand Schwierigkeiten machen, mit dem Sie bisher ganz gut ausgekommen sind. Verbohren Sie sich nicht in Eigensinn. Völlig unklug wäre es, mit schwerem Geschütz aufzufahren. Nach wenigen Tagen sieht jede Meinungsverschiedenheit schon wieder harmlos aus, und die ganze Energie, die Ihnen Nerven kostete, ist umsonst aufgewendet worden.

Wählen Sie bei derartigen Vorkommnissen stets den Weg des geringsten Widerstands. Niemand wird bemerken, daß Sie insgeheim eine andere Überzeugung haben. Ist diese gut, wird sie sich vielleicht langsam, aber sicher durchsetzen, ohne daß darum viel Wirbel entsteht.

Nach der zweiten Woche verlagert sich Ihr Interesse in den Privatbereich. Ergibt sich in irgendeiner Form eine außergewöhnliche Chance, überlegen Sie nicht lange und greifen Sie spontan zu. Auch wenn in diesem Zusammenhang eine Reise notwendig wird, so ist für Sie damit kein Nachteil verbunden.

Ihr Selbstbewußtsein wächst mit all diesen Ereignissen. Selbst große Schwierigkeiten können Sie nicht abschrecken. Überraschende Situationen werden für den eigenen Vorteil zurechtgebogen, manches Unbequeme und Unbehagliche durch Ihr diplomatisches Verhalten entschärft.

Nicht ganz so harmonisch sieht es im psychischen Bereich aus. Die Ursache ist nicht ein lästiger Mitmensch oder eine unangenehme Sache. Sie nehmen in diesen Februartagen private Eindrücke zu schwer. Sind Sie im Februar geboren, werden Sie darunter mehr leiden als die August-Zeder-Leute.

Eine geradezu großartige Ansammlung freundlicher Zeichen am Himmel Ihres persönlichen Schicksals verspricht Besitz und Stärke. Sie können sich viel vornehmen. Selbst wenn Sie sich zu einer neuen Freundschaft oder gar einer neuen Beziehung entschließen, so ist darin kein einziger Nachteil zu entdecken.

Fassen Sie alles ins Auge, was sich als erfreulich anbietet, auch wenn es im Moment nebensächlich zu sein scheint.

Stärke wird Ihnen vor allem durch Ihre innere Sicherheit und Ihr inneres Gleichgewicht zufließen. Besitz ist dann zu erwarten, wenn Sie Ihr Wissen und Ihre Kenntnisse einsetzen.

Sie finden kein Wenn oder Aber, mit dem Zeder-Leute sonst schnell bei der Hand sind. Wenn in diesen Frühlingswochen Hindernisse auftreten, nehmen Sie das leicht.

Sonderzuwendungen fallen möglicherweise im Beruf an. Sie können meist nach Ihren Vorstellungen handeln. Wunderbar, was sich dieser März für Sie einfallen läßt, wunderbar ist auch, daß sich kein Kollege als »feindlicher« Rivale zeigt.

Da alles so einwandfrei klappt, wird Ihr Glaube an die eigene Tüchtigkeit so unerschütterlich, daß Sie so schnell nichts mehr aus der Fassung bringen kann. In den meisten Fällen ist nur ein kleiner Anstoß nötig, um Ihre angeborenen Fähigkeiten zu erweitern.

In Liebesangelegenheiten sind keine großartigen Prognosen zu stellen. Dieser Frühlingsmonat ermöglicht sicher besondere Zuwendungen, doch mit Impulsen, die Gefühle stark anheizen, ist nur sporadisch zu rechnen.

Der familiäre Kreis wird ebenso Nutznießer der März-Tendenz. Man zeigt offenes Verständnis für Ihre Schwächen. Ein wunderbares Gefühl der Zusammengehörigkeit sorgt für anheimelndes abendliches Zusammensein.

Trotz kleiner Widrigkeiten werden Sie vom Glück keineswegs verlassen. Die Behinderungen sind nur geringfügiger Art. Wozu haben Zeder-Menschen Ihr Durchhaltevermögen mitbekommen, wenn sie schon beim kleinsten Windstoß die Segel streichen würden.

Sie haben sich in den Vormonaten reichlich mit angenehmen schicksalsträchtigen kosmischen Zuwendungen eindecken können, die nicht so schnell aufgebraucht werden können, nur weil kleiner Alltagsärger Sie im April heimsucht. Wo ist Ihre Zuversicht, wo Ihr klarer Blick für eine gute Zukunft? Behalten Sie das Wesentliche im Auge, das ist alles, was Sie in diesen Wochen beachten müssen.

Dazu haben Sie in der zweiten Aprilwoche reichlich Gelegenheit. Es kann sein, daß es zu diesem Zeitpunkt einen Ärger zu verkraften gilt, der aus dem familiären Umfeld zu erwarten ist. Vielleicht ist es auch ein Kind, das Ihnen Sorgen macht. Verhalten Sie sich dann lieber abwartend als spontan.

Das Element Feuer, im April stets in Aktion, ist eine Energie, die gebändigt werden muß, damit man gerecht bleiben, vielleicht sogar besondere Geduld aufbringen kann.

Eine Enttäuschung kann auch bei Freunden für Mißstimmung sorgen. Es ist eine Belastung, die den August-Zedern schwer aufs Gemüt drückt. Ein finanzielles Problem, das man Ihnen in diesem Zusammenhang weismachen möchte, ist total übertrieben. Lassen Sie sich kein X für ein U vormachen. Mit ein bißchen Umsicht und diplomatischem Einfühlungsvermögen bekommen Sie auch das wieder auf die Reihe.

Sie werden bald feststellen, daß dieser April darauf abzielt, Unruhe in Ihr Leben zu bringen.

Verlegen Sie Ihren Wirkungsbereich auf den Bereich Kultur und Kunst. Das schenkt Ihnen einen Aktionsradius, der Formensinn, Anmut, Takt, Idealismus und Friedensbereitschaft einschließt. August-Zeder-Leute werden damit zum beliebten Gesellschafter. Sind Sie im Februar zur Welt gekommen, ist eine Diskrepanz zwischen materiellen und geistigen Interessen zu erwarten.

Der Zufall versorgt Sie mit neuen Aufgaben. Dies kann für den Beruf ebenso gelten wie für die Familie. Erwarten Sie trotzdem keine große Begeisterung. Mit offenen Armen werden Sie nicht begrüßt. Dieser Mai setzt die Tendenz des April nicht fort, doch allzu freundlich wird auch er nicht sein.

Außerdem haben Sie jetzt das Pech, mit Leuten in Berührung zu kommen, die Ihnen absolut nicht liegen. Keinem ist dafür ein Vorwurf zu machen. Eine andersgeartete Veranlagung bringt zwangsläufig eine gewisse Abwehrstellung, die als feindselig eingestuft wird. Wem ist dafür ein Vorwurf zu machen? Sie werden schnell die einzig richtige Antwort finden: niemandem!

Es ist in diesem Fall wie immer: Sie haben es selbst in der Hand, wie derartigen Situationen beizukommen ist. Zeder-Menschen wissen das, und es wäre gut für Sie, auch in diesen Maiwochen danach zu handeln.

Unglücklich, verzweifelt oder wütend sind sie wegen derartiger Bagatellgründe selten. Ihr Durchhaltevermögen ist auch jetzt bemerkenswert. Die Zeder ist ein Baum-Symbol mit einem Nimbus, der mit ihrer ausgezeichneten Holzqualität übereinstimmt.

Sind die ersten beiden Wochen vorüber, können Sie Besonderes von der Liebe erwarten. Die stellaren Werte Ihres Geburtstages sind für beide Dekaden vielversprechend. Für die Zeder-Leute sind sie insofern außergewöhnlich, weil sie zur Zeit ihren Partner weniger mit Gefühlen attackieren, sondern mit guten Umgangsformen und Taktgefühl ihrem Verhalten eine angenehme Note geben.

Die freundlichen, lichten, sonnigen Seiten Ihrer Wesensart kommen in den letzten Maitagen zur Geltung. Auch eine glückliche Hand in Besitzangelegenheiten ist für diese Zeitspanne angesagt. Es wird ein Maiabschluß, der den Zeder-Leuten endlich Harmonie beschert, denn sie haben allen Grund, ein bißchen zufrieden zu sein.

Es werden Spannungen zu spüren sein, die Sie selbst aus der Welt schaffen können, weil sie nicht so schlimm sind, daß Sie völlig aus dem Häuschen geraten müssen. Also: Stellen Sie sich auf die Eigenarten Ihrer Mitarbeiter ein, mit denen Sie in engem Kontakt stehen.

Taktvolles Benehmen, Rücksicht und ab und zu ein lächelndes Gesicht heben sofort die Stimmung. Der übliche Alltagsverdruß ist damit schon auf ein Minimum reduziert. Leute, die Sie tagein, tagaus neben sich haben, müssen gerade in Krisenzeiten freundlich behandelt werden. Sicher, es ist nicht leicht, besonders freundlich zu sein, wenn alle mit einem mürrischen Gesicht herumlaufen. Aber probieren Sie es einmal aus, es wird garantiert positive Wirkung zeigen.

Ganz allgemein betrachtet, ist der Tagesablauf für Zeder-Leute beider Dekaden nicht gemächlich. Die Beziehung zur Familie wird die einzige Verbindung sein, die in den ersten Junitagen gut funktioniert. Genießen Sie diese Zeit des Zusammenlebens. Ist im Beruf nicht eitel Sonnenschein angesagt, tut es gut, wenigstens bei der Familie anzukommen.

Irgendwann in diesen Juniwochen wird dann auch im gesamten Umfeld, einschließlich der Kollegen, ein harmonisches Miteinander stattfinden. Bis dahin wird Ihnen allerdings alles abverlangt, was Sie an Reserven besitzen. Ist es auch kaum möglich, sich ein paar Tage der Ruhe und Besinnung zu gönnen, so sollten Sie doch zumindest an jedem Abend, wenn Sie zu Hause sind, Ihr Gemüt und Ihre Gefühle zu Wort kommen lassen. Auch dies ist ein Jungbrunnen, der viel zuwenig Beachtung findet. Ein entspanntes Innenleben, ohne gravierende, negative Gedanken, versorgt mit einem guten Wohlbefinden.

Es sind noch kleinere Behinderungen möglich, aber sie ergeben sich nur in Berufszweigen, die ein Handwerk als Grundlage haben. Hinsichtlich ihrer Gesundheit müssen Zeder-Leute vorsichtig sein, da Verletzungen möglich sind oder weil sie im Straßenverkehr ein zu leichtsinniges Verhalten zeigen. Ein bißchen Vorsicht und innere Ruhe sorgen schon dafür, daß sich keine Unfälle ereignen.

Alle in anderen Berufen Beschäftigte können mit einem ruhigen Tagesablauf rechnen. Trotzdem: Bei allem sollte der goldene Mittelweg eingehalten werden. Eine Tendenz, die Hartnäckigkeit, Unbeugsamkeit und übertriebenen Ehrgeiz auslöst, ist im Lebensbereich der Zeder-Leute unverkennbar. Bedauerlich ist, daß es der Liebesbereich ist, der in besonderem Maße damit konfrontiert wird.

Ihr Innenleben wird damit in Unruhe versetzt, die sich sicher bei Ihrem langjährigen Partner nicht vorteilhaft auswirkt. Gelegentlich aufkommende Wünsche nach einem besonderen Erlebnis sind diesem Einfluß zuzuschreiben. Wird es jedoch ernst mit dem Begehren, den Wünschen und Gefühlen, so finden Zeder-Leute den Weg, der für die eigene Person passend ist und der keinen Wirbel verursacht. Lassen Sie sich in einer derartigen Verfassung zu nichts überreden. Solange ein Flirt nicht zum Hauptthema wird, sind keine ernsthaften Probleme zu befürchten.

Ärger, den die Familie macht, ist kaum von langer Dauer. In Ihrer jetzigen Verfassung ist er Ihnen sogar völlig egal! Sie haben andere Dinge im Kopf als den Frust Ihrer Familienmitglieder.

Es stehen nicht die freundlichsten Zeichen zu Ihrer Verfügung. Kein Grund, den Kopf hängenzulassen. Schon die dritte Augustwoche bringt Erleichterung.

Ihre Energie, Ihre Tatkraft läßt auch während dieser kurzfristigen Flaute keine Ermüdung erkennen. Etwas Neues ist im Gange, das zum Durchbruch drängt. Noch fehlt ein exakter Hinweis, wie und wo sich dies für Sie persönlich auswirken wird. Ein klein wenig Geduld müssen Sie noch aufbringen, schon bald wird sich abzeichnen, was auf Sie zukommt.

Vor dieser zweiten Augusthälfte zeigt sich auch ein nahestehender Bekannter nicht so freundlich und angenehm, wie Sie das gewohnt sind. Das beste wäre, sich deshalb keine grauen Haare wachsen zu lassen. Kein Mensch auf dieser Erde ist stets absoluter Herr über seine Launen, es geht auch Ihnen nicht anders. Überlassen Sie jeden, der unerträglich ist, sich selbst. Es ist die einzige Möglichkeit, nicht auch noch in fremde Probleme verstrickt zu werden.

Zum Abschluß der ersten Augusthälfte wiehert dann auch noch der Amtsschimmel. Es wäre übertrieben, derartige Nebensächlichkeiten als »Schicksalsschlag« einzustufen. Ist dann der 18. vorbei, sind auch all diese kleinen Nadelstiche vorüber.

Nach diesem Tag, es ist ein Mittwoch, wenn Venus in das Löwezeichen eingetaucht ist, hellt sich Ihr persönlicher Himmel zusehends auf. Wenn Sie Parties mögen, so können Sie hier strahlender Mittelpunkt sein. Sie entwickeln wieder Ihr gewinnendes Wesen, das immer dann zum Durchbruch kommt, wenn Venus im Löwezeichen Stellung bezieht.

Für Zeder-Leute ist es ein Aufbruch in eine Zeitspanne, die genußfreudig macht. Auch der eigene Besitz erfährt einen Zuwachs, der dem persönlichen Fleiß zu verdanken ist.

Möglich ist, daß bei einigen Zeder-Leuten nervöse Unruhe aufkommt. Weshalb, warum, ist nicht genau festzustellen. Sehr beunruhigend wird es nicht sein. Es wird auch nur die Februar-Geborenen betreffen. Entpuppt sich auch jemand in Ihrem Arbeitskreis als Wichtigtuer, der sich autoritäres Verhalten anmaßt – das überdimensionale Unabhängigkeitsbedürfnis der Februar-Zeder-Leute widersetzt sich ganz entschieden. Diese innere Abwehr macht nervös und unkonzentriert. Lassen Sie es nicht soweit kommen, daß Sie offen dagegen rebellieren. Sie haben zwar sehr brauchbare neue Arbeitsmethoden im Kopf, aber dieser Monat ist nicht der richtige Zeitpunkt, um diese vorzuschlagen oder gar durchzusetzen.

Widerstand ist für alle Zeder-Leute, ob im Februar oder August geboren, völlig zwecklos. Er bringt nur Unannehmlichkeiten.

Man erwartet zwar hundertprozentigen Einsatz von Ihnen, aber das ist schon alles. Es muß zumindest der 23. im Kalender stehen, bevor Sie Ihr Selbstbewußtsein öffentlich zur Schau stellen können.

Wird aber das Thema Liebe interessant, so wird das Alleinsein ein Ende haben, wenn Sie bisher keine feste Beziehung hatten. Zeder-Leute sind häufig recht anspruchsvoll bei der Wahl eines Partners, das wird auch in diesen Herbstwochen nicht anders sein. Doch es kommt eine warme Herzlichkeit auf, und danach sehnen sich viele Menschen immer dann, wenn das Jahr zur Neige geht und die Herbsttage nachdenklich machen.

Der Trend zur Häuslichkeit zeigt sich recht deutlich. Er hat bei fast allen Zeder-Leuten Seltenheitswert. Spielen Sie jetzt also den genüßlichen Hausmann, mit Filzpantoffeln und legerer Kleidung. Es kommt bestimmt gut an in diesen Herbstwochen. Ganz abgesehen davon, daß Sie selbst daran Gefallen finden.

Eine kleine Mißstimmung könnte aufkommen, die für die August-Geborenen unangenehm werden könnte. Entweder ist Eifersucht die Ursache oder Ärger mit nahestehenden Menschen. Bitte keine heftigen Äußerungen, kein Streit! Das würde überhaupt nichts ändern, und Sie selbst würden einen nervösen Magen bekommen oder schlecht schlafen.

Auch wenn Sie der Meinung sind, im Recht zu sein, die Meinung der »Gegenpartei« ist es ganz sicher nicht. Zeigen Sie ein bißchen mehr Feinfühligkeit im Umgang mit den Leuten, mit denen Sie den Alltag verbringen. Die Ecken und Kanten der anderen sind nicht gar so unerträglich, daß Sie gleich in die Luft gehen müssen. Es ist immer nur Ihr Wohlbefinden, das darunter leidet.

Möglich ist, daß mehr Arbeit anfällt, als Sie gewohnt sind. Das wird Ihnen jetzt ganz bestimmt nicht gefallen, aber was macht das, wenn Sie einmal etwas länger am Schreibtisch oder in einer Werkstatt bleiben müssen. Nicht wenige sind ganz ohne Arbeit und wären gerne an Ihrer Stelle.

Ihre Freizeit bereitet Ihnen in diesen Oktoberwochen Vergnügen. Auch hier, in diesem unbeschwerten Bereich, ist nicht alles so, wie Sie es gewohnt sind. Doch die Veränderungen, die sich ergeben, sind positiv für Sie und machen Sie gegen den kleinen Alltagskram immun.

Privatinteressen verlangen nach dem 20. Ihre volle Aufmerksamkeit. Begeisterung und Schwung sind festzustellen, die bei den August-Zeder-Leuten zum Durchbruch kommen. Auch eine besondere Redegewandtheit ist festzustellen.

Sie werden zum »Allround-Liebling«. Das haben Sie sich schon oft gewünscht. Doch Sie stellen fest, daß das Ihrem Naturell eigentlich gar nicht entspricht.

Die Arbeit und die Umgebung Ihres Arbeitsbereiches macht in diesen Wochen in keinster Weise Schwierigkeiten. Die Stimmung der Kollegen ist zufriedenstellend, und auch der Chef bürdet Ihnen wenig Extraarbeiten auf. Alle Leute profitieren von den freundlichen Strömungen, die uns aus dem Kosmos erreichen.

Auch im Familienbereich steht das Barometer auf »schön«. Die Leute verstehen wieder Spaß, und fast jedem ist Lebensfreude ins Gesicht geschrieben.

Kein Wunder, daß Sie das sichere Gefühl bekommen, daß in diesen Wochen nichts schiefgehen kann. Ein gesunder Optimismus macht sich bemerkbar, für einen November ziemlich ungewöhnlich. Aber es ist meist nur das nebelverhangene Wetter, das die Leute so griesgrämig macht. Der Monat selbst kann es nicht sein. Insgeheim bereitet sich die Natur schon für einen neuen Frühling vor, man kann es nur noch nicht sehen. Bei den Kelten war der 1. November der Jahresanfang, nicht aus bloßer Willkür, sondern weil dieses naturverbundene Volk wußte, daß sich in diesen Wochen das wahre Wunder der Neugeburt eines Jahres bereits in den ersten Anfängen bildet.

Lassen Sie Ihr mitfühlendes Herz sprechen, wenn man Sie bittet, sich eines Menschen anzunehmen, der vielleicht einsam oder von Schmerzen geplagt ist.

Seien Sie trotzdem vorsichtig, leicht ist es möglich, daß man Sie ausnützt, obwohl es Angehörige gibt, die hier mehr verpflichtet wären.

Das gesellschaftliche Leben reizt Sie jetzt mehr als in all den Monaten zuvor. Für Zeder-Leute höchst ungewöhnlich, doch irgendwie reizt Sie die Möglichkeit, auch mit Leuten in Kontakt zu kommen, die nicht absolut auf Ihrer Wellenlänge liegen. Sie wissen nicht, wie bedeutend dieser Schritt ist: Denn damit haben Sie eine Schwelle überwunden, die Ihnen ein umfassenderes Begreifen der Lebenszusammenhänge ermöglicht.

Ergeben sich Möglichkeiten, die etwas völlig Neues in Ihr Privatleben bringen, setzen Sie sich trotz Ihrer überschwenglichen Begeisterung nicht hundertprozentig dafür ein. Haben Sie keine Wahl und sind Sie gezwungen, sich zu entscheiden, dann versuchen Sie aus allem das Beste zu machen.

Es könnte sein, daß sich jemand am Arbeitsplatz für Sie persönlich interessiert. Man weiß zwar, daß Sie immer nur Ihre eigene Meinung gelten lassen und sich wenig um andere Leute kümmern, stößt sich aber nicht daran, empfindet es als Ihre persönliche Eigenart und stuft es als Charakterfestigkeit ein. Es könnte Ihnen nichts Besseres passieren! Außerdem ist dies schon ein Beweis, daß man sich intensiv mit Ihrer Person befaßt.

Wie schon aus dieser Möglichkeit ersichtlich ist, ergeben sich die erfreulichsten Akzente im Privatleben.

Geben Sie sich so, wie Sie sich fühlen, zeigen Sie, was Ihnen Freude macht und was Ihnen nicht gefällt.

Die schlimmste Krankheit unserer Zeit ist die innere Verschlossenheit, die Bitterkeit und die Trostlosigkeit. Ein armseliger Seelenzustand ist das Ergebnis.

Ganz allein den Lebenskampf zu bestehen ist eine Aufgabe, die nur wenigen gelingt, und ganz sicher sind Zeder-Leute dafür nicht geeignet.

Die Geborgenheit in einer Familie wäre der Idealzustand. Es ist Dezember, viele haben in diesen Wochen das Bedürfnis, sich gesellig zu zeigen. In diesem Jahr 2000 sind es die Dezemberwochen, die alles befürworten und unterstützen, was in diesem Sinne angestrebt wird.

Eine etwas großzügigere Einstellung könnte jetzt nicht schaden, beispielsweise Großzügigkeit im Beurteilen der Mitmenschen. Sie erleichtern sich selbst damit das Leben, vielleicht wird es damit sogar »schön«.

Beruflich nehmen Sie jetzt am besten alles so, wie es kommt. Kein übertriebener Eifer, keine neuen Pläne.

Dieses Nußbaum-Jahr geht nicht zu Ende, ohne Ihnen die Gewißheit zu verschaffen, daß menschliche Wärme das A und O eines guten Lebens ist.

Kiefer 2000
19. 2.–29. 2. / 24. 8.–2. 9.

Kiefernwälder, beleuchtet von einer untergehenden Sonne, sind einem Bühnenbild nicht unähnlich, das von einem goldroten Scheinwerferlicht angestrahlt wird. Mit dieser Farbkomposition kann man das Naturell der Kiefer-Leute beider Dekaden vergleichen. Glücklich, meist sogar strahlend ist das äußere Erscheinungsbild, wenn sie ihre Talente unter Beweis stellen können.

Im tiefsten Innern nistet jedoch bei der ersten Dekade, trotz ihres strahlenden Verhaltens, eine Befangenheit, die sich in der Beziehung zum anderen Geschlecht recht schnell zum Nachteil auswirkt. Da sie jedoch immer nur das tun, was sie persönlich für richtig halten, kann es häufig dazu kommen, daß sie sich mit diesen eigenen Vorstellungen in sich zurückziehen. Sicher nicht, um zu resignieren, sondern um den für sie günstigsten Zeitpunkt abzuwarten und dann die Katze aus dem Sack zu lassen!

Februar- und August-Kiefer-Leute fühlen sich vom Schicksal stets gut bedient. Dies allein ist ein so dickes Plus, daß eine optimistische Lebenseinstellung garantiert ist.

Die August-Dekade hat ein zusätzliches Positivum zu verzeichnen. Sie steht mit beiden Beinen fest auf dem Boden der Realität. Strebsam und ehrgeizig ist man dort, wo es etwas zu verdienen gibt, egal, ob manuelle oder spirituelle Talente ins Gefecht geführt werden müssen.

Die Liebe schafft kaum besondere Probleme. Es werden einsichtsvolle Grenzen gezogen, die meist akzeptiert werden. Die erotische Färbung behält auch in langjährigen Beziehungen eine gleichbleibende Intensität.

Die Februar-Dekade versteht unter einer Partnerschaft eher Kameradschaft als eine glutvolle Liebesbindung. In einer Ehe ist sie eher sentimental als leidenschaftlich.

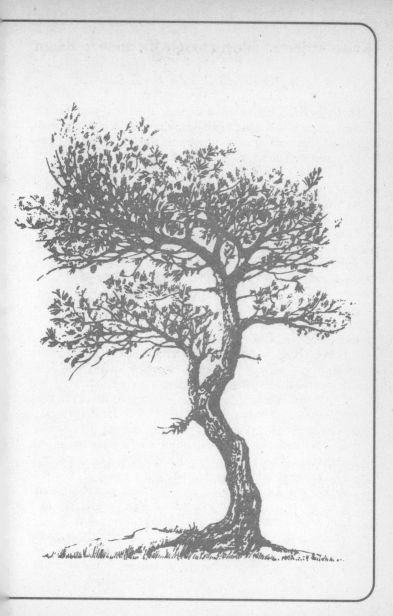

Konzentrierte Sonnenenergie für meinen Baum

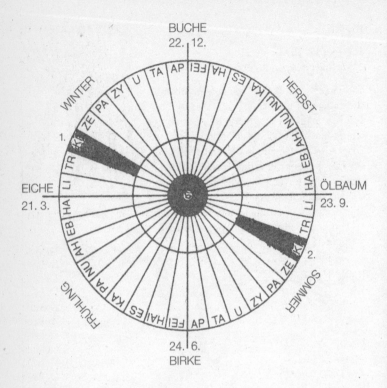

Der *markierte* kleine Teilabschnitt für jeden Baum zeigt seine Position innerhalb der vier Jahreszeiten an.

Die zu dieser Jahreszeit wirksame Sonneneinstrahlung ist für astrologische Erkenntnisse auch heute noch äußerst bedeutungsvoll.

Die *einzelnen Baumfelder* sind mit den *Anfangsbuchstaben des betreffenden Baumes* gekennzeichnet.

Wer paßt zu wem?

Kiefer

1. Dekade: 19. 2.–29. 2.
2. Dekade: 24. 8.–2. 9.

Die Zugehörigkeit eines Baum-Symbols zu einem der vier Elemente, Feuer, Wasser, Luft und Erde, muß für die Beurteilung harmonisierender Partnerbeziehungen berücksichtigt werden. Diese fundamentale Wichtigkeit ist bei der Gegenüberstellung der einzelnen Dekaden berücksichtigt. Wenn Sie in der folgenden Aufstellung nicht die Daten Ihres Partners finden, seien Sie nicht beunruhigt. Liebe hat 1000 Facetten, in ihr letztes Geheimnis kann kein Horoskop der Welt Einblick geben.

Kiefer 1. Dekade	Zypresse	1. Dekade
Kiefer 1. Dekade	Pappel	1. Dekade
Kiefer 1. Dekade	Zeder	1. Dekade
Kiefer 1. Dekade	Kiefer	1. Dekade
Kiefer 1. Dekade	Haselnuß	2. Dekade
Kiefer 1. Dekade	Eberesche	2. Dekade
Kiefer 1. Dekade	Ahorn	2. Dekade
Kiefer 1. Dekade	Esche	1. Dekade
Kiefer 1. Dekade	Hainbuche	1. Dekade
Kiefer 1. Dekade	Feigenbaum	1. Dekade
Kiefer 1. Dekade	Ölbaum	23.9.
Kiefer 2. Dekade	Apfelbaum	1. Dekade
Kiefer 2. Dekade	Tanne	1. Dekade
Kiefer 2. Dekade	Ulme	1. Dekade
Kiefer 2. Dekade	Kiefer	2. Dekade
Kiefer 2. Dekade	Trauerweide	2. Dekade
Kiefer 2. Dekade	Linde	2. Dekade
Kiefer 2. Dekade	Nußbaum	1. Dekade
Kiefer 2. Dekade	Kastanie	1. Dekade
Kiefer 2. Dekade	Buche	22.12.

Die energische Art, die dieses Baum-Symbol ihren Schützlingen mitgegeben hat, kann sich gleich zu Jahresbeginn nützlich machen. Dieser Januar ist nämlich der intensiven Arbeit vorbehalten. Für Abwechslung ist gesorgt, es wird Ihnen sicher nicht langweilig werden. Stürzen Sie sich ins Getümmel, und vergessen Sie dabei den tierischen Ernst, der Kiefer-Leute oft dazu veranlaßt, weder nach rechts noch nach links zu sehen und kein Lächeln auf die Lippen zu bekommen, wenn der Schreibtisch vollbepackt mit Arbeit ist. Wichtiges sollte bereits bis Mitte des Monats erledigt sein. Nach diesem Datum werden nämlich kosmische Kräfte wirksam, die sich für Ihren Privatbereich interessieren.

Ihre Mitarbeiter werden zwar nicht begeistert sein, wenn Ihr Arbeitseifer dann nachläßt, doch zur rechten Zeit wissen Kiefer-Menschen immer, was zu tun ist, um sich Respekt zu verschaffen. Kurz nach der zweiten Woche wird Sie ein Freund bzw. eine Freundin sehr in Anspruch nehmen. Das kann auf verschiedene Art geschehen: Von praktischer Hilfe bis zu trostreichen Worten bei seelischem Kummer. Gibt es ernsthafte Auseinandersetzungen mit Geschwistern, die Ihnen zunächst gründlich die Laune verderben, so bedenken Sie, daß geschwisterliche Liebe trotzdem weiterbestehen kann. Familiäre Zuneigung kann auch harten Bewährungsproben standhalten.

Geht der Januar seinem Ende zu, wird Ihr dynamisches Verhalten etwas ruhiger. Eine geschmeidige, fast nachgiebige Art bekommt Ihnen ausgezeichnet und schont Ihre Kräfte. Jetzt haben Sie auch Verständnis für die Fehler Ihrer Mitmenschen. Bequemlichkeit steht hoch im Kurs. Es wäre eine gute Gelegenheit, sich noch besonders fit zu machen, bevor das Jahr endgültig ins Rollen kommt. Kiefer-Damen, die sich im allgemeinen anspruchsvoll zeigen, sind gut beraten, wenn sie sich in den letzten Tagen des Monats bescheidener geben. Das heißt nicht, daß Sie eine gewisse Exklusivität aufgeben müssen, es sind lediglich kosmische Strömungen, die Ihnen keine Extras genehmigen. Im Frühling geborene Kiefer-Männer gehören zu den Genießern. Sie dürfen diese Neigung Ende Januar voll ausleben.

Genießen Sie die relativ ruhigen Tage, genießen Sie alles, was Ihnen Angenehmes passiert, die Freizeit im Kreis der Familie und sicher auch die Liebe. Ruhe ist das einzige, was der Liebe Bewegung verschafft.

Ein kleiner Konkurrenzkampf am Arbeitsplatz wird sicher zu Ihren Gunsten ausfallen. Es ist keine wichtige Sache, doch irgendwie befriedigt Sie ein positives Ergebnis doch.

Mit Energie und Einfühlungsvermögen verstehen Sie es auch bei kleinen und kleinsten Chancen, die für Sie passenden Möglichkeiten herauszuholen.

Während des ganzen Monats stehen Sie selten auf der Verliererliste. Die in freien Berufen Tätigen werden von den kosmischen Energien gut versorgt. Eine gute Zeit, sich um neue Möglichkeiten zu kümmern und sein Licht nicht unter den Scheffel zu stellen. Völlig aus sich herausgehen, sich durchsetzen, auch wenn es schwer ist, und alles mit umwerfendem Charme verpacken – das sollte jetzt Ihre Strategie sein.

Endlich kümmert sich die Familie wieder auffallend um Sie. Zeigen Sie also ein bißchen mehr Herzlichkeit, auch wenn das nach den Querelen des Monats Januar schwerfällt. Doch Kiefer-Männer der Februar-Dekade, denen ein betuliches Familienleben nicht liegt, wissen aus Erfahrung, wie man sich hier verhalten muß, um Angehörige nicht vor den Kopf zu stoßen. Also bitte keine Gereiztheit, wenn Ihre Partnerin mal wieder »allzu zärtlich« mit ihren Liebesäußerungen wird.

Angenehme Dinge erwarten Sie im Liebesleben, die eine gute Laune verbreiten. Dieser erfreuliche und begrüßenswerte Abschnitt ist jedoch nicht von langer Dauer. Sie sollten ihn daher genießen, solange er anhält.

Da die Sonne, das Zentralreich im Keltischen Baumkreis, einen dominierenden Einfluß bekommt, wenn der 23. im Kalender steht, wird Ihnen ein liebevolles Herz mehr oder weniger »frei Haus« geliefert. Es ergeben sich also neue Begegnungen und eine reiche Palette an Möglichkeiten, einem lieben Menschen näherzukommen. Wenn Sie bemüht sind, ein gefundenes Glück weiter auszubauen, wird die Erkenntnis nicht lange auf sich warten lassen, daß zum Glücklichsein nicht viel gehört.

Belasten Sie sich nicht mit den Gedanken an die Zukunft, das Hier und Jetzt sollte wichtig sein, alles andere lassen Sie getrost ruhen.

Der Kosmos meint es immer noch gut mit Ihnen. Kämpferische Momente zeigen sich nur noch an einigen Tagen. Letzteres könnte sich hauptsächlich auf Ihr Wohlbefinden nachteilig auswirken. Aber es könnte auch viel Arbeit bedeuten, die Ihnen im Moment nicht behagt. Es wird nicht möglich sein, sich stur zu stellen und einfach nein zu sagen, wenn man Ihnen einen ganzen Packen Zusatzarbeit auf den Schreibtisch legt. Wichtig ist nur, daß der Feierabend in Ruhe verbracht wird und Sie sich mit ausreichend Schlaf wieder die notwendigen Kraftreserven verschaffen.

Über Geldangelegenheiten werden Sie nicht zu klagen haben; in diesem Bereich festigt sich eine gesunde Basis. Auch Behördenangelegenheiten gehen positiv zu Ende. Ebenso sind gute Bescheide von juristischer Seite zu erwarten, falls Sie damit zu tun haben.

Anpassungsfähigkeit bzw. Opferbereitschaft können Sie im Moment nicht aufbringen, ein ganz normales Interesse an den Menschen Ihrer nächsten Umgebung sollte aber schon vorhanden sein. Das bringt Ihnen etwas zusätzliches Wohlbehagen. Üben Sie eine künstlerische Tätigkeit aus, so können Sie sich der Unterstützung entsprechender kosmischer Werte sicher sein. Nur ist eine Engelsgeduld notwendig, wenn Sie überdimensionale Anerkennung erwarten. In diesen Märztagen haben Sie zwar künstlerische Impulse noch und noch, aber Spontanerfolge sind ausgeschlossen. Sind Sie »nur« Kaufmann im künstlerischen Metier, können Sie sich ergiebige Geschäfte ausrechnen.

Pluspunkte können sich alle in anderen Berufen Tätigen ausrechnen. Gute Chancen sind zu erwarten, wenn Sie sich nach einem anderen Arbeitsplatz umsehen. Kompromisse dürfen auf keinen Fall mit einbezogen werden. Eine neue Sache muß Hand und Fuß haben, sonst ist eine Veränderung nicht anzuraten.

Für den privaten Bereich ist der jetzt gültige Leitspruch: Durchhalten. Zeigt sich z. B. in der Familie manches, das nicht Ihrem Geschmack entspricht: Haben Sie Geduld. Kiefer-Leute können immer mit Wohlwollen rechnen, es wird nur nicht immer so gezeigt, wie Sie es erwarten.

Die Liebe ist zufrieden mit dem, was die tägliche Gewohnheit ihr schenkt. Haben Sie etwas anderes im Sinn, ist es Ihre Aufgabe, »Feuer im Ofen« zu machen.

Sie dürfen sich das Ungewöhnlichste einfallen lassen, es wird in diesem Monat kaum schiefgehen. Trauen Sie es sich nur zu! Aktivsein zahlt sich sicher aus. Es muß auch nicht unbedingt der erlernte Beruf sein, der Ihnen Geld einbringt. Im familiären Bereich ist ein kleines Problem zu lösen, bevor es hier zu einer harmonischen Atmosphäre kommen kann.

Die April-Geborenen sind von Fortuna besonders ins Visier genommen. Eine ausgefallene Idee oder ein langgehegter Wunsch findet endlich ein offenes Ohr. Damit ist schon viel gewonnen. Wenden Sie Ihre ganze Überzeugungskraft auf, wenn Sie eine gute, aussichtsreiche Sache vorzuschlagen haben. Wichtig ist, daß jede Flunkerei vermieden wird. Ihre Begeisterung könnte Ihnen da einen Streich spielen, indem Sie manches in bunten Farben schildern, die den gegebenen Tatsachen in keiner Weise gerecht werden. Was jetzt nicht absolut fair abgewickelt wird, trägt schon den Keim des Mißlingens in sich. Jetzt, im Nußbaum-Jahr, ist ein derartiger Verlauf aber kaum zu befürchten.

In der Familie sind nach dem 9. alle Differenzen ausgebügelt. Hier herrscht wieder Friede und Eintracht. Man liebt Sie ohne jeden Vorbehalt, vielleicht ist es auch nur ein »Gern haben«. Was soll's, Sie sind damit zufrieden. Zudem machen Sie sich sowieso keine Gedanken, ob Sie überall und bei jedem gut ankommen. Sie sind liebenswürdig, finden für jeden ein gutes Wort und auch mal ein freundliches Lächeln. Was kann da schon passieren?

Rosig sieht es in Liebesangelegenheiten aus. Läuft es in einer Partnerschaft nicht so gut, weil sich Verschiedenes abgenutzt hat, ist das für Sie im Moment überhaupt kein Problem. Amor könnte ein neues Ziel für Sie im Auge haben, und das spüren Sie bereits unterschwellig. Ihre Phantasie hat sich wohl schon ab und zu mit derartigen Gedanken befaßt. Nun, die allernächste Zeit wird zeigen, was sich das Schicksal für Sie ausgedacht hat.

Es sind klitzekleine Verbesserungen zu erwarten. Finanzielle Vorgänge erfordern jedoch erhöhte Aufmerksamkeit. Nützen Sie jede Möglichkeit, um sich Zusatzgeld zu verdienen. Schon allein der Unterhalt für das Auto verschlingt eine Menge und muß womöglich an anderer Stelle eingespart werden. Die Energie, die Sie an manchen Tagen besonders erfüllt, macht ein Zusatzprogramm an Arbeit zum Vergnügen.

Ein Unlustgefühl macht sich bei den Kiefer-Damen bemerkbar, das den Alltag zu einer kleinen Katastrophe werden läßt. Die Kiefer-Männer haben damit nicht ganz so viele Probleme, aber am beruflichen Einsatz haben auch sie keine große Freude. Halten Sie sich in diesen etwas kritischen Tagen an den guten Umgang mit Freunden und Kollegen. Hier finden Sie den Ausgleich, den Sie brauchen. Der eine oder andere hat womöglich dieselben Schwierigkeiten. Nach dem Motto »Geteilter Schmerz ist halber Schmerz« wird die Situation gleich weniger bedrückend.

Bauen Sie also alle eventuell noch bestehenden Unstimmigkeiten in diesem Personenkreis ab. Vielleicht ist sogar der allzu sachliche Umgang der eigentliche Grund, weshalb Sie mit Ihrem Arbeits- und Privatkram nicht zurechtkommen. Versuchen Sie doch, unter Ihren Kollegen einen Freund oder eine Freundin zu gewinnen, und schon wird alles leichter. Ernst sind Kiefer-Menschen der Veranlagung nach sowieso, Sie brauchen einen fröhlichen, vielleicht sogar übermütigen Impuls vom Umfeld.

Eine immer wiederkehrende Streitfrage läßt Sie nicht zur Ruhe kommen. Möglich, daß es der familiäre Bereich ist, der hier für Unruhe sorgt. So, wie die kosmischen Werte jetzt auf Sie eingestellt sind, kann das eine Wende einleiten. Vielleicht beugt man sich Ihren Vorstellungen oder akzeptiert Ihre Meinung.

Das ganz große Aufatmen erfolgt dann nach dem 17. Der Arbeitstag läuft wieder normal und macht halbwegs Spaß. Die Beziehung zur Familie pendelt sich auf ein gutes Miteinander ein. Haben Sie sich irgend etwas zuschulden kommen lassen, so wird es nicht schwer, das in Ordnung zu bringen. Wenn es notwendig ist, sich hier etwas Neues einfallen zu lassen, dann tun Sie es, der Sache an sich ist damit schon Genüge getan. Sind nämlich Sie in bester Verfassung, geht von Ihnen der Impuls aus, der für Harmonie sorgt.

Am Monatsende zeigt sich eine wunderbare Intensität in Ihrer Arbeitsfreude. Arbeit ist für Sie nicht gleichbedeutend mit Anstrengung oder gar Zwang. Möglich ist jetzt auch eine geistige Beschäftigung in der Freizeit. Das bringt Ihnen Werte ein, die mit der üblichen manuellen Tätigkeit nie erreicht werden.

Nicht alles ist in diesen Juniwochen für Kiefer-Leute hundertprozentig erfreulich. Das ist kein Grund zur Panik, nichts wächst sich zu einer Katastrophe aus. Wird von einer bestimmten Seite Druck auf Sie ausgeübt? Werden Sie mit einer unangenehmen Angelegenheit konfrontiert, der Sie nicht ausweichen können? Eile mit Weile, schlafen Sie eine Nacht darüber, bevor Sie sich entschließen, der Sache beizukommen.

Ist es eine kurzfristig anberaumte Reise, die man Ihnen zumutet und die absolut nicht in Ihr Programm paßt, oder gibt es Kummer mit einem Kind, einem jungen Menschen, der ein sofortiges Handeln nötig werden läßt? Dies alles und vieles andere ist in relativ kurzer Zeit so zu bewältigen, daß jede Seite zufrieden sein kann. Vermeiden Sie auf alle Fälle lautstarken Widerspruch. Damit begeben Sie sich nur in die Defensive, und die ist in keinem Fall eine günstige Position. Ein Entschluß ohne jeden Hintergedanken, der direkte, aber diplomatisch überlegte Weg ist immer die beste Lösung.

Die beiden letzten Monatswochen bringen schon Erleichterung und nehmen Ihnen jede weitere schwere Last von den Schultern. Ist das einmal geschafft und sind die kosmischen Kräfte wieder friedlich gestimmt, zeigt sich auch die Familie entgegenkommend. Man ist hier gerne bereit, Sie für manches Unangenehme zu entschädigen. Sie hat sich in den vergangenen kritischen Phasen weitgehend zurückgehalten, was sicher gut war und wofür Sie dankbar sind.

Haben Sie sich gewundert, daß sich auch der Partner oder die Partnerin ruhig und unauffällig verhalten haben? Er oder sie wußte aus Erfahrung, daß Ruhe das Beste ist, was man Ihnen in schweren Tagen schenken kann. Zum Monatsende ist der Liebeshimmel schon wieder rosarot.

Ihre Freunde zeigen sich sehr erfreut, Sie nun wieder öfter zu sehen. Lassen Sie sich doch etwas Neues einfallen, um das Zusammensein mit diesem Personenkreis unterhaltsamer zu gestalten. Ihre Bemühungen, am Arbeitsplatz besondere Leistungen zu zeigen, werden freudig begrüßt und von einigen Mitarbeitern auch unterstützt. Es ergeben sich auch gute Gespräche mit Vorgesetzten, man kann sagen, es entwickelt sich hier fast eine Art kameradschaftliche Zusammenarbeit.

Nicht ganz so reibungslos wird Ihr Alltag verlaufen. Haben Sie einen zänkischen Kollegen unterschätzt? Versucht er, Ihre beruflichen Bemühungen zu untergraben? Möglich ist auch, daß Sie zunächst keine Ahnung haben, wer Sie beim Chef schlechtgemacht hat. Nicht immer zeigt sich ein Neidhammel als offener Gegner. Er gibt sich scheinheilig und tut, als könne er kein Wässerchen trüben. Zu dem Schaden, den Sie damit haben, kommt dann noch die Schadenfreude, die ganz besonders kränkt. Gehen Sie Ihrer Arbeit nach, und lassen Sie die Hunde bellen.

Im Gefühlsbereich sind im Verlauf der ersten beiden Wochen Erlebnisse möglich, die Sie vollauf für den Ärger entschädigen. Es muß nicht unbedingt Liebe sein, die dann eine Rolle spielt. Es gibt auch andere Dinge, die sich unauslöschlich in Ihr Herz graben.

Vermutlich im Familienbereich ist Ihrerseits ein ganz besonderer Einsatz erforderlich, der Ihnen nicht ganz leichtfällt. Man zeigt sich enttäuscht, und Ihre gute Laune fällt auch hier auf den Nullpunkt. Wer kann schon von sich behaupten, daß alles hundertprozentig ist, was er tut? Kiefer-Leute haben ein ganz beträchtliches Quantum an Ehrgeiz im Gepäck. Das darf sich aber nicht so auswachsen, daß Sie total unansprechbar werden, wenn das Umfeld einmal nicht zufrieden mit Ihnen ist.

Kümmern Sie sich nicht um die Schatten, die in diesem Monat ab und zu aufkommen. Wichtig ist nur, daß Sie die Zügel nicht aus der Hand geben und daß aufkommende Emotionen nicht ausufern. Kopf hoch, wenn es einmal dick kommt. Sie haben genug Optimismus mitbekommen, graben Sie ihn aus. Suchen Sie die Gesellschaft von Menschen, bei denen Sie sicher sein können, daß es etwas zu lachen gibt.

In der dritten Woche ist im Partnerbereich eine gewisse Nervosität nicht auszuschalten. Bringen Sie Ihr Bemühen, alles richtigzumachen, und eine durch nichts zu erschütternde Ruhe unter einen Hut, dann sind Sie fein raus. Bei der Liebe ist jetzt mit Zurückhaltung nicht viel zu erreichen. Zeigen Sie sich etwas aktiver. Was Sie damit in diesem Monat bewirken können, wird Sie überraschen.

Die kosmischen Werte dieses Monats sind auf Veränderung eingestellt. Keine sich bietende Gelegenheit darf übersehen werden, Zukunftspläne bekommen feste Umrisse. Nur in der ersten Woche lassen Sie
Ihre ehrgeizigen Bemühungen noch ruhen. Gedanklich noch nicht ausge-
reifte Vorhaben bringen erst dann den gewünschten Erfolg, wenn Ihr Alltag Ihnen dazu die notwendige Zeit und Ruhe läßt. Erst nach dem 17.
werden die Bedingungen günstiger.

Die Alltagspflicht bleibt deshalb gewiß nicht ausgeklammert, doch
mehr als das unbedingte Muß sollte es nicht sein.

Auf gesellschaftlicher Ebene herrscht gutes Einvernehmen, auch mit
Ihren Freunden kommen Sie bestens aus. Kein Wunder, Sie werden mit
Ihren Ansprüchen bescheidener, und Ihre Erwartungen sind den Gegebenheiten angepaßt. Der Umbruch, der sich in vereinzelten Fällen schon
ankündigt, genügt vollauf, um Sie in fast euphorische Stimmung zu bringen. Jede andere Sache, die Aufmerksamkeit benötigt, ist Ihnen im Moment lästig.

Läßt es sich ermöglichen, sollten Sie sich nicht in das Verkehrsgewühl
stürzen. Hier zeigen sich vereinzelt Gefahrenpunkte, die Sie entweder
nicht richtig einschätzen oder glatt übersehen. Sie sind zu sehr auf Ihre
neuen Ideen und Möglichkeiten konzentriert.

Ihre Gedanken mögen sich jetzt überschlagen, aber in der Familie ermöglichen Ihnen diese Augustwochen eine erholsame Zeit. Auch in der
Partnerschaft ist angenehmes Ausspannen zu erwarten. Verzichten Sie
auf Unternehmungen, für die die Leute Ihres Umfeldes Sie gewinnen
wollen. Lassen Sie sich lieber einen faden Kumpel nennen, als daß Sie in
eine unausgewogene Stimmung geraten. Ein bißchen Diplomatie würde
genügen, um Freunde zu beschwichtigen und sich selbst einen Gefallen zu
tun. Irgendwann am Monatsende sind Sie einem kleinen Flirt nicht abge-
neigt. Ihre Chancen beim anderen Geschlecht sind nämlich bemerkenswert. Jetzt heißt es »Vorsicht«. Es besteht die Möglichkeit, daß Amor
etwas Ernstes mit Ihnen vorhat. Kiefer-Menschen sind taktvoll genug, um
einem momentan weniger geliebten Partner nicht einfach den Stuhl vor
die Tür zu stellen. Es ist wichtig, hier die Zeit für sich arbeiten zu lassen,
um ein gutes Ergebnis zu bekommen.

Mit den erfreulichen Aspekten, die Ihre kosmischen Energien jetzt für Sie geschaffen haben, können Kiefer-Leute beruflich endlich etwas wagen. Auch wenn finanzielle Opfer erforderlich sind, würde sich hier Ihr Bemühen lohnen. Energie, die sich so konzentriert nur im Bereich der Kiefer-Leute der ersten Dekade zeigt, ist das tragende Element im beruflichen Sektor.

Kiefer-Männer haben jetzt besonderes Glück. Sie finden bei wichtigen Gesprächen stets das richtige Wort, und das macht einen ganz ausgezeichneten Eindruck. Wer den Nagel auf den Kopf trifft, hat immer Vorteile zu erwarten. In der jetzigen Phase ist das besonders nützlich. Die Gabe des Redens ist im allgemeinen den Kiefer-Leuten nicht in die Wiege gelegt. In diesen Septemberwochen erleichtert der überraschende Redefluß so ziemlich alles – nicht nur berufliche Vorhaben, sondern auch die Kontakte zum anderen Geschlecht. Trotzdem, die Entwicklung im Herzensbereich verläuft nur zögernd, schließlich kommt es hier nicht nur auf klug formulierte Worte an. Erotik lebt von anderen Impulsen.

Im Geschäftsbereich will man Sie für bestimmte Sachen gewinnen, obwohl Sie hierfür wenig Begeisterung zeigen. Lassen Sie sich nicht überreden, auch wenn manches in den schönsten Farben geschildert wird. Man will Sie ganz offensichtlich für ein Vorhaben einspannen, das Ihnen persönlich wenig einbringt. Sehen Sie sich die betreffenden Leute an, sie haben alle nur den eigenen Vorteil im Auge. Ihre an sich offene Natur steht meist ratlos vor derartigen Machenschaften. Lassen Sie den Kopf nicht hängen, wenn Sie wieder einmal feststellen müssen, daß es Menschen gibt, die weder ehrlich empfinden noch ehrlich handeln. Suchen Sie Ablenkung bei Dingen, die Sie auf andere Gedanken bringen: Theater- und Konzertbesuche, aber auch Sportveranstaltungen sind dafür bestens geeignet. An Phantasie fehlt es Ihnen sicher nicht, um hier eine geeignete Auswahl zu treffen. Meist steht Kiefer-Leuten nur eine gewisse Antriebshemmung im Weg.

Gravierende Veränderungen bahnen sich für einige Kiefer-Damen zum Monatsende an. Sie können positiv beurteilt werden. Sorgen Sie für ein optimales Wohlbefinden, pflegen Sie sich, kümmern Sie sich intensiv um Ihr Aussehen. Wer weiß, was es mit der Veränderung auf sich hat, vielleicht ist es die große Liebe, die Ihnen begegnet?

Betont streitanfällige kosmische Zeichen prägen diese Wochen. Es ist nicht etwa ein Streit mit unsympathischen Menschen, sondern ein Kampf, der in Ihnen selbst ausgetragen wird.

In Ihrem Kopf spuken plötzlich neue Ideen herum; Sie möchten sie verwirklichen und sich von bisher gültigen Fakten freimachen. Es ist eine Unruhe bringende Diskrepanz zwischen dem, was vorhanden ist, und dem, was Sie möchten. So etwas kann zu entschlossenem Handeln oder auch zur Unentschlossenheit führen. Da Sie aber das Baum-Symbol Kiefer mitbekommen haben, steht am Ende derartiger Vorkommnisse immer die Tat. Einen sichtbaren Erfolg gibt es jedoch erst nach geraumer Zeit und nach unruhigen Tagen und Nächten. Sie werden feststellen, daß das Leben mitunter kein Honiglecken ist. Unsachliche Bemerkungen oder eine unliebsame Stellungnahme von Familienangehörigen bringen Sie auf die Palme. Lassen Sie sich nicht zu kränkenden Bemerkungen hinreißen, auch wenn dies zu verstehen wäre. Denken Sie an solchen Tagen daran, daß alles im Leben vorbeigeht. Diesmal können Sie damit rechnen, daß schon nach einigen Tagen der ärgerliche Kram vorüber ist und alles völlig unwichtig wird, wenn freundlichere Ereignisse auftreten.

Besonders der Liebesbereich wird Ihnen zur Ruhe verhelfen. Vieles kommt durch einen verständigen Partner ins Lot. Zeigen Sie auch Ihrerseits Gefühle, über die Sie reichlich verfügen, auch wenn das bei Kiefer-Leuten nicht immer deutlich zum Ausdruck kommt. Sie werden schnell feststellen, daß dies ein bewährtes Rezept sein kann, um Zufriedenheit und Harmonie in eine Beziehung zu bringen. Die wirklich wichtigen Dinge im Leben eines Menschen – und das sind immer die Gefühle – rücken vor jedes andere Bemühen in den Vordergrund. Sie kommen dann mit allen Problemen besser klar und werden daraus lernen, daß das Glück, das man von anderen erwartet, eigentlich immer erst durch das eigene Verhalten möglich wird. Es müßte schon ein sehr streitsüchtiger Partner sein, der auf eine zärtliche Verhaltensweise nicht zärtlich oder zumindest freundlich reagiert.

Sie können aber sicher sein, daß der November in jeder Hinsicht erfreulicher wird.

Es wird wohl für alle, die im Zeichen Kiefer durchs Leben gehen, ein ereignisreicher Monat. Wenn Sie dann noch bedenken, daß das Nußbaum-Jahr mit seinen typischen Vorteilen erst in zwölf Jahren wiederkommt, darf es nichts geben, das Sie am Weiterausbau Ihrer beruflichen Möglichkeiten hindert. Das Bemerkenswerteste ist jetzt ein Metallwert, der nicht nur das Durchsetzungsvermögen steigert, sondern auch die dafür notwendige Härte liefert. Materielle Zugewinne werden von diesem Element immer begünstigt.

Nützen Sie die Zeit, die Ihnen jetzt dafür gegeben wird, lassen Sie keine Chance ungenützt und kein Opfer zu groß sein. Wir wissen, die kosmischen Werte schaffen gute und schlechte Bedingungen, aber in eine Zwangsjacke stecken sie uns mit allen ihren Einflüssen nicht. Was sagt ein altes arabisches Sprichwort: »Bitte Gott um seinen Segen für deine Arbeit, aber verlange nicht auch noch, daß er sie für dich tut!«

So und nicht anders funktioniert das Geschehen aus dem Kosmos.

Finanzielle Engpässe sind kaum zu befürchten. Gibt es ein derartiges Problem bei einzelnen Kiefer-Leuten, so bekommen sie durch geschicktes Manipulieren und Taktieren alles in den Griff. Eine beinahe unbändige Lebensfreude erfüllt Sie, wenn der Kalender den 13. zeigt. Neugeknüpfte Beziehungen machen dann vieles möglich, man arbeitet erfolgreich zusammen und läßt sich trotzdem eine gewisse Ellbogenfreiheit. Selbstverständlich ist, daß man irgendwie auf derselben Wellenlänge liegt. Exzellente Geschäftsbeziehungen bei Künstlern, es können auch Leute mit Kunstverstand sein, sorgen für Auslandsbeziehungen, mit denen sich eine goldene Nase verdienen läßt. Doch auch in weniger attraktiven Berufen erreicht man Erstaunliches. Endlich zeichnet sich auch hier die verdiente Anerkennung ab. Es ist die wohlverdiente Belohnung für ein Jahr Geduld und Beharrlichkeit. Freuen Sie sich über die Früchte Ihrer Arbeit, doch die Zeit des Ausruhens auf den geernteten Lorbeeren ist noch nicht gekommen.

Eine gewisse Begeisterung für Liebesangelegenheiten ist schon in der dritten Woche möglich. Trifft dies auf Ihre Person zu, ist das nur zu begrüßen. Begeisterung, Enthusiasmus ist immer ein Funke, der Flammen entfacht. Oft genug haben Sie sich durch Ihr Zögern Tage verdorben, die wunderbar hätten werden können.

Sie haben es geschafft. Das Jahr geht zu Ende, und rückblickend werden wohl die meisten der in diesem Baum-Symbol Geborenen feststellen können: Es war eine gute Zeit, man hat sich positiv weiterentwickelt. Doch noch sind Pflichten zu erfüllen, und da und dort könnte noch etwas getan werden. Zeigen Sie Ihren Kollegen, daß Sie sich keineswegs auf die faule Haut legen.

Interessengemeinschaften sollten noch vor Jahresende überprüft werden. Gibt es irgendwo eine unerfreuliche Geschichte, die sich durch Unachtsamkeit oder ein Mißverständnis ergeben hat, müssen Sie bemüht sein, das mit freundlichen Worten aus dem Wege zu räumen. Wichtig ist eine versöhnliche Stimmung, in die wirklich jeder einbezogen ist. Gibt es jedoch einen Mitarbeiter, der trotz aller Bemühungen nicht bereit ist, sich der allgemeinen »Friedensbewegung« anzuschließen, ist er ein armer Tropf und verdient Ihr Mitleid und nicht Ihren Zorn.

Freundschaften bewähren sich, wenn Kiefer-Damen sich in diesem Kreis Trost suchen, wo immer sie einen Trost oder Zuspruch bekommen. In Familienangelegenheiten steht es nämlich leider nicht so gut, wie das im Weihnachtsmonat zu erwarten wäre. Eine recht eigenartige Aspektierung der dafür zuständigen kosmischen Werte mischt Ihnen einen kleinen Becher mit bitterem Gebräu zusammen, der ausgerechnet dort zu schlucken ist, wo die Familie ihren Einfluß ausübt. Zu jeder anderen Jahreszeit macht das vielleicht gar keine Probleme, doch im Dezember ist man empfänglicher für Stimmungen. Man wünscht sich Harmonie, erwartet besondere Zuneigung, und wenn das nicht möglich ist, sollten doch zumindest die Gesichter ein bißchen freundlicher sein. Hängen Sie keinen traurigen, trüben oder gar wütenden Gedanken nach, unter Freunden finden Sie den Gedankenaustausch, der für Sie jetzt wichtig ist.

Die Verbundenheit mit der Familie wird sich auch wieder einstellen, wenn die letzten Tage des Jahres im Kalender stehen. Viel warmer Sonnenschein zeigt sich im Herzensbereich. Möglich ist bei einigen Kiefer-Herren, daß jetzt ein Feuer hell lodert, das bisher schon im verborgenen brannte. Überlassen Sie sich diesem ungewohnten Gefühl. Es sind Erlebnisse angesagt, die Seltenheitswert haben. Ihr Herz bekommt Gelegenheit, schneller zu schlagen.

Trauerweide 2000

1. 3.–10. 3. / 3. 9.–12. 9.

Der Name Trauerweide ist keineswegs Symbol für eine negative Lebenseinstellung. Die hängenden Zweige einer Trauerweide sind kein Zeichen von Kraftlosigkeit. Fast könnte man meinen, dieser Baum weiß, daß Biegsamkeit ein Nachgebenkönnen bedeutet, welches jedes Risiko ausschließt, daß auch nur ein Zweig zu Bruch geht. Übersetzt auf das menschliche Verhalten heißt das: Man weiß von den besonderen persönlichen Eigenheiten und vertraut im übrigen seinem gesunden Menschenverstand.

Mit dem Glauben an ein ertragbares Schicksal verstehen es beide Dekaden ganz ausgezeichnet, ihre Möglichkeiten auszuwerten und sich auf ihre stabilen Gefühle zu verlassen.

In der zweiten Lebenshälfte werden alle Trauerweide-Leute zurückhaltender, introvertierter. Doch niemals trauert man Idealen nach, von denen man bisher überzeugt war, daß sie ein Leben lang Gültigkeit hätten.

Dafür stellt sich ein starkes Gefühl von Zuneigung und Liebe zum gesamten Lebensbereich ein, das Personen und Dinge umfaßt.

In der Liebe sind beide Dekaden bemüht, das »Du« vor das »Ich« zu stellen. Offene Auseinandersetzungen werden grundsätzlich vermieden. Will man den eigenen Willen durchsetzen, greift man zur diplomatischen List.

Bei der Partnersuche ist man sehr wählerisch, und aus diesem Grunde ist mit ernsthaften Pannen nicht zu rechnen. Besondere Gefühlstiefe, ja sogar Opferbereitschaft zeichnet die März-Trauerweide aus.

Die September-Geborenen sind sozial eingestellt und ab und zu unfrei in den Entscheidungen des Herzens.

Beide Dekaden zeichnen sich durch Duldsamkeit in mitmenschlichen Beziehungen aus.

Konzentrierte Sonnenenergie für meinen Baum

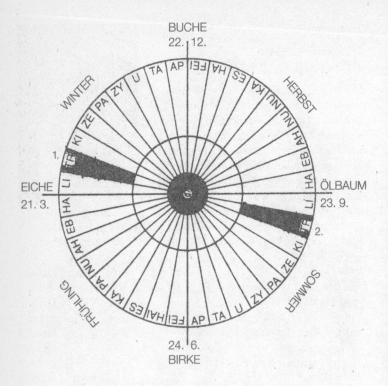

Der *markierte* kleine Teilabschnitt für jeden Baum zeigt seine Position innerhalb der vier Jahreszeiten an.

Die zu dieser Jahreszeit wirksame Sonneneinstrahlung ist für astrologische Erkenntnisse auch heute noch äußerst bedeutungsvoll.

Die *einzelnen Baumfelder* sind mit den *Anfangsbuchstaben des betreffenden Baumes* gekennzeichnet.

Wer paßt zu wem?

Trauerweide

1. Dekade: 1. 3.–10. 3.
2. Dekade: 3. 9.–12. 9.

Die Zugehörigkeit eines Baum-Symbols zu einem der vier Elemente, Feuer, Wasser, Luft und Erde, muß für die Beurteilung harmonisierender Partnerbeziehungen berücksichtigt werden. Diese fundamentale Wichtigkeit ist bei der Gegenüberstellung der einzelnen Dekaden berücksichtigt. Wenn Sie in der folgenden Aufstellung nicht die Daten Ihres Partners finden, seien Sie nicht beunruhigt. Liebe ist ein Ding mit 1000 Facetten – in das letzte Geheimnis, das sich im Begriff Liebe verbirgt, kann kein Horoskop der Welt Einblick geben.

Trauerweide 1. Dekade	....	Apfelbaum	2. Dekade
Trauerweide 2. Dekade	....	Apfelbaum	1. Dekade
Trauerweide 1. Dekade	....	Tanne	2. Dekade
Trauerweide 2. Dekade	....	Tanne	1.Dekade
Trauerweide 1. Dekade	....	Ulme	2. Dekade
Trauerweide 2. Dekade	....	Ulme	1. Dekade
Trauerweide 1. Dekade	....	Kiefer	2. Dekade
Trauerweide 1. Dekade	....	Trauerweide	1. Dekade
Trauerweide 1. Dekade	....	Trauerweide	2. Dekade
Trauerweide 1. Dekade	....	Linde	1. Dekade
Trauerweide 2. Dekade	....	Linde	2.Dekade
Trauerweide 1. Dekade	....	Nußbaum	2. Dekade
Trauerweide 2. Dekade	....	Nußbaum	1. Dekade
Trauerweide 1. Dekade	....	Kastanie	2. Dekade
Trauerweide 2. Dekade	....	Kastanie	2. Dekade
Trauerweide 1. Dekade	....	Eiche 21.3. / Birke 24.6.	
Trauerweide 2. Dekade	....	Buche	22.12.

Der Jahresbeginn zeigt sich nicht gerade im besten Licht. Machen Sie sich auf Störmanöver aus dem Mitarbeiterbereich gefaßt. Was es auch ist, sorgen Sie für klare Verhältnisse. Nur um des lieben Friedens willen dürfen Sie sich jetzt nicht auf ungewollte Kompromisse einlassen.

Kommt es zu ernsthaften Differenzen, greifen Sie zu dem bewährten Mittel, das Trauerweide-Menschen immer zur Hand ist, wenn wieder einmal Ungeduld, Unfriede und schlechte Laune das Klima am Arbeitsplatz vergiften: Es sind besonders die September-Geborenen, die der wahren Ursache auf den Grund gehen und dann feststellen, daß es ganz persönliche Kümmernisse sind, die den einzelnen so zusetzen. Liegen die Zerwürfnisse aber tiefer, so sollte ausnahmsweise ein guter Rat angenommen werden, der von älteren Kollegen kommt.

Beginnt ein Jahr problematisch, so ist es zunächst das beste, sich um das eigene Wohlbefinden und das eigene Aussehen zu kümmern. Damit sind schon die besten Voraussetzungen geschaffen, um wenigstens das Ich für alles Kommende gut zu präparieren.

Ab dem 20. sind dann wesentlich freundlichere kosmische Strömungen zu erwarten. Sie können sich wieder voll auf Ihre Arbeit und auf Ihre Geschäfte konzentrieren. Auch optisch machen Sie überall den besten Eindruck. Die paar Tage, die Sie für Ihre »Rundumerneuerung« verwendet haben, waren nicht umsonst.

Von Ihrer Seelenruhe, Ihrem inneren Zufriedensein, hängt viel ab, wenn die Beziehung zum Partner unter die Lupe genommen wird. Mit Fingerspitzengefühl ist etliches zu erreichen. Wichtig ist selbstverständlich auch, daß Sie eine gewisse rührselige Sentimentalität ablegen. Menschliche Wärme macht Sie jetzt zu einem begehrenswerten Liebenden. Leidenschaftlichkeit wird in diesen Januarwochen ganz sicher nicht von Ihnen erwartet.

Gab es im vergangenen Jahr noch finanzielle Probleme, so ist jetzt damit zu rechnen, daß diese weitgehend beseitigt sind. Sie werden noch nicht das Geld mit vollen Händen ausgeben können, aber Sorgen, die Sie nachts nicht schlafen lassen, sind nicht zu erwarten.

Die kosmischen Werte, die auf Ihren Alltag Einfluß haben, sind freundlich gestimmt. Alles geht gut voran, und Sie fühlen sich in dieser angenehm temperierten Atmosphäre recht wohl.

Berufe, in denen geistige Arbeit ausgeübt wird, können einen besonderen Aufwärtstrend erwarten. Das Nußbaum-Jahr bringt in diesem Bereich immer wieder Pluspunkte.

Möglich ist, daß nachtgeborene Trauerweide-Menschen mit gerichtlichen Angelegenheiten zu tun bekommen. Verzögerungen, ob amtlich bedingt oder selbstinszeniert, können Ihnen nur willkommen sein. Sie haben damit die Chance, einen günstigeren Termin abzuwarten. Es gibt kaum einen Menschen, der gerne mit Justitia in Kontakt kommt. Die meisten Leute fühlen sich hier seltsamerweise der Willkür ausgeliefert, egal, ob sie sich im Recht fühlen oder nicht.

Sind Trauerweiden-Menschen mit derartigen Dingen konfrontiert, wissen sie hoffentlich, daß auch berechtigter Ärger nur vorübergehend belastet.

Bis zum 15. oder 19. sind Ihre Kontakte nicht besonders erfreulich. Überwinden Sie Ihre Abneigung, sich auch mit weniger sympathischen Menschen auf ein freundliches Gespräch einzulassen. Die Tendenz, daß gerade hier jemand für Sie nützlich werden könnte, ist ganz offensichtlich. Es ist das Element Erde, das für Trauerweide-Menschen eine positive Entwicklung anzeigt, wenn das Kapitel Distanz erledigt ist.

Für erfreuliche Nachrichten aus dem Bereich Liebe warten Sie bitte den April ab.

Es ist noch kein Liebesfrühling angesagt, trotzdem sollte die Beziehung zu einem Partner jetzt schon besonders gepflegt werden. Es genügt ganz sicher nicht nur die übliche freundschaftliche Geste. Es muß schon ein bißchen mehr sein als »Hallo« am Morgen und »Hallo« am Abend.

Jeder, egal wie empfindsam seine Seele ist, hat den Wunsch und das Bedürfnis, einen liebenden, fürsorglichen Menschen neben sich zu haben: Wie man in den Wald hineinruft, so tönt es auch heraus. Ergreifen Sie die Initiative – wenn Ihre Partnerin oder Ihr Partner nicht aus Stein ist, werden Sie dafür belohnt.

Gleich in den ersten beiden Wochen sollten Sie das »Echo« ausprobieren. Auch in einer Partnerbeziehung wird sich der Frühling zeigen.

Richtigen Geschmack an der Arbeit bekommen Sie erst, wenn sich die kosmischen Einflüsse auf berufliche Vorgänge kaprizieren. Mit den Reserven, die Sie sich in der ersten Märzhälfte zulegen, wird der Beruf fast zum Vergnügen. Die Verständigung, auch mit kritischen Kollegen, klappt recht gut.

Für größere Pläne, die eventuell auch berufliche Veränderungen einschließen, ist die Zeit noch nicht gekommen. Es heißt noch Geduld haben, im Nußbaum-Jahr ist zwar etliches in dieser Richtung möglich, aber alles muß ausgereift sein, nichts darf dem Zufall überlassen werden.

Freunde oder Freundinnen verhalten sich nicht so, wie man das von nahestehenden Menschen erwarten könnte. Trauerweide-Leute der März-Dekade sind sehr verletzt, wenn sie das bemerken. Überlegen Sie, wo der Grund für dieses Verhalten zu suchen ist.

Erst in den letzten Märztagen hellt sich der Himmel auf, wenn das Verhältnis zu nahestehenden Menschen geklärt wird. Plötzlich stellt man fest, daß sich an der gegenseitigen Sympathie eigentlich gar nichts geändert hat. Weiß der Himmel, woran es lag. Trauerweide-Menschen forschen nicht nach Vergangenem, Sie sind zufrieden, wenn die Gegenwart in Ordnung ist.

Das ruhige Dahinplätschern der ersten Monate ist mit diesem April vorbei. Es wird zu Differenzen kommen, da Sie plötzlich die Idee haben, überall Feuer anzufachen. Ganz allgemein wird im Jahr 2000 der Frühling mit besonderem Engagement über die Erde und ihre Bewohner hinwegfegen.

Höflichkeit, normalerweise eine selbstverständliche Tugend bei Trauerweide-Menschen, lassen sie plötzlich vermissen. Allerdings ist dies überall und bei jedem das Problem dieses Aprils. Wichtig ist, daß Sie sich bei Leuten, die einen guten Eindruck von Ihnen haben sollen, zusammennehmen und sich nicht gehenlassen.

Da schon im Berufsbereich mit einer Gewitterstimmung zu rechnen ist, wird es ganz wichtig, daß Sie sich im Bereich Liebe um »gutes Wetter« bemühen. Großartige Stimmung ist allerdings auch hier nicht zu erwarten. Vermeiden Sie eine allzu sachlich betonte Verhaltensweise. Wozu haben Trauerweide-Menschen besondere Sensibilität mitbekommen, wenn sie in Krisenzeiten nicht dazu benützt wird, um für einen Ausgleich zu sorgen, sobald gravierende Meinungsverschiedenheiten das Miteinander zum Problem werden lassen.

Den im September Geborenen fällt es nicht ganz so schwer, einer etwas leichteren Lebensart Sympathie abzugewinnen. Der allgemeine Trend zur Gleichgültigkeit geht an ihnen völlig vorüber. Gleichgültig ist ihnen die Liebe niemals. Sie sind stets mit Impulsen versorgt, die es ihnen leichtmachen, sich durch die kleinen und kleinsten Liebesfreuden mit guter Laune zu versorgen.

Ritterlichkeit ist notwendig, wenn Familienangehörige unter der allgemeinen Verflachung im Bereich Gemüt und Gefühl zu leiden haben. Es wird wahrscheinlich von Ihnen erwartet, daß eine Verbundenheit, die schon seit der Kinderzeit besteht, sich auch in »Kälteeinbrüchen«, wie sie jetzt zu verzeichnen sind, Gültigkeit hat.

Die Ereignisse der vorangegangenen Monate haben bei Trauerweide-Menschen ein völlig neues Verständnis für schicksalshafte Vorgänge geweckt. Es ist ganz selbstverständlich, daß sie deswegen ruhiger und sicherer werden. Dennoch war es auch mit schmerzlichen Erfahrungen verbunden, sich einer Tendenz zu beugen, für die man weder wirkliches Verständnis haben noch den Nutzen für die eigene seelische Entwicklung voraussehen konnte.

Doch Trauerweide-Menschen, besonders wenn sie im März geboren sind, sind daran gewöhnt, das Leben nur ab und zu als reines Vergnügen zu betrachten.

Mit der besonders gut angelegten Position verschiedener kosmischer Energien, die diesem Baum-Symbol besondere Vorteile einräumen, wird die Beziehung zum engsten Familienkreis endlich wieder so herzlich, wie sie in lange zurückliegenden Tagen einmal gewesen ist.

Doch nicht nur diese Verbundenheit mit nahestehenden Menschen ist auffallend, auch die Zufriedenheit, sich im eigenen Heim pudelwohl zu fühlen, ist neu in diesem Jahr. Gravierend werden das die Jahrgänge 1960 bis 1970 zu spüren bekommen.

Plötzlich sehen Sie es wieder als Gipfel der Geselligkeit, sich Gäste einzuladen, bei denen Sie ein wunderbares gegenseitiges Verständnis feststellen können.

Lange schon war dies nicht der Fall – ob es an Ihrer freiwillig gewählten Isolation während der ersten Monate dieses Jahres gelegen hat oder an dem mangelnden Verständnis Ihrer Mitmenschen, weiß niemand.

Eine ausgezeichnete Kombination weicher, vom Einfluß des Mondes gelenkter, kosmischer Werte will Ihr Kunstinteresse wecken oder intensivieren. Es ist eine Art besonderer Erlebnisbereitschaft, die sich hier um Glanzlichter bemüht, die so nur im Bereich der Kunst, insbesondere der Musik, möglich sind.

Die zweite Maihälfte beschert Ihnen die Aufmerksamkeit von Leuten, die Ihnen bisher ziemlich gleichgültig waren oder die Sie bisher als uninteressant eingestuft haben.

Sie sollten sich jetzt Zeit für sich selbst nehmen. In diesem Juni bietet sich endlich die Möglichkeit zur Zufriedenheit und vielleicht zu einer wirklichen Entspannung, besonders für alle nachtgeborenen Trauerweide-Menschen.

Sehen Sie sich um: Es gibt vielleicht etwas, das schon längst hätte begraben werden müssen. Diese Juniwochen sind dafür geschaffen, alles zu vergessen, was Ärger verursacht hat und was heute noch schlaflose Nächte bereitet.

Nehmen Sie sich genügend Zeit für Freunde, auch für den einen oder anderen Kollegen. Für ein Aufeinanderzugehen sind die Tage in diesem Jahr gezählt.

Es ist Juni, in der Natur hat sich alles zu seiner schönsten Pracht entfaltet – weshalb sollten Sie sich nicht zu einem überall beliebten und lebensbejahenden Menschen entfalten!

Harmonie und das Gefühl von Glück ist bei den meisten Menschen von einer angenehmen Umgebung abhängig. Schenken Sie also den Leuten Ihr Vertrauen und Ihre Sympathie, bei denen Sie Verständnis für Gefühlsangelegenheiten erwarten dürfen.

Es ist einleuchtend, daß mit dieser Tendenz auch neue Bekanntschaften möglich werden. Erhalten Sie sich diese schöne Erkenntnis, die Sie so zuversichtlich macht, nämlich daß es etliche Leute für eine besondere Bevorzugung des Schicksals halten, mit Ihnen Kontakt zu bekommen.

Steht dann der 20. im Kalender, müssen Sie etwas vorsichtiger bei der Wahl von Freunden oder gelegentlichen Zusammenkünften mit relativ unbekannten Leuten werden. Zu herzlich, zu mitteilsam sollten Sie dann nicht mehr sein. Ihre Anteilnahme sollte sich auf ein Mindestmaß reduzieren. Sind Sie in der Märzdekade geboren, sollten Sie dies unter allen Umständen beachten.

Die Liebe zu einem Partner hat in diesem Juni eine kameradschaftliche Note. Nur in Ausnahmefällen ist er damit nicht zufrieden.

Das Verhältnis zu Arbeitskollegen wird für viele besonders erfreulich. Obwohl Sie von guten Ratschlägen nicht viel halten, nehmen Sie in diesen Tagen jeden Tip dankbar an.

Berufliche Erwartungen, wenn sie sich in Grenzen halten, sind durchaus berechtigt, so könnte etwa ein angenehmerer Arbeitsplatz in Aussicht stehen. Hier sind während der vier Juliwochen positive Strömungen am Werk.

Auch völlig neue Vorhaben, die möglicherweise einen neuen Arbeitsbereich nach sich ziehen, stehen »unter einem guten Stern«.

Bei den Jahrgängen vor 1950 vermittelt die dritte Monatswoche etwas Unsicherheit.

Eine wirklich spürbare Verbesserung des seelischen Befindens bringt der 13. Juni, eine zweite, intensivere erfolgt am 16.

Verschiedenes deutet darauf hin, daß Sie sich mit gerichtlichen Angelegenheiten abgeben müssen. Bietet sich jemand an, der Schützenhilfe leisten möchte, nehmen Sie diese Hilfe ohne jedes Wenn und Aber an. Selbst ist der Mann bzw. die Frau, so lautet meist die Devise der September-Trauerweide. In diesem Juli ist aber auch sie dankbar für Beistand.

Fühlen sich die März-Geborenen gesundheitlich nicht auf der Höhe, sollte ein Wochenende nur der Erholung dienen. Gelegentliche Alarmsignale dürfen nicht überhört werden. Gesundheit ist immer noch das kostbarste Gut, das Sie besitzen.

Eine intensivere Bemühung um den Partner könnte sich in der letzten Juliwoche als zwingend notwendig erweisen. Ab Ende Juli darf die Liebe nicht mehr auf dem Abstellgleis postiert werden. Sie schenkt Impulse, die Ihnen keine noch so freundliche Position Ihres Symbolbaums vermitteln kann. An jedem Morgen ein herzliches Wort ist die beste Ouvertüre, um Sie in die Herbstphase hinüberzuleiten, die endlich der Liebe zu Ihrem angestammten Recht verhilft.

Läßt es sich ermöglichen, sollten die September-Trauerweide-Menschen jetzt Urlaub machen. Es ist eine ausgezeichnete Zeit, um einmal gründlich über alles nachzudenken. Es muß nicht gleich in Meditation ausarten, wenn Sie mit sich einmal so richtig ins reine kommen wollen.

Atmen Sie einmal am Tage tief durch, wenn es sich ermöglichen läßt, am geöffneten Fenster. Noch besser im Freien, wo ein paar Blumen wachsen oder gar ein Baum für Sauerstoff sorgt.

Der Beruf ist auch in diesem Hochsommermonat von großer Bedeutung. Das Geldverdienen – heute so wichtig wie eh und je – hat gute Chancen. Wichtig ist, sich an den Gegebenheiten zu orientieren und nicht einfach nach Gutdünken in den Tag hineinzuleben.

Unerwartetes Entgegenkommen zeigen alle Leute, mit denen Sie zu tun bekommen. Das wird den März-Geborenen besonders gefallen. Sie haben immer dort mit Schwierigkeiten zu kämpfen, wo der Kontakt zu nahestehenden Menschen nicht so gut funktioniert, daß ein herzliches Verhältnis aufkommen könnte.

Dieser August ermöglicht vielleicht nicht unbedingt einen Superurlaub, aber auf jeden Fall eine Erholung im seelischen Bereich. Ein Lebensgefühl macht sich bemerkbar, das Sie von den kleinen Alltagssorgen befreit, und das nicht nur für die paar Augusttage, sondern weit über diesen Monat hinaus.

Ein finanzieller Engpaß wird Sie nicht weiter belasten. Haben Sie Schulden, so könnten Sie mit kleinen Raten Abhilfe schaffen.

Das wäre jedenfalls die bessere Lösung als die Vogel-Strauß-Taktik, nämlich den Kopf in den Sand zu stecken.

Falls Sie es gerne hätten, könnte jetzt auch daran gedacht werden, ein Single-Dasein zu beenden. Es zeichnen sich reelle Chancen ab, die Bekanntschaft mit einem Ihrem Wesen entsprechenden Partner zu machen.

Es wird Herbst, und damit beginnt für Sie eine bewegte Zeit. Das Element Wasser, das sich bisher nicht richtig behaupten konnte, setzt sich für beide Dekaden ein. Tatendrang ist angesagt, auch die ganz gewöhnliche Alltagsarbeit verlangt Konzentration.

Nebenbei erfordert auch noch Ihr Privatleben Ihre ganze Aufmerksamkeit. Ihr körperliches Wohlbefinden ist beruhigend, auch Ihr Nervenkostüm ist in Ordnung. Sie können also ohne Bedenken Ihren Motor auf vollen Touren laufen lassen.

Ihr großartiger Optimismus, den Sie in dieser Intensität nicht oft zeigen, wirkt auf Ihr gesamtes Umfeld animierend. Auch die Familie können Sie begeistern. Das ist nicht oft der Fall, hier herrscht recht oft skeptischer Pessimismus, der Trauerweiden den Elan nimmt.

In technischen Berufen Tätige haben in diesem September besondere Vorzüge zu erwarten. Unter günstigen Umständen könnten sensationelle Vorhaben zu einem positiven Abschluß gebracht werden.

Mitte September zeigen sich möglicherweise die ersten Ermüdungserscheinungen. Strengen Sie sich nicht mehr gar so an, treten Sie ein wenig kürzer. Hektischen Verhaltensweisen muß energisch ein Riegel vorgeschoben werden. Wird Ihnen auch in der dritten und vierten Septemberwoche ein überdimensionales Arbeitspensum zugemutet, lehnen Sie entschlossen ab. Es sind keine einschneidenden gesundheitlichen Probleme zu erwarten, trotzdem müssen Sie auf sich achtgeben.

Bemüht sich ein Partner nun mehr als sonst um Sie, dann lassen Sie sich das ruhig gefallen. Ein besonders freundlicher Mondwert weckt in den letzten Septembertagen diplomatisches Talent in den Trauerweide-Damen. Damit sind kleine Erfolge vorprogrammiert. Ihre Gabe, sich den Menschen anzuschließen und sich einen interessanten Nimbus zu geben, macht Sie zum Anziehungspunkt bei allen Zusammenkünften, Verabredungen und Kontakten.

Die wirklich angenehmen Tage sind über den gesamten Oktober verteilt. Besonders herausragend werden alle Beschäftigten im kaufmännischen Bereich mit Erfolgen verwöhnt. Die Palette der dafür in Betracht kommenden Spezialbereiche ist vielfältig und bunt gemischt. Vom Lehrling bis hinauf zum Konzernherrn können alle aus den freundlichen Strömungen einer außergewöhnlichen Sonnenposition Nutzen ziehen.

Im Oktober beginnen sich die Tage so zu zeigen, wie es dem Naturell der Trauerweide-Leute entspricht. Materielle Vorteile sind ebenso zu erwarten wie Beziehungen zu Leuten, die Ihnen geistig durchaus etwas bieten können.

Trauerweiden, die kurz nach Mitternacht geboren wurden, glänzen mit einer ungewöhnlichen Begeisterungsfähigkeit. Liebesbeziehungen können mit einer neuen Blütezeit rechnen. Ein Partner, ob Mann oder Frau, erkennt das Gebot der Stunde: Leidenschaftlichkeit und Sinnlichkeit gewinnen an Intensität.

Gehen Sie in diesem Monat mit offenen Augen durch das Leben, übersehen Sie nicht den kleinsten Fingerzeig. Im Moment ist die pure Realität genauso wunderbar wie der schönste Traum.

In diesen schönen Oktobertagen wird es auch ein leichtes sein, sich mit Leuten zu versöhnen, die bisher auf Ihrer »Verdrußliste« standen. Allerdings müssen Sie auf den anderen zugehen. Nicht jeder kann sich in diesen Wochen derart angenehme kosmische Strömungen erwarten wie Sie, es liegt also an Ihnen, großzügig zu sein.

Einen besonderen Pluspunkt können sich die Künstler unter den Trauerweiden erwarten. Ein intensives Bemühen um Vervollkommnung ist trotzdem notwendig. Mit den dafür notwendigen Impulsen können Sie auf alle Fälle rechnen.

Das Entgegenkommen, mit dem Sie so ziemlich überall empfangen werden, versetzt Sie in Hochstimmung. Tun Sie des Guten nicht zuviel, wichtig ist, daß Sie private Interessen von den beruflichen trennen.

Wenn jetzt etwas schiefläuft, ist Ihre Grundstimmung in den beiden ersten Novemberwochen nicht wie sonst durch Humor aufgelockert. Letzten Endes läuft das darauf hinaus, daß Sie sich über sich selbst ärgern.

Trauerweide-Männer sind bei derartigen Stimmungen schnell dazu bereit, sich Vorwürfe zu machen. Ist das auch jetzt der Fall, muß mit allen Mitteln versucht werden, diese destruktive Haltung loszuwerden.

Sie haben genügend Selbstsicherheit mitbekommen, aktivieren Sie diese Naturbegabung, dann wird Ihnen schnell die unnötige Selbstkritik vergehen.

Stellen Sie sich vor, Sie seien tatsächlich ein Baum, so attraktiv und einmalig in der Erscheinung wie eine Trauerweide. Lassen Sie Ihre Äste und Zweige vom Wind zerzausen, freuen Sie sich an dem einmaligen Bild, das Sie abgeben. Und vor allem, freuen Sie sich über die Tatsache, daß Sie ein Stück Natur sind. Wie könnte sich da schlechte Laune oder ein griesgrämiges Gesicht halten!

Schon am Ende der zweiten Novemberwoche, wenn das starre Prinzip einer planetarischen Energie in den Nachbarbereich wechselt, wird eine Besserung Ihres seelischen Befindens eintreten. Es sieht vorläufig nur nach winzig kleinen Chancen aus, doch alle sind geeignet, das Leben wieder erfreulicher zu machen.

Vielleicht ergeben sich im Liebesbereich Möglichkeiten, die Ihr Selbstvertrauen stärken und Ihnen Ihre optimistische Einstellung wieder zurückbringen. Bald schon werden Sie feststellen, daß Sie keineswegs zu den Leuten gehören, die über zuwenig Schwung und Elan verfügen. Setzen Sie sich gezielt dafür ein, daß Ihr gesamtes Umfeld wieder den Eindruck von Ihnen hat, den Sie normalerweise erwecken.

Im Grunde Ihres Herzens sind Trauerweiden der ersten Dekade mit einem Frühlingsnaturell ausgestattet und die September-Geborenen ausgesprochene Geistesleute. Das heißt, Sie lassen stets den Verstand mitsprechen, und keine Situation kann so trostlos sein, daß Sie die Flügel hängen ließen.

Ihre Selbstsicherheit bekommt noch einmal einen deutlichen Schub von planetarischen Energien, die ausgesprochen positiv wirken. Ihre Weiterentwicklung für das kommende Jahr ist damit gesichert, ebenso wie das berufliche Fundament für die Zukunft. Die Chance, sich auf ein Spezialgebiet festzulegen, bekommt feste Konturen.

Will man Sie schon jetzt vertraglich binden, sollten Sie sich eine Bedenkzeit überlegen. Es sieht so aus, als bekämen Sie einen »dicken Fisch« an den Angelhaken. Aber seien Sie dennoch umsichtig und überlegt.

Der »dicke Fisch« könnte sich auch im privaten Bereich angeln lassen. Das heißt nicht, daß materielle Vorteile zu erwarten sind. Es gibt unendlich viele Möglichkeiten, zufrieden und glücklich zu werden. Herzliche Zuneigung, seelische Wärme und im Herzen verankerte Fröhlichkeit sind Werte, die ein volles Konto aufwiegen.

Was Ihnen dieser Dezember schon in den ersten Wochen bringt, wird nach den Feiertagen noch um eine Spur erfreulicher. Wer könnte Sie da noch übersehen! Sie müssen sich nicht selbst in den Mittelpunkt stellen, Sie werden von einem freundlichen Schicksal dorthin gestellt. Ein besonderer Pluspunkt ist, daß Sie sogar eine kleine diktatorische Rolle spielen. Ein im kosmischen Bereich sich ergebender Vorgang löst das aus. Keine Sorge, Trauerweide-Leute sind es zwar nicht gewöhnt, autoritär zu sein, aber wenn das Schicksal es will, können Sie auch das.

Neue Bekanntschaften sind sicher möglich, ob Sie jetzt daran Geschmack finden, ist aber zu bezweifeln.

Linde 2000
11. 3.–20. 3. / 13. 9.–22. 9.

Die Linde ist ein vielbesungener und süßduftender Baum. Im Keltischen Baumkreis stand er an der Schwelle von zwei Jahreszeiten: die erste Dekade im Frühlings-Wendepunkt, die zweite zum Herbstbeginn. Schon aus diesem Grunde haben beide Dekaden eine besonders positive Einstellung zu allen Lebensabschnitten.

Die Frühlings-Dekade legt mehr Wert auf materielle Werte und bringt auch ein emotionales Verhalten mit, das dem ungeduldig zum Leben drängenden Wachsen des Baumes entspricht.

Beide Dekaden sind vollgepackt mit Unternehmungsgeist und Selbstbewußtsein. Ein unbeugsamer Wille, sich im Leben durchzusetzen, ist bei beiden Dekaden festzustellen. Doch dieses Verhalten wird immer von einer gewissen Selbstkontrolle begleitet, die ein maßvolles Verhalten auch in den problembeladenen Situationen garantiert.

Kreativ und begabt sichern sich die Herbst-Geborenen außergewöhnliche Berufserfolge, wobei ihre Überzeugungstaktik ein besonderes Vertrauen einflößt.

Fest im Boden des eigenen Lebensbereiches verankert, umgeben sich beide Dekaden instinktiv mit Menschen, die eine ähnliche Grundkonzeption haben. Duldsamkeit ist nämlich nicht ihre starke Seite, und viele wundern sich, wenn so perfekt scheinende Leute plötzlich abweisend und kalt sind.

In der Liebe verhält man sich so, wie es der nüchterne Verstand eingibt. Strenge Maßstäbe werden aber kaum angelegt. Liebevolle Zuneigung und erotisches Empfinden halten sich im Gleichgewicht.

Offene Frontalkämpfe sind beiden Dekaden zuwider. Wird man angegriffen oder verletzt, greift man als Gegenmaßnahme zur Intrige.

Konzentrierte Sonnenenergie für meinen Baum

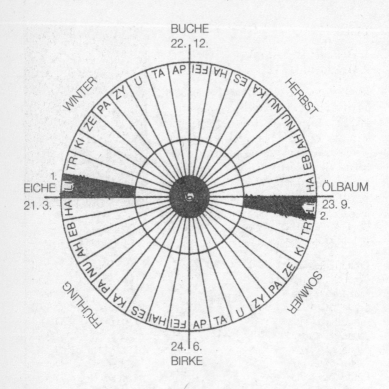

Der *markierte* kleine Teilabschnitt für jeden Baum zeigt seine Position innerhalb der vier Jahreszeiten an.

Die zu dieser Jahreszeit wirksame Sonneneinstrahlung ist für astrologische Erkenntnisse auch heute noch äußerst bedeutungsvoll.

Die *einzelnen Baumfelder* sind mit den *Anfangsbuchstaben des betreffenden Baumes* gekennzeichnet.

Wer paßt zu wem?

Linde

1. Dekade: 11. 3.–20. 3.
2. Dekade: 13. 9.–22. 9.

Die Zugehörigkeit eines Baum-Symbols zu einem der vier Elemente, Feuer, Wasser, Luft und Erde, muß für die Beurteilung harmonisierender Partnerbeziehungen berücksichtigt werden. Diese fundamentale Wichtigkeit ist bei der Gegenüberstellung der einzelnen Dekaden berücksichtigt. Wenn Sie in der folgenden Aufstellung nicht die Daten Ihres Partners finden, seien Sie nicht beunruhigt. Liebe ist ein Ding mit 1000 Facetten – in das letzte Geheimnis, das sich im Begriff Liebe verbirgt, kann kein Horoskop der Welt Einblick geben.

Linde 1. Dekade	Apfelbaum	2. Dekade
Linde 2. Dekade	Apfelbaum	1. Dekade
Linde 1. Dekade	Tanne	2. Dekade
Linde 2. Dekade	Tanne	1. Dekade
Linde 1. Dekade	Ulme	2. Dekade
Linde 2. Dekade	Ulme	1. Dekade
Linde 2. Dekade	Pappel	2. Dekade
Linde 2. Dekade	Kiefer	2. Dekade
Linde 1. Dekade	Trauerweide	1. Dekade
Linde 2. Dekade	Trauerweide	2. Dekade
Linde 1. Dekade	Linde	1. Dekade
Linde 2. Dekade	Linde	2. Dekade
Linde 1. Dekade	Nußbaum	2. Dekade
Linde 2. Dekade	Nußbaum	1. Dekade
Linde 1. Dekade	Kastanie	2. Dekade
Linde 2. Dekade	Kastanie	1. Dekade
Linde 1. Dekade	Eiche	21. 3.
Linde 1. Dekade	Birke	24. 6.
Linde 2. Dekade	Buche	22.12.

Es erwartet Sie eine Phase, die viele kosmischen Kräfte für Sie mobilisiert. Die September-Dekade kann am Arbeitsplatz ein angenehmes Klima erwarten. Etliches, was noch vor wenigen Wochen ganz unmöglich war, ist jetzt nicht mehr der Rede wert. Plötzlich sieht alles ganz einfach und unkompliziert aus.

Auch Ihre Kollegen zeigen sich kompromißbereit: Mißverständnisse, die meist der Anlaß zu Meinungsverschiedenheiten waren, sind nicht mehr zu erwarten. Überall ist ein friedlicher Trend zu spüren. Auch Vorgesetzte zeigen sich von einer außergewöhnlich freundlichen Seite. Lediglich bei amtlichen Angelegenheiten ist die Tendenz kritisch. Sehr wahrscheinlich ist, daß sich geschäftliche und juristische Vorgänge überschneiden. Linde-Leute sind allerdings immun gegen das heftige Wiehern des Amtsschimmels.

Wenn es ungemütlich wird, halten Sie sich an Ihr Privatleben. Ihr Grundelement ist das Feuer, wenn Sie im März geboren sind, und die Luft, wenn Sie im September das Licht der Welt erblickt haben. Beide Elemente sorgen dafür, daß Sie im Kreise Ihrer Familie gut ankommen, daß sich jetzt verschiedene Angehörige mit Ihnen zusammentun, um zumindest an den Wochenenden richtigen Spaß zu haben. Die Damen können mit gutem Abschneiden bei älteren Verwandten rechnen. Setzen Sie hier neue Glanzlichter. Das Nußbaum-Jahr ermöglicht im Familienbereich Angenehmes, was zu anderen Zeiten ausgeschlossen ist. Im gesellschaftlichen Leben ergeben sich gute Kontakte, die am Anfang des Jahres recht erfreulich sind. Sie gehen mit einem Auftrieb in diese zwölf Monate, der auch für aktive Linde-Leute eine Ausnahmeerscheinung ist. Gegen Monatsende bekommen Liebesbeziehungen negativen Einfluß zu spüren. Jemand versucht, Unruhe in die sonst so gut funktionierende Partnerschaft zu bringen. Wenn Sie sich in Ihrem Selbstbewußtsein nicht erschüttern lassen, wird die betreffende Person sich ärgern, aber nicht Sie sich.

Ihr körperliches Wohlbefinden ist zufriedenstellend, trotzdem ist es ratsam, wenn Sie ab und zu etwas für Ihre Gesundheit tun: zum Beispiel früh schlafen gehen und dann und wann eine Gymnastikstunde einlegen.

Die Linde ist ein schöner Baum, mit feingliedrigen Blüten im Juni, die einen betörenden Duft ausströmen.

Beide Dekaden, ob im März oder September geboren, sind in bestimmten Lebensabschnitten von auffallender Erscheinung und während dieser Zeitabschnitte möglicherweise mit einer Vitalität ausgestattet, die einmalig genannt werden darf.

Sehr impulsiv ist die März-Dekade, egal ob im Privat- oder Berufsbereich. Das Element Wasser, das bei ihr einen großen Aussagewert hat, bestimmt ihr Handeln. Allein schon die Freude am Aktivsein ist eine treibende Kraft, die diese Menschen bis ins hohe Alter stets agil sein läßt.

Die positive Lebenseinstellung ist ihnen allerdings kaum ins Gesicht geschrieben, denn selten gehen sie mit heiterer und gelöster Miene durch den Alltag. Nur die nächsten Angehörigen und sehr gute Freunde wissen, daß sich dahinter durchaus Humor und Lebensfreude verbergen.

Bei den September-Geborenen sind ähnliche charakterliche Veranlagungen vorhanden, nur ist bei ihnen alles in eine sehr umgängliche und heitere Art verpackt. Dort, wo die erste Dekade schnurstracks ihren Weg verfolgt und äußerst selten zu Kompromissen bereit ist, verfügt die zweite Dekade über eine geschmeidige und unbekümmerte Art, die sie mit allen Widrigkeiten des Lebens zurechtkommen läßt.

Die Liebe macht es den Linde-Herren nicht immer leicht. Hier würde eine Portion Leichtsinn – »leichter Sinn« – bessere Voraussetzungen schaffen und die Partnerin ein bequemeres Leben haben. Linde-Damen mit femininer Note sind trotz des betonten Selbstbewußtseins anschmiegsame Partner.

September-Linde-Leute, ob weiblich oder männlich, verteilen ihren Charme, ihre liebenswerte Offenheit, sehr großzügig an alle Menschen des näheren Umfeldes. Es gibt hier viele, die ihnen von Herzen zugetan sind. Auffallend ist, daß beide Dekaden im Herbst des Lebens eine intensive Liebesbeziehung haben können.

Diesen Monat können Sie sich eine echte Chance ausrechnen, daß die geplante Veränderung Ihrer beruflichen Arbeit konkrete Formen annimmt. Wie sich das im einzelnen ergibt, ist sehr unterschiedlich. Die angenehmste Möglichkeit wäre, sich in ein »gemachtes Nest« zu setzen. Da sich derartiges äußerst selten ergibt, können nur ganz vereinzelte Linde-Menschen einen derartigen Glücksfall erwarten. Doch auch für alle übrigen gilt: Nichts wird geschehen, das sich zu Ihrem Nachteil auswirken könnte.

Die ausgesprochen maskuline Kraft der kosmischen Energien verliert bis zur zweiten Monatswoche ihre Vehemenz. Das bedeutet eine Atempause, die Sie nützen sollten. Zeigen Sie Ihre sanfte Seite, die Sie einer milden Mondstrahlung zu verdanken haben. Doch kaum tun Sie das, versucht man schon, daraus Vorteile zu ziehen. Der- oder diejenige spielt mit dem Gedanken, sich von Ihren Lorbeeren etwas abzuzweigen. Das geschieht selbstverständlich unter dem Mäntelchen der verbindlichen Freundlichkeit. Lassen Sie sich jedoch nicht täuschen. Man wird Ihnen zwar keinen Schaden zufügen, doch die ungesunde Ausstrahlung, die so ein Mensch hat, verursacht Ihnen Unbehagen. Ist ein derartiges Vorkommen auch kein Unglück, zum jetzigen Zeitpunkt stört es Ihr gesundes Empfinden. Denken Sie daran: Mit jedem Tag, den Sie im Kalender abhaken, wird dieser Monat angenehmer und erfreulicher.

Deutliche Pluspunkte ergeben sich im Bereich der Partnerschaft oder Ehe. Sie haben neben der aufrichtigen Zuneigung auch Chancen zu erwarten, die einen Flirt nicht ausschließen. Bekommen Sie Geschmack auf ein unverfängliches Feuerwerk, heftig aber kurz, lassen Sie sich nicht davon abhalten. Es ist gut möglich, daß Ihr Partner dann wieder auf Ihre besonderen Vorzüge aufmerksam wird und Sie wieder für besonders begehrenswert hält. Neue Freude und neues Vergnügen können sich entwickeln.

Die letzte Monatshälfte läuft in der Familie nicht glatt. Entweder zeigt sich Eifersucht oder Neid. Fühlen Sie sich dadurch in Ihren privatesten Gefühlen verletzt, sagen Sie sich einfach: Nicht der Rede wert, was sich kleinliche Krämerseelen ausdenken.

Materielle und finanzielle Veränderungen sind das auffälligste in diesem Monat. Aus recht unterschiedlichen Gründen wird es wohl darauf hinauslaufen, daß Ihr Konto wieder aufgefüllt wird. Investitionen, Hauskauf, Immobilienerwerb und ähnliche Dinge haben in diesen Aprilwochen beste Aussichten, zu guten Ergebnissen zu führen. Auch Absprachen, die sich auf Ihre berufliche Zukunft beziehen, haben unter den gegebenen Umständen beste Erfolgschancen.

Linde-Menschen, die sich mit Studien besonderer Art befassen, können geistige Horizonte um ein erfreuliches Maß erweitern. Die neuen Erkenntnisse sind zu einem späteren Zeitpunkt, in einem neuen Beruf oder bei einer künstlerischen Tätigkeit gut zu verwenden.

Die angenehmste Seite bei all diesen Vorgängen: Sie brauchen sich dabei nicht einmal besonders zu bemühen. Vieles rollt schicksalsmäßig ab. Überlassen Sie sich diesem Sog. Durch die günstige Position der kosmischen Kraft wird eine Menge Energie frei, die Ihnen zeigt, zu welch hervorragenden Leistungen ein Mensch fähig sein kann.

Lassen Sie sich in dieser Zeit auch für die Liebe begeistern. Linde-Menschen brauchen dafür häufig einen Anstoß, besonders wenn Sie im Herbst geboren wurden. Die Liebe in jeder Form sollte jetzt den Stellenwert bekommen, der ihr zusteht. Die Reize eines geliebten Menschen, egal ob Frau oder Mann, sollten endlich wieder bewußt wahrgenommen werden. Werden Sie sich wieder bewußt, wieviel Ruhe und Ausgeglichenheit durch ein harmonisches Miteinander geschenkt werden können. Zarte Empfindungen und leidenschaftliche Zuwendung sollten in diesen Apriltagen nicht als »unnötiges Getue« betrachtet werden. Sie würden sich um das Schönste bringen, was die Liebe den Menschen schenkt.

Ihre Zuverlässigkeit und Bereitschaft, zusätzliche Arbeit zu leisten, könnten sich in barer Münze bezahlt machen. Klug und – wenn es sein muß – eigensinnig, werden Sie Ihre Position ausbauen und auch materielle Vorteile nicht aus den Augen verlieren. Ein zielsicheres Vorgehen, wie es bei Linde-Leuten nicht oft vorkommt, macht Sie zum geschätzten Mitarbeiter und erfolgreichen Geschäftspartner.

Haben Sie in Geldangelegenheiten Zweifel, holen Sie sich Rat beim Fachmann, lassen Sie sich nicht auf unsichere oder gar illusorische Versprechungen ein. Wenn es ums Geld geht, sind Lügner, Betrüger oder Gauner immer schnell vor Ort. Glauben Sie nicht alles, was man Ihnen erzählt oder verspricht.

Im Alltag stoßen Sie nur auf wenige Hindernisse. Sie sind nicht so schwerwiegend, daß sie Ihnen erhebliche Schwierigkeiten bereiten würden. Mißgünstige Zeitgenossen gibt es immer, lassen Sie sich nicht einschüchtern. Sie konnten schon in den Aprilwochen Ihr Verhalten stabilisieren. Widerstand, dem Linde-Menschen gerne aus dem Wege gehen, wird jetzt offen demonstriert.

Die mitunter gutmütige Linde-Frau muß ab und zu damit rechnen, daß man ihr den Boden unter den Füßen wegzieht. Ihre Stärke, sich überall beliebt zu machen, versorgt sie mit Scharen von Freunden und Bekannten, die vereinzelt schon aufpassen, daß nicht zuviel Unheil entsteht.

Um die Mitte des Monats macht die Liebe ihr Recht geltend. Zärtliche Worte kommen Ihnen dann wie selbstverständlich über die Lippen. Sicher wird es Ihnen nicht schwerfallen, auf die Wünsche des Partners einzugehen. Sie werden sich wahrscheinlich mit Ihren Vorstellungen genau decken.

Auch grundlegende Veränderungen sind in Partnerschaften möglich. Muß eine Entscheidung getroffen werden, entschließen Sie sich bald dazu. Sprechen Sie sich selbst Mut zu, und haben Sie keine Angst vor der eigenen Courage.

Familienbeziehungen werden vertieft. Zeigen Sie sich nicht kleinlich, wenn hier Wünsche an Sie herangetragen werden. Es werden keine finanziellen Opfer von Ihnen verlangt, meist bittet man Sie sowieso nur um einen Gefallen. Zeigen Sie sich von Ihrer nettesten Seite.

Schon in der ersten Woche kommen Ihnen die Zeichen und Werte, die für Ihre Person zuständig sind, entgegen. Nach dem 11. meldet sich Nachholbedarf bei einer geliebten Freizeitbeschäftigung an; damit reduziert sich ganz automatisch das übermäßige Streben im Beruf auf ein erträgliches Maß. Keine Macht aus den rätselvollen kosmischen Räumen ist dann so überwältigend, daß sie Sie mit Gewalt vorantreiben würde.

Jetzt erst spüren Sie, wie angespannt Sie waren. Denken Sie jetzt an sich, an Ihr Wohlbefinden, an Ihr gutes Aussehen. Sicher wird auf Ihre Leistung großen Wert gelegt, aber auch Ihr äußeres Erscheinungsbild ist wichtig. Man muß Eindruck machen, man muß gefallen, nur dann heben Sie sich aus der Masse heraus.

Eine hundertprozentige Ausrichtung auf berufliche Pflichten ist diesen Monat nicht angesagt, die Arbeit wird beinahe als Last empfunden. Eine kosmische Kraft hält Sie derart fest, daß Pflichtbewußtsein für Sie zum eisernen Muß wird. Es liegt in Ihrem eigenen Interesse, sich aus diesem Teufelskreis zu befreien.

Irgendwann, nach der Mitte dieses Junis, sollte eine Konkurrenz im Arbeitsbereich beachtet werden. Entweder man will sich an Ihrem Erfolg beteiligen oder man sägt an Ihrem Stuhl. Dies wird Sie zwar kaum erschüttern, aber etwas vorsichtig sollten Sie schon sein.

Die Atmosphäre im familiären Kreis ist zufriedenstellend. Man versteht sich, man erweist sich kleine Gefälligkeiten. Linde-Mütter sind in diesen Wochen besonders zärtlich zu ihrem Nachwuchs. Auch der Partner bekommt davon etwas ab. Die Vorzüge eines gemütlichen Zuhauses werden wieder so geschätzt, wie sie es verdienen. Auch die Geselligkeit wird gepflegt. Sie laden Gäste ein, man ist rundum zufrieden.

Nehmen Sie Zuneigung und Liebe nicht als etwas Selbstverständliches hin. Es ist keineswegs Ihr Verdienst, wenn ein freundliches Schicksal für Sie die Fäden spinnt. Es wird schwer werden, Pflicht und Liebe unter einen Hut zu bringen. Im erotischen Bereich ist mit den Linde-Menschen derzeit nicht viel anzufangen, denn gedanklich können sie sich immer noch nicht vom Beruf loslösen.

In diesem Juli ist mit einer fast dramatischen Entwicklung zu rechnen. Neben Ihren normalen beruflichen Aufgaben, die Ihre volle Aufmerksamkeit in Anspruch nehmen, wird großes Verantwortungsgefühl von Ihnen erwartet.

Es wird aber nicht nur im Beruf vorausgesetzt, daß Sie voll da sind, auch die Liebe will, daß Sie Zeit und Interesse für sie aufbringen. Mit zarten und einfühlsamen Worten verstehen Sie es, dem Partner zu beweisen, daß er Ihnen das Wichtigste im Leben ist.

Sie sind im allgemeinen eher einer trockenen Verhaltensweise zugeneigt, und jetzt kommt Ihnen endlich die erleuchtende Idee, damit tatsächlich auf dem besseren Weg zu sein. Auch der Gedanke an eine Zwischenromanze ist in diesen Tagen nicht ausgeschlossen. Manches, von dem Sie glauben, es versäumt zu haben, beunruhigt Sie. Ihr Privatleben kommt jedenfalls auf Touren.

Doch die Tatsache, daß eine seelische Bindung die beste Grundlage für eine betont erotische Bindung sein kann, wird Ihnen schnell wieder zur Selbstverständlichkeit, so daß Sie jeden Gedanken an die geplante Zwischenromanze schon bald aufgeben.

Mit Ihrer Gesundheit sieht es nicht ganz so zufriedenstellend aus. Kümmern Sie sich ausnahmsweise einmal ganz intensiv um all die kleinen Störungen, die sich hier bemerkbar machen: Ausreichend Schlaf und ein kleiner Diätplan wären zu empfehlen. Für die Linde-Damen ist auch eine kosmetische Behandlung eine gute Sache. Sie können sich auch ganz leicht selbst Gutes tun, in vielen Zeitschriften und Zeitungen gibt es brauchbare kosmetische Anleitungen. Zu Ihrem erfolgreichen Einsatz im Beruf kommt dann noch die Gewißheit, bei den Männern gut anzukommen. Das bringt zusätzliches Selbstvertrauen. Auch sollten Sie alles aus Ihren Gedanken verbannen, was Ihr wiederkehrendes Wohlbefinden beeinträchtigen könnte.

Dieser wunderschöne Hochsommermonat wird nicht ganz friedlich verlaufen. Es kriselt überall, im Beruf, in der Familie und im Freundeskreis. Es ist nun Sache des einzelnen, sich auf den Bereich zu konzentrieren, der am heftigsten betroffen ist. Sie haben es in der Hand, Ihre Lage durch vernünftiges Verhalten zu verbessern. Keine Panik also, verehrte Linde-Leute. Vor allem keine gezielten, heftigen Gegenmaßnahmen ergreifen. Nach dem 12. lichtet sich der Himmel schon ein klein wenig, an dem kosmische Zeichen voller Energie standen, die schuld an dem ganzen Übel waren.

In den kommenden Tagen kann viel Unangenehmes wieder vergessen werden. Neue Bekanntschaften vermitteln Ihnen neue Eindrücke, bringen Sie auf andere Gedanken und Ideen. In ausgelassener Gesellschaft fühlen Sie sich jetzt ganz ausgezeichnet, vielleicht findet sich so ein Wesen, das Ihnen die schweren Gedanken aus dem Kopf treibt.

Nur einige wenige Linde-Leute, die sich häufig mit schweren Gedanken belasten, fühlen sich nicht wohl, wenn sie in einer schwierigen Phase mit Leuten konfrontiert werden, die schmetterlingsgleich durch das Leben flattern. Meist trägt dann noch ein besonderer Mondeinfluß dazu bei, dem Wasser näher zu sein als dem Feuer. Er ist auch dafür verantwortlich, daß eine nachdenkliche Stimmung aufkommt und philosophische Maximen für das einzig richtige gehalten werden. Für eine Weiterentwicklung mag das sicher von Nachteil sein, aber unbeschwerte Heiterkeit kommt nicht auf.

In den letzten Tagen des Monats entsteht Hektik. Versuchen Sie daher, einen Ausgleich zu schaffen, wo immer es möglich ist, und überlassen Sie sich im übrigen dieser Schaukelei. Versuchen Sie außerdem, am Arbeitsplatz kontinuierlich mit den Kollegen gut auszukommen. Das allein schafft schon eine gute Grundlage, um den Kopf nicht zu verlieren und die Nerven zu behalten. Außerdem behagt das Ihrem angeborenen Temperament.

Ihre kluge und überlegte Einstellung zu schicksalhaften Vorgängen, die vom eigenen Ich nicht gelenkt werden können, macht Sie geduldig und fügsam, so wie man dies von Ihnen bisher nicht gewöhnt war. Sie kommen innerlich zur Ruhe und lernen, sich auch in das Unabänderliche zu fügen. Auch wenn da manch bitteres Kräutlein dabei ist, das nur widerwillig geschluckt wird – Sie werden bald erfahren, daß Nerven und das körperliche Wohlbefinden dabei nur gewinnen. Nach dieser recht eigenartigen Ouvertüre für diesen Monat schaffen Sie jede Arbeit mit Elan. Ihr Einfallsreichtum und das klare Urteilsvermögen sind Ihnen dabei behilflich.

Der Herbst setzt seine typischen Zeichen im seelischen Bereich der Linde-Menschen. Nachdenkliche Tage und besinnliche Stunden am Abend helfen Ihnen zu einem inneren Gleichgewicht, um alle Vorkommnisse bestens zu verkraften.

Chancen in allen Berufssparten werden nicht ausbleiben. Den Löwenanteil an Pluspunkten können sich Berufstätige im Medienbereich ausrechnen. Auch für Künstler kann es eine erfolgreiche Zeit werden, die den ganzen Herbst über anhalten wird. Kein Versuch wird umsonst sein, keine Bemühung im Sande verlaufen. Gelegenheiten, auf die Sie bisher vergebens gewartet haben, gibt es jetzt genug. Ein Anfang kann gemacht werden, wenn die Öffentlichkeit sich für Ihre Arbeit interessiert. Sie wissen jetzt genau, was Sie wollen und wie Sie es wollen, und bringen das auch richtig an. So wird kaum etwas umsonst getan sein.

Für die Linde-Leute in allen anderen Berufen macht es wenig Sinn, sich am Arbeitsplatz zu verausgaben. Energiegeladener Ehrgeiz erschöpft nur Ihre Reserven, weiter nichts. Dagegen können Sie jetzt mit Erfolg Kontakte pflegen. Ohne die Begegnungen mit liebenswerten und klugen Menschen fühlen Sie sich in diesem September verlassen. Besonderes Interesse an Nebensächlichkeiten könnte den unerklärlichen Trend zu unkontrollierten Aktionen auf ein Minimum beschränken. Sie spüren sicher ganz deutlich, daß jetzt Kräfte mobil sind, die Ihnen nichts Übles wollen, aber doch unangenehm Ihr inneres Gleichgewicht durcheinanderbringen. Ende September stehen die Linde-Damen unter dem besonderen Schutz von Amor.

Die Menschen Ihres Umfelds, besonders die Familie, verhalten sich nicht mehr reserviert. Im Gegenteil, man ist bemüht, Ihnen die kleinen Schwierigkeiten des Alltags aus dem Wege zu räumen. Der Verlauf dieser Oktoberwochen ist ausgezeichnet, nichts wird schiefgehen.

Linde-Männer haben sich in diesen vergangenen Monaten zum Teil eine starke Position geschaffen, und die »Erziehung« des Nußbaum-Jahres mit seinen spezifischen Einflüssen hat sicher Früchte getragen. Unerwartete und selbstverständliche Erfolge sind erreicht, Sie können sich also bereits jetzt über die eingeheimsten Lorbeeren freuen. Die kosmischen Zeichen dieses Monats unterstützen das Festhalten am bisher Erreichten und untermauern Bestrebungen, umsichtig eine weitere Entwicklung anzugehen.

Endlich ist die Zeit gekommen, dem Herzenspartner viel Zeit zu widmen. Sie können sich ohne große Überlegungen die Liebe für etliche Tage zum Lebensinhalt machen. Auch eine alte Liebe blüht wieder auf, als wäre der Frühling ins Land gezogen. In einzelnen Fällen bestürmen Linde-Männer und -Damen den Partner mit Wunschvorstellungen, die kaum auf Abwehr stoßen. Das Zärtlichkeitsbedürfnis wird dem Nußbaum-Symbol zugesprochen, es hat Seltenheitswert.

Eine vollkommene Übereinstimmung kosmischer Energien im Privatbereich könnte sporadisch Leidenschaftlichkeit wecken. Sie sind auch die Verursacher von neuen Bekanntschaften, einer neuen Liebe, der sich Linde-Leute jetzt mit Begeisterung hingeben.

Ein interessantes Vorhaben kann in den letzten Oktobertagen ins Auge gefaßt werden. Hier erwartet Sie nicht nur Anerkennung, sondern auch die richtige Person, die Ihnen den richtigen Kontakt zu wichtigen Leuten vermittelt. Es wird im Zusammenhang mit diesen Geschehnissen viel für Sie zu tun geben, und sicher wird es geistige Arbeit sein. Es könnte das Tüpfelchen auf dem »i« werden, das Ihnen bisher im Bereich Anerkennung und Respekt noch gefehlt hat.

Ohne besondere Planung sollten Sie die erste Woche des Novembers vorübergehen lassen. Lassen Sie kleine Alltagssorgen unbeachtet. Auf diese Weise sammeln Sie Pluspunkte für Ihre Psyche, und Ihr allgemeines Wohlbefinden kann sich regenerieren.

Einflußreiche kosmische Werte sind um Ihr seelisches Wohl bemüht. Sie haben eine gute Phase zu erwarten, die auch der körperlichen Verfassung ausgezeichnet bekommt.

Lassen Sie zu Beginn dieses Monats alle anderen Gedanken im Hintergrund, da Ihre Arbeit und die täglichen Pflichten zur Aufarbeitung von anderem keine Zeit lassen. Auch wenn der November normalerweise keine Zeit des Erholens und der Reisen ist, in den ersten zehn Tagen sollten Sie sich dies oder ähnliches genehmigen.

Sie verfügen zwar über einen großartigen Optimismus, aber ein paar zusätzliche Farbkleckse im grauen Alltag sind jetzt genau das richtige: zum Beispiel ein genüßliches, ruhiges Frühstück, eine kleine Fahrt in die Berge oder an einen See, zu einer Zeit, da sich sonst keine Menschenseele dort zeigt. Auch eine Kurzreise in eine fremde Stadt mit interessanten Sehenswürdigkeiten wäre schön. In diesen zehn Tagen könnten Sie so manches unternehmen.

Nach dem 10. ist allerdings Schluß mit den Extras. Nichts geht mehr, vorbei ist es mit der Gemütlichkeit. Die kommenden Wochen gestalten Ihren Tagesablauf wieder »normal«. Krempeln Sie also die Ärmel hoch, und gehen Sie keiner noch so ungeliebten Arbeit aus dem Wege. Sie wissen sicher: Nichts geschieht mit den Menschen, das nicht irgendwo einen Sinn hat. Diese Novembertage haben auch die Tendenz, versöhnend zu wirken. Versuchen Sie also, mit zerstrittenen Kollegen wieder klarzukommen. Auch das kann als Arbeit bezeichnet werden, und sind es auch keine materiellen Werte, die Sie sich damit verdienen, der ideelle Wert ist unbezahlbar.

Initiative besonderer Art verlangt die vierte Novemberwoche. Begegnungen, neue Eindrücke, die sich zufällig ergeben, sind Vorgänge, die wichtig genommen und durch Ihre persönlichen Bemühungen ausgebaut werden müssen. Manch gute Möglichkeit kann sich dabei ergeben, die für Ihre Weiterentwicklung wertvoll sein kann.

Es ist Winter, aber sicher nicht in Ihrem Herzen und nicht bei den günstigen kosmischen Zeichen, die sich in bestimmten Bereichen besonders bemühen, Sie zufriedenzustellen. Wesentlich ist, daß Ihr Gefühlsleben und damit auch die Liebe so wichtig für Sie werden, wie sich das für einen Jahresabschluß gehört. Keine vorgefaßten Programme! Einfach mal loslassen und genau das tun, was Ihnen die Stunde eingibt! Sie haben Phantasie und spontane Ideen, die dem ewigen Einerlei einer Partnerbeziehung ein sonnigeres Flair geben können.

Singles bekommen die Möglichkeit, die verschiedensten Leute kennenzulernen, ohne daß die Absicht zu erkennen wäre, daß das Interesse an einem erotischen Erlebnis im Vordergrund steht. Linde-Menschen können da sehr empfindlich sein.

Da Sie sich aber auch um andere Dinge kümmern, können Sie sich vielseitig orientieren.

Was Ihnen in diesen Tagen Kopfzerbrechen bereiten könnte, ist eine Angelegenheit, die sich nicht in Ihrer unmittelbaren Nähe abspielt. Es können sich Dinge vorbereiten, die für das kommende Jahr entscheidende Veränderungen bringen. Hier zu starkes Interesse zu zeigen, ist nicht ratsam. Es gibt zu viele Leute, die Sie dort brauchen, wo Sie sind. In der jetzigen Phase ist seelisches Engagement ausschlaggebend. Bei völlig neuen Chancen, sich etwas aufzubauen, darf das Gefühl nicht mitsprechen. Heutzutage wird man übers Ohr gehauen, wenn man das Herz zuviel mitsprechen läßt.

Die Erkenntnis, daß schicksalhafte Vorgänge nie auszuschließen sind, macht Sie ruhig und gelassen. Auch wenn im Laufe der ersten Monatshälfte turbulente Ereignisse am Arbeitsplatz eine allgemeine Hektik aufkommen lassen, bleiben Sie davon völlig unberührt. Ihre Nerven zeigen Stärke und Ihr Verhalten Gelassenheit. Manche Leute in Ihrer Umgebung nehmen dies bewundernd zur Kenntnis. Eine bessere Entwicklung zum Jahresende können Sie sich nicht wünschen. Der familiäre Bereich macht Ihnen keine Sorgen. Es bestätigt sich wieder einmal: Wie man in den Wald hineinruft, tönt es heraus. Ein wenig mehr Kompromißbereitschaft würde auch noch die kleinsten Schönheitsfehler im harmonischen Miteinander ausbügeln.

Haselnuß 2000
22. 3.–31. 3. / 24. 9.–3. 10.

Beide Dekaden räumen der Hoffnung einen großen Stellenwert in ihrem Leben ein. Das heißt, in Krisenzeiten ist man
nie gänzlich verzweifelt, stets sucht man nach einem Ausweg
und findet ihn auch. Hoffnung ist hier tatsächlich ein Licht-
schimmer, der sich durch das ganze Leben zieht.

Eine auffallende Energie, die gelegentlich wie ein Feuerwerk losbrechen kann, ist bei den März-Geborenen nicht zu
übersehen. Genauso wie in der Natur zu dieser Jahreszeit,
wird mit Unbekümmertheit und einer frühlingshaften Auf-
bruchstimmung alles gemeistert.

Energisch sind auch die Frauen dieser Dekade, doch ist
dies keineswegs im negativen Sinn zu verstehen. Sie lassen
sich nur kein X für ein U vormachen. Die Politik wäre für sie
das gegebene Arbeitsfeld. Umsicht, Tatkraft, Intelligenz, begleitet von weiblichem Instinkt und, wenn es nottut, auch
von weiblicher Wärme, ist dafür die beste Mischung.

Die in der zweiten Dekade Geborenen bringen ihre Ener-
gieschübe mit einer Harmonie in Einklang, was ausgezeichnete Ergebnisse garantiert. Nur im Privatleben ist für sie
Harmonie und das Gespür für Machbares kaum im Einsatz.
Haselnuß-Leute der Herbst-Dekade haben zunächst eine
rosarote Brille auf, sehen aber schnell ein, daß dies keine
gute Ausgangsposition für eine dauerhafte Bindung ist.

Die erste Dekade weiß bei der Partnerwahl schnell Bescheid, was paßt und was nicht.

Auch die zweite Dekade bringt eine sachliche Einstellung
mit, wenn es ernst werden soll, doch gerade dieser Typ muß
mit Partnern rechnen, die Liebesansprüche stellen, die von
tiefen Gefühlen begleitet sind.

Wie die Dinge auch sein mögen, stets bemüht man sich,
nett und freundlich zu sein.

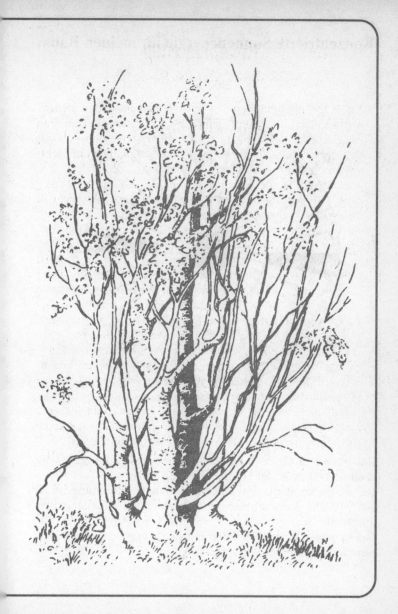

Konzentrierte Sonnenenergie für meinen Baum

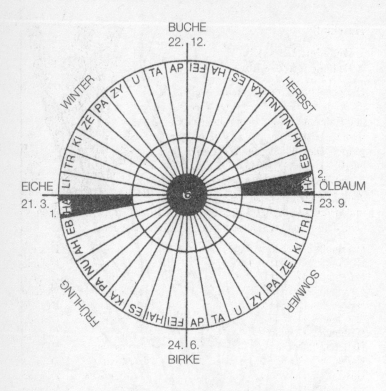

Der *markierte* kleine Teilabschnitt für jeden Baum zeigt seine Position innerhalb der vier Jahreszeiten an.

Die zu dieser Jahreszeit wirksame Sonneneinstrahlung ist für astrologische Erkenntnisse auch heute noch äußerst bedeutungsvoll.

Die *einzelnen Baumfelder* sind mit den *Anfangsbuchstaben des betreffenden Baumes* gekennzeichnet.

Wer paßt zu wem?

Haselnuß

1. Dekade: 22. 3.–31. 3.
2. Dekade: 24. 9.–3. 10.

Die Zugehörigkeit eines Baum-Symbols zu einem der vier Elemente, Feuer, Wasser, Luft und Erde, muß für die Beurteilung harmonisierender Partnerbeziehungen berücksichtigt werden. Diese fundamentale Wichtigkeit ist bei der Gegenüberstellung der einzelnen Dekaden berücksichtigt. Wenn Sie in der folgenden Aufstellung nicht die Daten Ihres Partners finden, seien Sie nicht beunruhigt. Liebe hat 1000 Facetten, in ihr letztes Geheimnis kann kein Horoskop der Welt Einblick geben.

Haselnuß 1. Dekade	Zypresse	2. Dekade
Haselnuß 2. Dekade	Zypresse	1. Dekade
Haselnuß 1. Dekade	Pappel	1. Dekade
Haselnuß 2. Dekade	Pappel	3. Dekade
Haselnuß 1. Dekade	Zeder	2. Dekade
Haselnuß 2. Dekade	Zeder	1. Dekade
Haselnuß 1. Dekade	Kiefer	1. Dekade
Haselnuß 1. Dekade	Haselnuß	1. Dekade
Haselnuß 2. Dekade	Haselnuß	2. Dekade
Haselnuß 1. Dekade	Eberesche	1. Dekade
Haselnuß 2. Dekade	Eberesche	2. Dekade
Haselnuß 1. Dekade	Ahorn	1. Dekade
Haselnuß 2. Dekade	Ahorn	2. Dekade
Haselnuß 1. Dekade	Esche	2. Dekade
Haselnuß 2. Dekade	Esche	1. Dekade
Haselnuß 1. Dekade	Hainbuche	2. Dekade
Haselnuß 2. Dekade	Hainbuche	1. Dekade
Haselnuß 1. Dekade	Feigenbaum	2. Dekade
Haselnuß 2. Dekade	Feigenbaum	1. Dekade
Haselnuß 2. Dekade	Ölbaum	23.9.

Für Haselnuß-Menschen wird die erste Woche gleich ein gehöriges Maß an Arbeit bringen. Verfolgen Sie eine klare Linie, machen Sie sich ein Konzept, Sie könnten sonst nervös werden. Es bietet sich etwas an, was Aussicht auf überdurchschnittlichen Erfolg verspricht. Sie werden von dieser Sache voll in Anspruch genommen.

In finanzieller Hinsicht gewinnen die Haselnuß-Männer Oberwasser. Jede Schwierigkeit in diesem Bereich könnte behoben werden. Auch bei eventuellen geschäftlichen Transaktionen haben Sie Glück. Nach dem 20. tritt eine gewisse Beruhigung ein. Konstantes Festhalten am bisher Erreichten ist das Beste. Sie können jetzt Pluspunkte verschiedener Art setzen. Ein freundlicher Mond macht sich im seelischen Bereich bemerkbar.

Wenn sich im weiteren Verlauf des Monats im privaten Bereich nicht gleich alles so entwickelt, wie Sie sich dies erhofft haben, hadern Sie nicht mit Ihrem Schicksal. Bleiben Sie geduldig, schon ab dem zweiten Drittel des Monats wendet sich vieles zum Guten. Sind Sie bereits in festen Händen, dann zeigen Sie sich häuslich und entgegenkommend. Reagieren Sie Ihre Neigung nach Abwechslung bei einem Hobby oder einer Sportart ab. So erhalten Sie sich den Hausfrieden und machen zugleich die Erfahrung, daß der Seelenfrieden das Wichtigste im menschlichen Leben ist.

Zufriedenheit und innere Harmonie sind Ihren Nerven derzeit wesentlich zuträglicher als aufregende Abenteuer. Auch in Herzensangelegenheiten werden Sie auf Ihre Kosten kommen, wenn Sie nach einem Partner Ausschau halten. Legen Sie sich nur etwas Zurückhaltung auf. Eine innige Verbindung läßt sich nur mit viel Geduld und einem intensiven Leben zu zweit ermöglichen. Liebe wird nun das für Sie sein, was sie sein soll: eine tragende Kraft im menschlichen Leben.

Für die meisten Haselnuß-Menschen kann dieser Monat in schwierigen Situationen endlich Beruhigung bringen. Für Veränderungen im günstigen Sinne haben Sie jetzt einen guten Riecher. Doch auch ohne allzu große Bemühungen kommt Geld in die Kasse.

Bei Alltagsaufgaben sollte Einsatzbereitschaft, Pflichtbewußtsein und Umsicht gezeigt werden. Wenn Sie hier nachlässig werden, da Sie das Gefühl haben, für bessere Aufgaben prädestiniert zu sein, werden Rückschläge nicht lange auf sich warten lassen.

Unter private Querelen muß endlich ein Schlußstrich gezogen werden. Es ist sicher nicht Ihre persönliche Art, immer wieder in vergangenen Differenzen zu rühren. Da ist jemand, der nur zu gerne alte Probleme aus der Schublade zieht. Versuchen Sie in diesem Fall, Friedensbereitschaft zu signalisieren und auch durchzusetzen.

Beruflich macht sich schon bald eine positive Entwicklung bemerkbar. Tragen Sie Ihre Anliegen vor, die Ihnen am Herzen liegen. Auch der berechtigten Forderung nach höherer Entlohnung wird man Gehör schenken. Doch bitte versuchen Sie niemals, mit der Tür ins Haus zu fallen oder etwas gewaltsam zu erreichen.

Mit besonders guten Aspekten gelingt es Ihnen, auch bei älteren Menschen im Familienbereich eine herzliche Art an den Tag zu legen. Im Trubel des Alltags geraten solche Verpflichtungen immer wieder ins Hintertreffen. Dabei warten diese Leute genauso auf eine Liebeszuwendung wie jeder andere auch. Wenn man dann erst einmal an einem offenen Grab steht, ist nichts mehr gutzumachen. Ein riesiger Blumenstrauß ersetzt nicht die Zuneigung zu Lebzeiten.

In den letzten Monatstagen setzen manche Haselnuß-Geborene ein bißchen zuviel Energie in der Liebe ein. Dies ist zu diesem Zeitpunkt nicht unbedingt zu empfehlen.

Was Ihnen in diesem Monat am Herzen liegt, kann jetzt durchgeführt werden, wenn Sie beharrlich den eingeschlagenen Weg weitergehen. Hemmungen und Ängste kennen Haselnuß-Leute nur vom Hörensagen. Ihre Entschlossenheit genügt vollständig, um sich durchzusetzen.

Ergeben sich in einigen Angelegenheiten Rechtsfragen, die geregelt werden müssen, ist dieser März die beste Zeit dafür. Möglich ist sogar, daß Sie in diesem Bereich schlagartig durch einen Zufall den Rücken frei bekommen.

Ein neues Kraftfeld kosmischer Energien setzt sich für Ihre privaten Unternehmungen ein. Sind Sie ehrgeizig, streben Sie eine besondere Verbindung an, so wird sie auch erreicht. Im Zusammenhang mit neuen Freundschaften oder einer neuen Liebe zeichnet sich eine sehr erfreuliche Tendenz ab. In den letzten Märztagen sollte Ihre Freizeit nur diesen Geschehnissen vorbehalten sein. Nur im Vorbeigehen läßt sich eine gute Beziehung nicht aufbauen. Vergessen sollten Haselnuß-Männer nie, daß geduldiges Zuhören und Herzlichkeit ausschlaggebend für einen dauerhaften guten Kontakt sind.

Will man sich mit wertvollen Menschen umgeben, müssen die charakterlichen und sonstigen Vorzüge in das richtige Licht gestellt werden.

Sie haben nicht viel Mühe, besondere Aufgaben zu bewältigen, die Ihnen aufgebürdet werden. Belasten Sie sich in diesen Tagen nicht mit Geschehnissen der Vergangenheit, die Ihnen nicht mehr durch den Kopf gehen, die aber von »reizenden« Zeitgenossen immer wieder aufgetischt werden. Hören Sie nicht hin, bringen Sie das Gespräch statt dessen auf andere Themen.

Sie sind jetzt auf dem besten Weg, sich völlig neue Erkenntnisse anzueignen, außerdem haben Sie mit den verschiedenen Vorkommnissen der Vergangenheit restlos abgeschlossen.

Einige Haselnuß-Leute werden am Monatsende auf Reisen sein. Das verlangt einen großen Aufwand an Energie, aber es wird alles leichter, wenn Sie feststellen, daß Fortuna ihre Hand dabei mit im Spiel hat. Der erfreulichste Akzent wird auf der Liebe liegen. Manch strahlender Augenaufschlag, manch bezauberndes Lächeln steigert Ihr Selbstbewußtsein. Es muß nicht gleich alles in ein Verlieben ausarten.

Ihre beruflichen Überlegungen sind noch nicht in dem Stadium, daß Entschlossenheit und Durchsetzungskraft weiterhelfen würden. Die Vergangenheit hat Ihnen sicher schon ab und zu gezeigt, daß Enttäuschungen nicht ausbleiben, wenn Sie einzig Ihren eisernen Willen einsetzen und die Realität nicht beachten. Prüfen Sie genau, was möglich ist, und vergessen Sie nicht, daß Kollegen ein wachsames Auge haben. Haselnuß-Menschen verfügen sicher immer über ökonomisches Denken, doch das Umfeld muß mit einkalkuliert werden.

Neben Ihren vielen beruflichen und geschäftlichen Interessen werden Sie in diesen Wochen kaum vergessen, daß auch das Privatleben Ansprüche an Sie stellt. Koordinieren Sie Ihre Vorstellungen und Wünsche mit denen Ihres Partners. Sagt Ihnen dies nicht zu, könnten Sie auch mit diplomatischen Kniffen zu einem befriedigenden Ergebnis kommen.

Ihre Angehörigen sind Ihnen eine ergebene, treue Gefolgschaft. Wenn nicht, so kann sich dies jetzt ändern. Es ist für Haselnuß-Leute selbstverständlich, daß treue Ergebenheit nicht zum eigenen Vorteil ausgenutzt wird. Imponiergehabe ist nicht Sache der Haselnuß-Männer und schon gar nicht die der Haselnuß-Damen. Man hat Kraft und Selbstbewußtsein, aber immer mit Herz.

Das an manchen Tagen umwerfend menschenfreundliche Verhalten zeigt sich in der dritten Monatswoche besonders. Ihr natürlicher Frohsinn kommt zum Durchbruch, der dem Monat April angemessen ist und Ihnen das gesamte Umfeld, vor allem im beruflichen Bereich, zum Freund macht.

Möglich ist, daß Sie sich insgeheim eine neue, vielleicht sogar eine romantische Liebesbeziehung wünschen. Es gibt viele Leute, die sich mit solchen Gedanken tragen. Meist bleiben dies Wunschvorstellungen, und so ist es jetzt auch bei Ihnen. Das Schicksal hat nichts dergleichen mit Ihnen vor. Ist das Verlangen nach mehr Intensität im Liebesleben sehr groß, müssen Sie selbst die Initiative ergreifen. Das Haselnußholz ist gut dafür geeignet, ein loderndes Feuer zu entfachen.

Verbesserungsvorschläge bleiben für den Liebesbereich weiter interessant. Was Sie sich hier einfallen lassen, kommt bestens an, es sind also rosige Zeiten zu erwarten! Haben Sie sich schon für eine neue Beziehung entschieden, können im weiteren Verlauf auch die noch zu erwartenden Schwierigkeiten mühelos ausgeräumt werden. Sicher ist es nicht leicht, zu einer klaren Entscheidung zu kommen, doch Ihre Mühe wird sich lohnen. Ein neues Liebesglück wird weder Haselnuß-Damen noch -Herren lange warten lassen. Die Sterne schenken Ihnen einen Optimismus, der Sie zu allem möglichen inspiriert. Gehören Sie zu den Erzrealisten, müssen trotz der Hochstimmung Ihre Ziele klare Konturen haben. Ins Blaue hinein planen und auf sein Glück hoffen ist in diesem Mai ganz bestimmt nicht erlaubt.

Am klügsten ist, Sie ziehen einen Schlußstrich und fangen mit neuer Zuversicht noch einmal an. Überflüssig sind dann alle Selbstvorwürfe und alle Zweifel. Haselnuß-Leute haben in diesem Mai nicht nur ausgezeichnete Begleiter aus dem kosmischen Raum, sie verstehen es auch, das kleine Glück zu genießen.

Am Arbeitsplatz macht sich gute Laune positiv bemerkbar. Manches geht zügiger voran, als Sie dachten. Der Chef und die Kollegen sind umgänglich. Aber es ist ja ganz selbstverständlich, daß man, so wie Sie sich jetzt verhalten, keine grießgrämigen Mienen zeigt.

Die Widerstände geben sich völlig. Eine beneidenswert gute Laune fegt jetzt alles hinweg, was Ihnen manchen Tag im April verdorben hat.

Die Familie wird sich wieder melden. Hier geschieht vieles, was Ihnen gefällt und was weder absichtlich geplant noch krampfhaft gesucht wurde, um Sie in gute Stimmung zu versetzen. Lassen Sie sich diese Zuneigung von Familienmitgliedern ruhig gefallen, und zeigen Sie sich auch nett. In der vierten Maiwoche könnte sich eine kleine Liebesgeschichte ereignen. Wie und wo bleibt offen. Lassen Sie sich von Amor verführen, er weiß bestimmt die richtigen Grenzen einzuhalten, wenn das überhaupt notwendig ist.

Turbulente Ereignisse des Vormonats sehen Sie jetzt von einer Warte aus, die Sie die Kleinlichkeit einer zu eigensinnigen Haltung erkennen läßt. Versuchen Sie diese Erkenntnis als Dauereinrichtung in Ihrem Denken zu verankern. Am deutlichsten wird diese Veränderung Ihre Familie zu spüren bekommen. Wenn man bisher nie so genau wußte, woran man bei Ihnen ist, hat man jetzt Vertrauen, man erzählt Ihnen seine kleinen Sorgen, um sich Trost zu holen.

Unerwartete Begegnungen liefern neue Gedankenanstöße und können Pläne, die Sie bisher ziemlich günstig beurteilten, als völlig unrealistisch in der Versenkung verschwinden lassen. Sie haben eine Menge zu tun, um sich einen neuen Standpunkt zu erarbeiten. Lassen Sie sich nur nicht nervös machen. Das Jahr des Nußbaums begünstigt neue Vorhaben und schafft auch die Voraussetzungen dafür.

Auf die Einhaltung wichtiger Termine ist besonders zu achten, auch wenn diese nicht mehr die Wichtigkeit haben wie noch vor einigen Wochen. Alles muß zu Ende geführt werden, bevor man eine neue Sache auf ein gutes Fundament stellen kann.

Arrangieren Sie sich mit Leuten, die berechtigte Forderungen haben, ganz gleich welcher Art diese sind. Bei finanziellen Schwierigkeiten sind drastische Sparmaßnahmen nicht das Schlechteste.

Dieser Juni ist auch eine günstige Zeit, einen schon lange geplanten Wohnungswechsel vorzunehmen. Hindernisse, die sich hier unangenehm bemerkbar machen, werden ohne große Anstrengung beiseite geräumt. Auch hier zeigt sich Ihr Baumsymbol als Wohltäter. Hoffentlich nehmen Sie diese Pluspunkte nicht als eine Selbstverständlichkeit.

In Sachen Liebe wird eine kleine Einbuße nicht zu vermeiden sein. Das sollte Ihnen in keinster Weise Kopfzerbrechen bereiten. Es gibt genug Leute, die Sie auf andere Gedanken bringen möchten.

Es ist Ihr Leben, das Sie sich jetzt einrichten. Sind Sie erst einmal auf der Erfolgsleiter ein beachtliches Stück nach oben gekommen, wird Ihnen die Anerkennung hierfür nicht versagt bleiben. Welch eine Genugtuung, wenn aus einem bescheidenen kleinen Mann ein souveräner Typ geworden ist oder aus einem Aschenputtel eine strahlende, erfolgreiche Frau!

Sie haben sich selbst den Beweis geliefert, zu den Könnern, zu den Talentierten zu gehören, und dürfen stolz darauf sein. Es ist jetzt auch nicht verwunderlich, daß die Geldmittel nicht mehr sparsam eingeteilt werden müssen!

Lassen Sie alle Beziehungen spielen, die Ihnen zur Verfügung stehen. Jede Chance sollte genutzt werden. Auch wenn Ihr Streben nach machthungrigem Ehrgeiz aussieht oder von manchen Leuten so bezeichnet wird, kümmern Sie sich nicht darum. Jedes nur halbwegs faire Mittel sollte und darf Ihnen jetzt gerade recht sein.

Wie nicht anders zu erwarten, bringt diese Glückssträhne auch das Liebesglück mit ins Haus. Innerhalb der Familie ist man mit Recht stolz auf Sie, neidlos werden Ihre Erfolge bewundert. Der Partner zeigt sich ebenso begeistert.

Manche Haselnuß-Menschen werden sich fragen: Werde ich nur wegen meiner Leistung geliebt oder um meiner geistigen und seelischen Eigenschaften willen? Machen Sie sich keine Gedanken darüber! Hinter die Geheimnisse der Liebe, der Anziehung und Faszination werden auch Sie nicht kommen. Nehmen Sie dieses wunderschöne Gefühl der Liebe als das, für was es gedacht war: dem Menschen das irdische Dasein angenehmer zu machen.

Die letzten Tage des Monats sollten der Regeneration Ihrer körperlichen Verfassung gehören. Alle Vorgänge haben an Ihrer Substanz gezehrt, ohne daß Sie dies vielleicht selbst bemerkt haben. Gönnen Sie sich Stunden des völligen Abschaltens.

Von den ganz kleinen Zwischenfällen, die kaum ins Gewicht fallen, lassen Sie sich mit Ihrem jetzt vorherrschenden Optimismus kaum aus dem Gleichgewicht bringen. Da müßte es schon wesentlich dicker kommen, bevor Haselnuß-Menschen jetzt aus der Fassung geraten. Die kleinen Störmanöver betreffen nur den beruflichen Bereich. Konzentration und intensives Bemühen wird erwartet. Legen Sie sich neben dem Optimismus noch ein dickes Fell zu, dann geht auch dieser August gut über die Runden.

Wenn Sie nicht das Glück haben, im Urlaub zu sein, träumen Sie an den Wochenenden irgendwo in der Sonne, vielleicht auf einer Wiese, dann macht Ihnen das Zuhausebleiben nichts aus.

Bemühen Sie sich, in Ihr persönliches Umfeld eine gelöste Stimmung zu bringen. Im Kollegenkreis wartet man sicher schon darauf, die im Moment ziemlich gereizte Stimmung aus der Welt zu schaffen. So kommt wieder Freude in den Alltag, die Arbeit fällt leichter, und der August wird auch in dieser Beziehung wieder erträglicher.

Haselnuß-Damen mit einer besonderen Vorliebe für Romantik werden die harten Realitäten eines ganz normalen Arbeitstages nicht zur Kenntnis nehmen. Ihnen genügt schon der Sonnenschein, der durch das Fenster strahlt, und das morgendliche Vogelgezwitscher, um gute Laune zu bekommen.

Alle Aspekte geben sich wirklich Mühe, Sie für diesen Monat topfit zu machen. Das heißt: Sie nehmen nichts tierisch ernst, »Leben und leben lassen« steht für Sie auf jedem Kalenderblatt. Erstaunt werden Sie an manchen Tagen feststellen, daß der Himmel wieder einmal ganz genau wußte, was Sie mögen.

Sie wollen noch erfahren, was die Liebe für Sie in diesem Monat bereithält? Unter den gegebenen guten Bedingungen hat sie sich ein rosarotes Kleid angezogen. Angenehme Überraschungen der unterschiedlichsten Art sind möglich. Sollte es da und dort noch Konflikte gegeben haben, in diesen Augustwochen sind keine mehr zu erwarten. Man wird Ihnen eine Menge angenehmer Dinge sagen. Man kommt Ihnen ehrlich und aufrichtig entgegen, Komplimente sind ernstgemeint. Eine gute Zeit wäre dieser Monat, um eine bisher lose Bindung fester zu knüpfen.

Ereignisreiche Wochen stehen Ihnen bevor, auch das Privatleben gerät nicht ins Hintertreffen. Ihre Gesundheit und vor allem Ihre Nerven sind stabil. Sie können ohne Bedenken mal alles geben. Sie strahlen einen wunderbaren und ansteckenden Optimismus aus, der von Ihrem nächsten Umfeld begeistert und in der Familie dankbar aufgenommen wird.

Techniker und Wissenschaftler bekommen eine besondere Mischung von günstigen kosmischen Einflüssen verabreicht. Unter Umständen können sensationelle Erkenntnisse reifen.

Investitionen stehen ebenfalls unter einem guten Stern. In diesem Bereich entwickeln manche Haselnuß-Leute einen sechsten Sinn, der sich materiell recht positiv auswirken kann. Sie sehen schon, es heißt aufmerksam sein, sich nach allen Seiten umsehen. Lassen Sie sich nicht von nebensächlichen Dingen ablenken.

Schon in der Mitte dieses Monats können sich erste Erfolge zeigen, und das ist gut so. Aber auch Müdigkeit und Erschöpfung machen sich bemerkbar, die Sie ermahnen, nun etwas kürzerzutreten. Bei derartigen Alarmzeichen müssen Sie sofort etwas unternehmen. Jeder Hektik muß bewußt aus dem Weg gegangen werden. Wird nun mehr als das übliche Arbeitspensum verlangt, sagen Sie entschlossen nein. Gravierende gesundheitliche Probleme sind sicher nicht zu erwarten, trotzdem sollten Sie besonders auf sich achtgeben. Bemüht sich die Familie um Sie, lassen Sie sich das ruhig gefallen. Gehen Sie auf jeden Angehörigen ein, es fällt Ihnen vielleicht nicht ganz leicht, aber Sie werden sich wohler fühlen, wenn diese Kontakte erfreulicher werden.

Jüngeren Jahrgängen kann gegen Ende September ein »Goldfisch« ins Netz gehen. Wobei das »Gold« nicht unbedingt materieller Natur sein muß. Auch ein liebevolles Herz kann Gold bedeuten, das eine schöne Zeit verspricht und schlimme Stunden, die ein Menschenleben immer mal mit sich bringt, erträglicher macht.

Launenhaftigkeit, die jetzt wahrscheinlich durch bestimmte Vorgänge in der Familie ausgelöst wird, stört ganz erheblich, wenn Sie sich mit Freunden treffen. Man ist hier gewöhnt, bei Ihnen ein freundliches Gesicht zu sehen. Lassen Sie sich bloß keine sogenannten guten Ratschläge geben, die alle jetzt wie Öl ins Feuer wirken. Auch für zarte Zuwendung können Sie jetzt kein Verständnis aufbringen.

Kontakte außerhalb des Bekanntenkreises bringen mehr und werden interessant. Neugier und Erfahrungen, die fremde Leute gemacht haben, und der Gedankenaustausch mit diesen, ist jetzt ein ideales Feld für Sie. Das Wissen, daß auch andere Leute mit ihren Schwächen und Fehlern ihre liebe Not haben, macht Sie zufriedener mit Ihrem Schicksal.

Was bisher immer noch nicht ganz zufriedenstellend war, löst sich jetzt in Wohlgefallen auf. Materiell gesehen werden Sie kaum mit Schwierigkeiten zu rechnen haben. Auch der letzte seelische Druck ist ausgestanden. Ihre besonderen Talente können jetzt endlich nutzbringend verwendet werden. Trotzdem werden Sie arbeitsmäßig nicht überfordert: Eine relativ gemütliche Atmosphäre bestimmt das Arbeitstempo. Für die zweite Dekade wird sich das erst nach dem 21. bemerkbar machen.

Lassen Sie Ihre Vorzüge nicht in einem bescheidenen Dasein fristen. Jeder wird nur danach beurteilt, was er vorzuweisen hat, und das ist bei Haselnuß-Leuten allemal eine ganze Menge.

Dieser Monat, der sich zunächst nicht in rosarotem Licht gezeigt hat, sorgt nun doch noch für angenehme Tage. Sie müssen sich aber bemühen und jeden kleinen Hinweis beachten, richtig verwerten und – last but not least – dankbar dafür sein.

In der dritten Woche lichtet sich sogar der Himmel in Problempartnerschaften, in denen man sich nichts mehr zu sagen hatte. Sie entdecken wieder einige Glanzlichter im Zusammensein. In der letzten Monatswoche ist man sicher wieder lieb zu Ihnen. Auch wenn man sich damit etliche Wünsche erfüllen lassen will, darf Sie das nicht stören. Mehr oder weniger sind Menschen immer Egoisten, auch Haselnuß-Leute machen da keine Ausnahme. Engel sind wir alle nicht.

Gefühlsmäßig wird es momentan keine Möglichkeit geben, sich zu verausgaben. Sie sind jetzt eben nicht in der Stimmung, für die Liebe großes Interesse aufzubringen. Die Tendenz ist zwiespältig: Wenn es zu problematisch wird, gehen Sie auf Distanz.

Auch vom Klatsch der Kollegen nehmen Sie am besten keine Notiz. Für Haselnuß-Leute ist die Zeit jetzt nicht geeignet, sich an Gesprächen zu beteiligen, die sich meist nur um Kritik vom Chef bis hin zur Putzfrau drehen.

Gegen Mitte des Monats wendet sich das Blatt. Ist Ihnen in den vorausgegangenen Tagen die Arbeit im Beruf schwergefallen, kommt jetzt wieder Interesse auf, und Sie sind mit Eifer bei der Sache. Auch um finanzielle Probleme sollten Sie sich keine Sorgen machen. Sie zeigen sich überall, meist sind es nur außergewöhnliche Wünsche, die man hat und bei denen der Geldbeutel nein sagt. Es heißt das Jahr zu einem guten Ende zu bringen und mit allen Menschen des näheren Umfeldes gut auszukommen. Im übrigen ist man Ihnen wohlgesinnt und weiß Ihre Arbeit zu schätzen. Sind Sie trotzdem unzufrieden, liegt das an Ihnen und nicht an Ihrer Umgebung.

Im Bereich Ihrer Familie werden Sie keinen Grund zur Klage haben. So wohl haben Sie sich hier schon lange nicht mehr gefühlt: Von Enttäuschungen ist keine Rede mehr. Ihre Ansichten werden akzeptiert, und einzelne Angehörige kommen Ihnen mit herzlicher Offenheit entgegen. Eine gute Gemeinschaft ist hier angesagt.

Gute Laune wird sich auch im Umgang mit Freunden zeigen. Auch hier kann man sich für Sie und Ihre ausgefallenen Vorschläge begeistern. Vieles kommt mühelos zustande. In Partnerbeziehungen ist es nicht so erfreulich. Man zeigt sich zwar nicht launisch, aber die große Herzlichkeit werden Sie vermissen.

Sehr geeignet wäre das letzte Wochenende, um sich zu einer »Rundumerneuerung« zu entschließen, bevor der Dezember mit seinen Turbulenzen Ihre körperlichen Kräfte zu sehr strapaziert. Keine Reise, keine Autofahrt am Wochenende bringt Sie dorthin, wo Sie Ruhe finden, um zu sich selbst zu kommen. Nur dort, wo Sie zu Hause sind, dort, wo Sie sein können, wie Sie wirklich sind, finden Sie jetzt Erholung.

Es werden Tage, die alles noch einmal zusammenfassen, was das Nuß-baum-Jahr so erlebnisreich und in manchen Fällen sehr bewegt gemacht hat.

Haselnuß-Leute der zweiten Dekade, die sich von ihrem Lieblingsgedanken an einen neuen Job oder einer gänzlich andersgearteten beruflichen Tätigkeit nicht freimachen können, werden davon auf Trab gehalten. Diese Gedanken sollten Sie jedoch erst an den Feiertagen beschäftigen, wenn Zeit ist, von morgens bis abends Luftschlösser zu bauen und an neuen Plänen zu basteln, vorausgesetzt, Ihre Familie nimmt Sie nicht völlig für sich in Anspruch.

Der Grundstein für eine verbesserte Situation ist vorerst nur gedanklich ins Auge zu fassen. Die praktische Durchführung ist dem nächsten Jahr vorbehalten. Verhalten Sie sich klug, und mischen Sie allem eine Portion Leichtigkeit bei. So erhalten Sie sich trotz aller anstregenden Bemühungen noch ein wenig Humor, mit dem Sie sich Ihrem Umfeld nicht als allzu verbissen präsentieren. Kurz vor den Feiertagen kommt dann das kosmische Element Erde zu Hilfe, das dafür sorgt, daß Sie nicht gänzlich im Grübeln, Planen und Berechnen versacken. Die Leichtigkeit des Seins soll tagein, tagaus praktiziert werden, damit Leib und Seele gesund bleiben.

Haselnuß-Leute, die sich mit dem geschriebenen Wort beschäftigen, können sich zum guten Schluß dieses Jahres noch um einige tolle Zusatzpunkte bemühen. Pläne, hier den Aktionsradius zu erweitern, stehen unter der Fürsorge von ausgezeichneten Energien aus dem Kosmos.

Eine Umorientierung ist auch für die Freizeitbeschäftigung möglich. Wie sich dies im einzelnen verhält, kann durch die Vielfalt der Möglichkeiten nicht angeführt werden. Nehmen Sie auf alle Fälle jede Gelegenheit wahr, sich vielleicht eine zusätzliche Geldquelle zu erschließen.

Für die Liebe bleibt nur an wenigen Tagen Zeit. Fühlen Sie sich ohne Partner stiefmütterlich behandelt, gibt es tausend Möglichkeiten, aus der Situation des Alleinseins herauszufinden – oder am Alleinsein Gefallen zu finden.

Eberesche 2000
1. 4.–10. 4. / 4. 10.–13. 10.

Die Eberesche ist ein beinahe elegant wirkender Baum, mit feinem Blattwerk, weißen Blütendolchen im Frühling und roten Beerentellern im Herbst.

Beide Dekaden zeigen in bestimmten Lebensabschnitten eine strahlende Erscheinung, die durch eine auffallende Vitalität noch intensiviert wird. Energie wird bei den April-Ebereschen impulsiv zum Einsatz gebracht. Was sie auch unternehmen, das Element Feuer kommt immer zum Durchbruch. Es ist das Element, das ihrem Naturell zugeordnet ist. Die Freude über die angeborene Aktivität ist eine treibende Kraft, die aus diesen Menschen bis ins hohe Alter rastlos Schaffende macht. Diese positive Lebenseinstellung ist ihnen jedoch kaum ins Gesicht geschrieben, denn selten gehen sie mit heiterer Miene durch den Alltag. Nur die nächsten Angehörigen wissen, daß Lebensfreude und sogar Humor zu ihrem Wesen gehört.

Die zweite Dekade hat die gleichen Veranlagungen aufzuweisen, nur ist bei ihnen alles in eine verbindliche, umgängige Art verpackt. Dort, wo die erste Dekade immer geradeaus geht, kaum zu Kompromissen bereit ist, finden die Oktober-Leute eine leichtere Art, sich dem Leben zu stellen.

Die Liebe macht es den im April Geborenen nicht immer leicht. Etwas Leichtsinn, ein »leichterer Sinn«, würde ihnen gut bekommen.

Großzügig verteilen die im Oktober Geborenen ihre Freundlichkeit. Vielfach erleben beide Dekaden im Herbst des Lebens eine intensive Liebe.

Doch bis zu diesem Lebensabschnitt ist es ein langer Weg, und bis dahin muß man sich damit abfinden, daß Kontakte, die das halten, was sie zunächst versprechen, schwer zu finden sind. Aber man versucht es tapfer immer wieder und kann damit auch Erfolg haben.

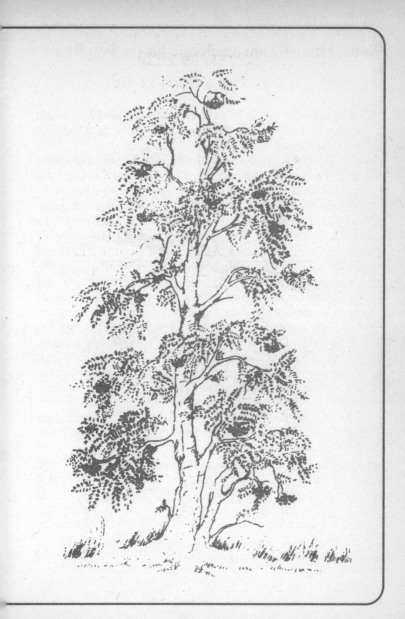

Konzentrierte Sonnenenergie für meinen Baum

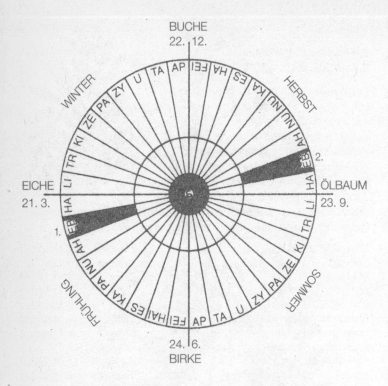

Der *markierte* kleine Teilabschnitt für jeden Baum zeigt seine Position innerhalb der vier Jahreszeiten an.

Die zu dieser Jahreszeit wirksame Sonneneinstrahlung ist für astrologische Erkenntnisse auch heute noch äußerst bedeutungsvoll.

Die *einzelnen Baumfelder* sind mit den *Anfangsbuchstaben des betreffenden Baumes* gekennzeichnet.

Wer paßt zu wem?

Eberesche

1. Dekade: 1. 4.–10. 4.
2. Dekade: 4. 10.–13. 10.

Die Zugehörigkeit eines Baum-Symbols zu einem der vier Elemente, Feuer, Wasser, Luft und Erde, muß für die Beurteilung harmonisierender Partnerbeziehungen berücksichtigt werden. Diese fundamentale Wichtigkeit ist bei der Gegenüberstellung der einzelnen Dekaden berücksichtigt. Wenn Sie in der folgenden Aufstellung nicht die Daten Ihres Partners finden, seien Sie nicht beunruhigt. Liebe hat 1000 Facetten, in ihr letztes Geheimnis kann kein Horoskop der Welt Einblick geben.

Eberesche 1. Dekade	Zypresse	2. Dekade
Eberesche 2. Dekade	Zypresse	1. Dekade
Eberesche 1. Dekade	Pappel	3. Dekade
Eberesche 2. Dekade	Pappel	1. Dekade
Eberesche 1. Dekade	Zeder	2. Dekade
Eberesche 2. Dekade	Zeder	1. Dekade
Eberesche 2. Dekade	Kiefer	1. Dekade
Eberesche 1. Dekade	Haselnuß	1. Dekade
Eberesche 2. Dekade	Haselnuß	2. Dekade
Eberesche 1. Dekade	Eberesche	1. Dekade
Eberesche 2. Dekade	Eberesche	2. Dekade
Eberesche 1. Dekade	Ahorn	1. Dekade
Eberesche 2. Dekade	Ahorn	2. Dekade
Eberesche 1. Dekade	Esche	2. Dekade
Eberesche 2. Dekade	Esche	1. Dekade
Eberesche 1. Dekade	Hainbuche	2. Dekade
Eberesche 2. Dekade	Hainbuche	1. Dekade
Eberesche 1. Dekade	Feigenbaum	2. Dekade
Eberesche 2. Dekade	Feigenbaum	1. Dekade
Eberesche 2. Dekade	Ölbaum	23. 9.

Die energische Art, die die Eberesche ihren Schützlingen mitgegeben hat, kann sich gleich zu Jahresbeginn nützlich machen. Dieser Januar ist intensiver Arbeit vorbehalten. Trotzdem ist für Abwechslung gesorgt, es wird Ihnen sicher nicht langweilig werden. Stürzen Sie sich ins Getümmel, und vergessen Sie dabei einmal den tierischen Ernst, der Sie veranlaßt, weder nach rechts noch nach links zu sehen und kein Lächeln auf die Lippen zu bekommen, solange der Schreibtisch mit Arbeit vollgepackt ist. Wichtiges sollte bereits bis Mitte des Monats erledigt sein. Dann werden nämlich kosmische Kräfte wirksam, die sich auf Ihren Privatbereich auswirken.

Ihre Kollegen werden zwar nicht begeistert sein, wenn Ihr Arbeitseifer nachläßt. Doch zur rechten Zeit wissen Eberesche-Leute immer, was zu tun ist, um sich Respekt zu verschaffen. Kurz nach der zweiten Woche wird Sie ein Freund sehr in Anspruch nehmen. Das kann auf verschiedene Art geschehen: Von praktischer Hilfe bis zu trostreichen Worten bei seelischem Kummer. Gibt es ernsthafte Auseinandersetzungen in der Familie, die Ihnen die Laune verderben, können Sie sicher sein, daß Sympathie trotzdem weiter bestehen kann. Zuneigung innerhalb der Familie kann einer harten Bewährungsprobe durchaus standhalten.

Geht der Januar seinem Ende zu, wird Ihr dynamisches Verhalten etwas ruhiger. Eine geschmeidige, nachgiebige Art steht Ihnen ausgezeichnet und schont Ihre Kräfte. Jetzt haben Sie auch mehr Verständnis für die Fehler Ihrer Mitmenschen.

Es wäre nun eine gute Gelegenheit, sich fit zu machen, bevor das Jahr so richtig ins Rollen kommt. Eberesche-Damen, im allgemeinen recht anspruchsvoll, wären gut beraten, wenn sie sich in den letzten Tagen dieses Monats bescheidener geben würden. Das heißt nicht, daß sie eine gewisse Exklusivität aufgeben müssen, es sind lediglich kosmische Strömungen, die ihnen keine Extras genehmigen. Eberesche-Männer, im Frühling geboren, gehören zu den Genießern. Sie dürfen diese Neigung Ende Januar voll ausleben. Genießen Sie die relativ ruhigen Tage und alles, was angenehm ist.

Mit Energie und Einfühlungsvermögen gelingt es Ihnen auch bei nur kleinen und kleinsten Chancen, die passenden Möglichkeiten herauszuholen.

Ein kleiner Konkurrenzkampf am Arbeitsplatz wird zu Ihren Gunsten ausgehen. Es ist keine wichtige Sache, doch irgendwie befriedigt Sie das positive Ergebnis doch.

Während des ganzen Monats stehen Sie sicher nicht auf der Verliererliste. Die als Selbständige Tätigen werden von den kosmischen Energien recht gut versorgt. Eine gute Zeit, sich um neue Berufsmöglichkeiten zu kümmern und sein Licht nicht unter den Scheffel zu stellen. Aus sich herausgehen, sich durchsetzen, auch wenn es schwer ist, und dabei alles in umwerfenden Charme verpacken, damit kommen Sie jetzt am weitesten.

Endlich kümmert sich die Familie wieder auffallend um Sie. Zeigen Sie also ein bißchen mehr Herzlichkeit. Eberesche-Männer der ersten Dekade, denen ein betuliches Familienleben nicht liegt, wissen aus Erfahrung, wie sie sich geben müssen, um Angehörige nicht vor den Kopf zu stoßen. Also bitte keine Gereiztheit!

Im Liebesleben erwarten Sie angenehme Überraschungen, die gute Laune vermitteln. Dieser erfreuliche und begrüßenswerte Abschnitt ist nicht von langer Dauer; Sie sollten ihn nützen, solange er anhält.

Da die Sonne, das Zentralzeichen im Keltischen Baumkreis, einen dominierenden Einfluß bekommt, wenn der 22. im Kalender steht, wird Ihnen ein liebevolles Herz »frei Haus« geliefert. Es ergeben sich neue Begegnungen und eine reiche Palette an Möglichkeiten, einen lieben Menschen kennenzulernen. Wenn Sie bemüht sind, ein gefundenes Glück weiter auszubauen, wird die Erkenntnis nicht lange auf sich warten lassen, daß zum Glücklichsein nicht viel gehört. Belasten Sie sich nicht mit Gedanken über die Zukunft, das Hier und Heute sollte wichtig sein, alles andere lassen Sie getrost noch in der Versenkung ruhen.

Auch wenn Sie sich im Bereich Liebe ab und zu gerne als Luftikus zeigen, verschreibt Ihnen Amor jetzt ein Rezept, das für Sie ziemlich neu ist. Für ausnahmslos alle Eberesche-Leute wird die Liebe und alles, was damit in Zusammenhang steht, das Hauptthema. Erwarten Sie bitte kein Liebesgeplänkel, keine Flirts am laufenden Band. Sie werden deutlich spüren, daß die Liebe in ihrem vollem Ausmaß tatsächlich das A und O des Glücks bedeutet.

Damit wird bei manchen Leuten, die die Eberesche als Lebensbaum haben, ein völliges Umdenken notwendig. Einigen ist diese Form der Liebe absolut nicht willkommen. Ihre Meinung, den bis jetzt entwickelten, äußerst bequemen Lebensstil ein Leben lang beizubehalten, ist so fest in Ihnen verwurzelt, daß die »neue Masche«, die sich Ihre kosmischen Zeichen jetzt einfallen lassen, einfach nicht zur Kenntnis genommen wird. Doch der Spaß an der Liebe ist jetzt nicht mehr allein Ihre Sache.

Auf alle Fälle ist das Vergnügen, das Sie jetzt empfinden, ungewöhnlich, ob als vorübergehende Angelegenheit gedacht oder als tiefere Bindung! Beruflich sollte nichts überstürzt werden. Es muß nicht schon am Anfang des Jahres alles total perfekt ablaufen. Eine gereizte Stimmung im Freundeskreis, aber leider auch unter Berufskollegen, ist wahrscheinlich festzustellen. Es ist ganz wichtig, sich nicht zu egoistisch zu verhalten, das wäre nur ein weiterer Anlaß, die schlechte Laune zu steigern.

Völlig anders sieht die Situation bei den in selbständigen Berufen Tätigen aus. Hier zieht jeder gerne mit, wenn es heißt, eine gute Idee zu verwirklichen und durch besonderen Einsatz den Umsatz zu steigern. Der März meint es gut mit Ihnen, auch wenn er da und dort vielleicht ein bißchen unbequem ist.

Zuneigung und Fürsorge sind von den Familien zu erwarten. Hier ist für Ruhe gesorgt, die Sie unbedingt haben müssen, um ausgeglichen zu sein und um die kleinen Alltagsschwierigkeiten im Beruf besser überwinden zu können. Die jüngeren Jahrgänge bekommen Gelegenheit, in der Freizeit durch besondere sportliche Leistung aufzufallen. Ein Energiezuwachs macht's möglich. Bei allen anderen zeigt sich dieser Kraftzuwachs selbstverständlich auch, nur nicht in diesem Ausmaß.

Erreicht Sie in diesen Apriltagen eine negative Botschaft, so lassen Sie sich Zeit mit einer Stellungnahme. Da es sich kaum um weltbewegende Angelegenheiten handeln dürfte, sollte man beim ersten Schreck nicht gleich in die Luft gehen. Brauchen Sie jedoch Unterstützung, wenden Sie sich doch wieder einmal an Ihre Angehörigen. Es ist weder Berechnung noch Egoismus, wenn man in Notfällen immer wieder den Zufluchtspunkt Familie ansteuert. Die kosmischen Einflüsse werden Sie genau diesen Weg gehen lassen. Sie werden hier die Anteilnahme finden, die Sie außerhalb dieses Bereiches nicht bekommen können.

Der Freundeskreis ist für trostsuchende Eberesche-Leute nie das richtige. Ganz allgemein ist bei ihnen Freundschaft besser in Bekanntschaft umzumünzen. Von einer Freundschaftsbeziehung erwarten sie sich einfach zuviel.

Ihr Selbstvertrauen, Ihre Selbstsicherheit sind bestens verankert. Es ist nicht zu übersehen, wie gut Sie damit überall ankommen. Bei den Kollegen führen Sie das große Wort und brauchen sich keine Gedanken darüber zu machen, daß dies als lästig empfunden wird. Eberesche-Leute verfügen über genügend Taktgefühl, das keine Entgleisung zuläßt, auch wenn sie tatsächlich einmal überlegen sind.

In der Liebe sind keine besonderen Vorkommnisse zu melden. Man ist freundlich zueinander, damit hat es sich auch schon. Ab und zu sieht man sich vielleicht nach einem kleinen Flirt um. Bleiben Sie bei diesen Vorgängen im Rahmen. So ergeben sich keine Schwierigkeiten. Der Wunsch, sich in ein Gefühl total zu verlieren, bleibt für diesen April eine Illusion.

Die Aufforderung, sich jetzt bei den vom Schicksal stiefmütterlich behandelten Mitmenschen hilfreich zu zeigen, ist bei den Oktober-Geborenen kaum notwendig. Die April-Eberesche vergißt hie und da Rücksichtnahme, aber nicht, weil sie kaltherzig ist, sondern weil ihr das Initiativ-Verhalten dazu fehlt.

Was die Gefühls- und Empfindungswelt betrifft, muß sich die Eberesche mit einer Sparflamme zufriedengeben. Ein für Eberesche-Leute der zweiten Dekade ziemlich kritischer Aspekt! Es kommen bald wieder andere Tage.

Haben Sie einen Arbeitsplatzwechsel geplant, ist das keine Angelegenheit, die im Eiltempo durchgezogen werden kann. Auch finanzielle Vorhaben außer der Reihe sollten zunächst nur geprüft werden, mit der Durchführung warten Sie besser noch einen Monat. Bei derartigen Angelegenheiten ist auf Ihre Intuition immer Verlaß. Sie werden auch diesmal das richtige Gespür haben, was zu tun ist und was unter allen Umständen vermieden werden muß.

Eine elementare Kraft, erdgebunden und solide, aber energiegeladen, sorgt für ein angenehmes Klima. Was sich ereignet, ob es Ihnen Freude macht oder Verdruß, hält sich in Grenzen: Nichts wird aufregend, nichts wird lästig. Am deutlichsten zeigt sich das bei allen Vorgängen im privaten Bereich. Ist es die Familie, der Freundeskreis oder ein Kollege – alles ist in diesen Trend einbezogen. Mürrische Gesichter oder gar Unfreundlichkeiten bleiben Ihnen erspart. Ebereschen der ersten Dekade sind mitunter zwar recht empfindlich und wittern schon beim kleinsten Anlaß, wenn man ihnen übel mitspielen will. In diesen Tagen bleibt Ihnen das alles erspart. Keine Sorge, jetzt sehen Sie durchwegs freundliche Mienen, ob es nun der Nachbar, der Kollege oder der Chef persönlich ist.

Die zweite Monatshälfte kann Überraschungen bringen. Hören Sie sich gut um, schalten Sie auf Empfang. Müssen Sie sich mit einer neuen Sache befassen oder erwartet man von Ihnen eine zusätzliche Arbeitsleistung, so zeigen Sie nicht, daß Sie derartiges nicht schätzen.

Ausgesprochene Lichtblicke, vielleicht sogar regelrechte kleine Wunder sorgen für eine Beruhigung in Partnerschaftsbeziehungen, wenn die letzten Maitage erreicht sind. Die frostige Stimmung macht einem herzlichen Ton, einem angenehmen Miteinander Platz. Bemühen Sie sich dann durch einen betont freundlichen Umgangston, die Menschen wieder zu versöhnen, denen Sie Anlaß für Ärger gegeben haben.

In der dritten Woche ist das Element Erde dann ohne Wirkung und wird vom Element Feuer abgelöst. So kommen Sie zu Bekanntschaften, ohne daß Sie sich darum bemühen. Das gute Auskommen mit dem Partner darf jedoch darunter nicht leiden. Es ist leicht möglich, daß es zu Debatten kommt, die, wenn Sie sich nicht bemühen, schnell in einen Streit ausarten können.

Überlegtes Handeln ist genau das, was den Eberesche-Menschen liegt. Nachdenklichkeit ist nicht nur einzelnen, sogenannten gehobenen Berufen vorbehalten, auch bei einfachen Berufen ist sie möglich.

Fast vergessene Pläne werden jetzt neu durchdacht und auf ihre Brauchbarkeit hin überprüft. Sicher, es kann sich auch um gelegentliche Freizeitbeschäftigungen handeln, an die Sie sich jetzt erinnern, aber auch das kann so interessant sein, daß Sie an einen zusätzlichen Verdienst denken könnten. Diese Möglichkeiten liegen gewissermaßen in der Luft. Es liegt nur an Ihnen, etwas daraus zu machen! Mut zum Außergewöhnlichen zahlt sich jetzt mit Sicherheit aus! Mobilisieren Sie Ihre Phantasie, und haben Sie keine Angst, auch ungewöhnliche Wege zu gehen. Kein wirklich Großer dieser Erde hat etwas ohne Mühe und Mut erreicht.

In der ersten Woche dürfen Sie sich noch etwas gehenlassen. Doch dann heißt es, an Tempo zuzulegen. Es kann so mancherlei in Gang kommen, das Sie ganz schön auf Trab hält. Möglicherweise entdecken Sie selbst ein Talent an sich, von dem Sie bisher keine Ahnung hatten.

Engpässe gibt es im materiellen Bereich. Geldmangel gibt es überall und immer wieder: Selbst die Staaten sind völlig verschuldet. Soweit kommt es bei Ihnen zum Glück nicht. Haben Sie ein wenig Geduld, es bleibt nicht lange so, und kostspielige Wünsche können Sie sich später auch noch erfüllen. Beschenken Sie sich bis dahin mit all den vielen schönen Dingen, die kein Geld kosten. Sie haben doch Augen für die Natur, die sich schon in sommerlicher Pracht zeigt.

Selbstverständlich warten auch wohlwollende Zeichen auf Eberesche-Männer und -Damen, wenn es um die Liebe geht. Das private Leben intensiviert sich zwischen einzelnen Tagen. Von Verpflichtungen ernsthafter Art halten Sie jetzt gar nichts. Es fehlt Ihnen einfach der Mumm oder die Lust, sich in diesem Bereich besonders interessiert zu zeigen. Verlassen Sie sich ganz auf Ihre innere Stimme, und handeln Sie danach. Sich in der Liebe verpflichtet zu fühlen, bringt Ihnen und dem Partner überhaupt nichts.

Eine äußerst gute Hand zeigen Sie bei finanziellen Vorgängen, auch schriftliche Arbeiten gelingen. Machen Sie sich also an noch unerledigte Korrespondenz. Jeder, der von Ihnen einen Brief bekommt, wird über Ihren neuen Schreibstil erstaunt sein. Gegen Ende des Juli sieht es nach einem schlimmen Streit mit jüngeren Leuten aus. In vielen Fällen ist es wohl Ärger mit Kindern. Geben Sie nur nach, wenn Sie dabei keinen Respektverlust hinnehmen müssen. Die eigene Seelenruhe ist wichtiger als die ewige Prinzipienreiterei. Nachgeben heißt aber auch, daß sich nicht Groll anstaut.

Für Eberesche-Damen und -Herren wird es ein interessanter Monat. Es gibt viel Neues zu sehen und zu hören. Aber aufregende persönliche Bekanntschaften werden nicht dabeisein. Im Alltag zeigt sich kein Sand im Getriebe, und wahrscheinlich haben Sie sogar Freude an konzentrierter Arbeit. Genießen Sie die kleinen Zuwendungen von Fortuna, und machen Sie sich nicht schon wieder Sorgen, ob diese relativ freundliche Zeit auch möglichst lange anhalten wird.

Mit nahestehenden Menschen sind Sie ein Herz und eine Seele. Sind grundsätzliche Meinungsverschiedenheiten zu bereinigen, wäre dieser Juli dafür geeignet. Sie sind gegenwärtig in einer Stimmung, die weder besonders lebhaft ist, noch Faulheit auslöst. Aus dieser Haltung heraus lassen sich die unterschiedlichsten Auffassungen auf einen Nenner bringen. Lassen Sie diese seltene Gelegenheit nicht ungenützt. Beruflich ist alles im Lot. In einigen Fällen können Sie sich diplomatisch zeigen. Es ist ein Verhalten, das Ihnen nie leichtfällt, aber in diesem Monat schaffen Sie das mühelos.

Eberesche-Leute tun sich schwer, nur im Heute zu leben – jetzt wäre das aber geradezu eine Ideallösung. Was vorüber ist, was die Zukunft bringt, ist für die momentane Stunde ohne Bedeutung.

Erwartet man von Ihnen materielle Zuwendungen, ist das vergleichsweise ein kleines Übel. Jedenfalls ein kleineres Übel als die Abneigung, die Sie sich mit einem Nein einhandeln würden. Gibt es im Liebesbereich einen Menschen, der Ihnen bei Ärger gut zuredet und Sie besänftigen will, so hören Sie gut zu. Liebe macht vieles wett, wo das Leben schmerzhafte Wunden reißt.

Langsam pendelt sich auch in Ihrem Innern wieder alles auf ein schönes Gleichgewicht ein, das Sie eigentlich – als besondere Aufmerksamkeit – schon in die Wiege gelegt bekommen haben. Nach den Wirren der Vormonate gilt Ihr Interesse verständlicherweise der Zukunft, die sich zum Teil in einem völlig anderen Licht zeigt. Doch dieser August hat etwas anderes mit Ihnen vor. »*Dolcefarniente*« heißt die Devise. Fassen Sie dies als Ruhe nach dem Sturm auf, und alles an Ihnen wird für diese Erholung dankbar sein. In der Verwandtschaft zeigt sich eine Verständigung, die Sie sich in diesem Ausmaß schon lange gewünscht haben und um die Sie sich bisher vergeblich bemühten. Vieles löst sich, Sie finden in diesem Kreis wieder das, was für Eberesche-Leute unumgänglich notwendig ist: Friede, Frohsinn, Ungezwungenheit und Großzügigkeit. Im Liebesbereich sind etliche Dinge nicht ganz so, wie Sie das gewohnt sind. Da jedoch alle kosmischen Zeichen eine geordnete Position aufweisen, ist nichts zu befürchten. Es wird sich nur um alltägliches Geplänkel handeln, das Sie unnötigerweise negativ einschätzen.

Einige Fragezeichen sind vorhanden, wenn Veränderungen im Wohnbereich angestrebt werden. Zuviel steht zur Debatte, um von heute auf morgen eine zufriedenstellende Lösung zu finden. Endgültige Entscheidungen sind bei diesem Thema in diesen Augustwochen kaum möglich. Lassen Sie sich Zeit damit. Überlegen Sie sorgfältig jedes Für und Wider.

Der Zeitabschnitt vom 17. bis 30. ist besonders geeignet, sich mit geistigen Dingen zu beschäftigen. Bei Eberesche-Leuten, die von ihren Ideen leben, also zur Gilde der Künstler gehören, könnte sich eine berufliche Karriere anbahnen. Trifft das auf Sie zu, so feilen und basteln Sie doch an neuen Erkenntnissen und ungewöhnlichen Gedanken, es fördert die Phantasie. Ohne diese ist ein künstlerisch Schaffender wie ein leeres Gefäß, von dem nichts zu erwarten ist.

Endlich fühlen Sie sich in Ihrer Haut wieder wohl. Veränderungen, wie sie sich in der jüngsten Vergangenheit am laufenden Band gezeigt haben, sind für Eberesche-Leute weder bequem noch wünschenswert. Auch dann nicht, wenn sich letzten Endes eine verbesserte Situation daraus ergibt.

Eine Abneigung, sich auf Alltagsgeschehnisse sachlich einzulassen, macht sich bei Herbst-Ebereschen bemerkbar. Vorgegebene Arbeit, routinemäßige Vorgänge, die sonst leicht und ohne großes Mißfallen durchgeführt wurden, sind jetzt ein rotes Tuch für Sie. In einigen Fällen werden Sie sie ganz demonstrativ umgehen. Dieser unbequeme Zustand ändert sich, wenn die zweite Woche ihrem Ende zugeht. Zwei kosmische Werte, die sich nicht harmonisch zusammenfügen, haben dann ihren Wirkungsbereich verloren. Ihre Miene hellt sich auf, Ihr Umgangston wird freundlicher. Lose Kontakte werden fester und stellen eine Brücke zu Mitmenschen her, die für einen ganz normalen Alltag so ungeheuer wichtig ist.

Neben harter Arbeit werden Ihnen diese Herbstwochen auch Tage schenken, die Ihr Herz in Anspruch nehmen. Schön durchgemischt ist der Beginn dieser neuen Jahreszeit, der dem Kalender nach allerdings erst zum Ende des Monats zu erwarten ist. Sie werden im großen und ganzen eine angenehme Phase haben. Ihr Leben zeigt sich von der vielfältigsten Seite, und es wird wenig Zeit bleiben, trüben Gedanken nachzuhängen. In Fortsetzung des Vormonats, in dem sich aus Zeitmangel so manches nicht entwickeln konnte, besteht jetzt die Möglichkeit, sich mit Kunst zu befassen. In erster Linie wird es Musik sein, vielleicht auch Bilder, denen Sie ungewöhnliche Aufmerksamkeit schenken. Gibt es Eberesche-Leute, die sich beruflich mit Kunst beschäftigen, so sind sie derzeit zu Leistungen fähig, die über dem normalen Niveau liegen und die die Aufmerksamkeit interessierter Leute wecken.

Im Herzensbereich ist man schon seit dem 14. bereit, die Meinungen und Vorstellungen des Partners voll gelten zu lassen. Grundsätzlich wird jede Auseinandersetzung vermieden. Nach dem 20. macht ein erotisch gefärbter Unterton das Zusammensein besonders spannend. Nützen Sie dieses Geschenk der Götter möglichst nur für den Hausgebrauch. Winkt da oder dort eine Versuchung, sagen Spannungsaspekte dazu nein. Zu allen sich jetzt auf so wunderbare Weise entwickelnden Möglichkeiten gesellt sich zum guten Ende auch noch gelöste Heiterkeit. Jede Unvollkommenheit einer Veranlagung wird damit entschärft. Lächelnd auch mal eine Bosheit einstecken können, bringt innere Sicherheit, ohne daß Sie sich mit tiefschürfenden Gedanken herumplagen müssen.

Gehen Sie trotz der intensiven und vermehrten Arbeit jeder aufkommenden Hektik aus dem Wege. Im beruflichen Konkurrenzkampf ist leider wieder festzustellen, daß Übereifer von einem auf den anderen übertragen wird und jede ruhige Überlegung auf der Strecke bleibt. Unruhe außen, Unruhe innen, kein Wunder, daß so viele Menschen Nervenbündel sind.

Als Selbständiger lassen sich nun Pläne durchführen, die Sie bisher ganz geheim in der Schublade verschlossen gehalten haben. Die Fähigkeit, auch fragwürdige Situationen zu überblicken und die richtige Nase für Sondergewinne eignen sich ausgezeichnet, ohne gewagte Spekulationen einen dicken geschäftlichen Gewinn zu machen.

Weiblichen Ebereschen sollte man raten, im Zuge dieser Ereignisse die übliche Zurückhaltung aufzugeben. Sie könnten jetzt viel erreichen, würden sie sich einmal lässig, überlegen und völlig sachlich geben, so wie dies bei Männern der Fall ist, die Erfolg im Leben haben.

Ein tadelloses Äußeres und ein gepflegtes Vokabular sollten es schon sein, und dann auf jeden Fall versuchen, seine Chancen zu nutzen. Es muß den Damen jedoch selbstverständlich sein, den Männern nach außen ein optimales Bild von sich zu zeigen. Daß dabei die Intelligenz den ersten Platz einnimmt, versteht sich von selbst.

Damit aber nur zu kokettieren ist nicht der Weg, sich einen Platz an der Sonne zu sichern, der Sie wirklich unabhängig macht. Ein Sprichwort sagt: »Der Spatz in der Hand ist besser als die Taube auf dem Dach.« Wenn es aber um die berufliche Karriere geht, ist die Taube auf dem Dach allemal das bessere Objekt.

Lassen Sie sich wegen finanzieller Probleme nicht ins Bockshorn jagen, entscheidend ist immer und überall ein kluges Köpfchen und Selbstbewußtsein.

Das ungesunde Ausmaß der kosmischen Kräfte pendelt sich endlich auf ein erträgliches Maß ein. Dies trifft auf die Liebe ebenso zu wie auf alle anderen Bereiche.

Eventuell treten im Liebesbereich Konflikte auf, die jedoch nicht so tragisch genommen werden dürfen. Mal ist der Partner launisch, mal sind Sie es. Das läßt sich alles ausbügeln.

Von der Familie sind keine Störmanöver zu erwarten. Möchte sich ein Familienmitglied mit Ihnen zusammentun, ist dies nur günstig zu bewerten. Aber bitte kein blindes Vertrauen, nur weil es jetzt so guttut, von einem nahestehenden Menschen Angenehmes zu hören.

Stellen Sie sich vor, Sie seien tatsächlich ein Baum, der von der Form her besonders dekorativ aussieht. Strecken Sie Ihre Zweige gegen den Himmel, freuen Sie sich an der Sonne, am Regen und vor allem daran, daß Sie selbst ein Stück Natur sind. Wie kann sich da schlechte Laune oder ein verbissenes Gesicht auch nur einen Tag lang halten? Die zweite Monatswoche bringt schon einige Pluspunkte, die verschiedene Bereiche betreffen. Es sieht nach winzig kleinen Chancen aus, die aber alle geeignet sind, Ihnen das Leben wieder erfreulicher zu machen.

Mündliche Vereinbarungen, die sich im Arbeitsbereich ergeben, aber auch bei Ihren sportlichen Betätigungen Zusatzmöglichkeiten schaffen, sind in diesem November sicher zu erwarten.

Steht dann der 19. auf dem Kalender, sollte Ihr Hauptaugenmerk auf die Liebe gerichtet sein. Ist eine Aussprache fällig, reden Sie sich den Kopf nicht heiß. Bei dem Eigensinn mancher Leute ist nur diplomatisches Geschick von Vorteil.

Sie sind zu kritisch. Vielleicht ist irgend etwas nicht so gelaufen, wie Sie es sich erwartet haben. Das Ganze läuft aber darauf hinaus, daß Sie sich über sich selbst ärgern und diesen Ärger an anderen abreagieren. Besonders Eberesche-Männer haben in derartigen Situationen die Neigung, dann generell alles in Frage zu stellen. Versuchen Sie in so einem Fall mit allen Mitteln, diese äußerst destruktive Haltung und Einstellung loszuwerden. Sie verfügen über genug Selbstbewußtsein, aktivieren Sie diese Gabe, und schon ist der Himmel wieder wolkenlos.

Der problematische Umgang mit Menschen dürfte endgültig ausgestanden sein. Die kosmischen Werte haben deutliche Akzente gesetzt, die Friedensbereitschaft, Zuneigung und Liebe signalisieren. Diese Dezembertage eignen sich hervorragend zur Behebung einer ehelichen Mißstimmung. Haben Sie durch einen Zufall erfahren müssen, daß der Partner es mit der Treue nicht so genau nimmt, nehmen Sie derartige Vorfälle als das, was sie sind: als menschliche Unzulänglichkeit, von der niemand verschont bleibt. Lassen Sie es deshalb nicht zu folgenschweren Zerwürfnissen kommen, unter denen Sie genauso leiden werden wie Ihr Partner.

Für Ebereschen, ob weiblich oder männlich, ist ein zufriedenstellender Dezember vorgesehen. Was in den zurückliegenden Wochen an Mühsal aufgewendet werden mußte, hat sich in der Rückschau nun doch als wertvolle Erfahrung erwiesen. Kein Erfolg wird Ihnen geschenkt, manches Opfer mußte gebracht werden. Sie haben alles gegeben, und manches hat sehr an Ihrer Substanz genagt. Die Gedanken an überwundene Schwierigkeiten lösen ein Glücksgefühl aus, das mit nichts anderem zu vergleichen ist.

Im Beruf fühlen Sie sich sicher, und das wird so bleiben. Zu Ihren Kollegen haben Sie ein fast herzliches Verhältnis. Vielleicht bemühen Sie sich um den einen oder anderen etwas intensiver als bisher. Jeder hat so seinen privaten Kummer und ist froh, bei Ihnen Verständnis und Mitgefühl zu erfahren. Sie handeln sich damit fast ein freundschaftliches Gefühl ein.

Nach dem 17., wenn schon die Feiertage in Sichtweite sind, wird der Dezember genauso, wie man es erwartet – besinnlich und frei von jedem ehrgeizigen Streben. Aktive Bemühungen haben Sie endgültig zu den Akten gelegt. Sie empfinden das Leben als eine wunderschöne Angelegenheit. Haben Sie das zu Beginn dieses Monats noch nicht erkannt, so sehen Sie es jetzt deutlich. Ihre Erwartungen werden bescheidener. Das einzige, wozu Sie noch viel Enthusiasmus aufbringen können, ist die Liebe. Sie allein ist es, die Ihr Leben derzeit wirklich bereichert.

Vergessen Sie jede emsige Geschäftigkeit, die viele vor dem Weihnachtsfest als notwendiges und nicht zu vermeidendes Übel empfinden.

Ahorn 2000
11. 4.–20. 4. / 14. 10.–23. 10.

Ordnung und Regelmäßigkeit wird zum Lebensprinzip der April-Geborenen. Gleichzeitig ist ein starkes Temperament vorhanden, das es nicht immer leichtmacht, sich der inneren Gesetzmäßigkeit zu fügen. April-Ahorn-Leute sind stets im Mittelpunkt des Geschehens. Ein Mauerblümchendasein darf man sich nicht erwarten. Auch die Damen dieser Dekade machen da keine Ausnahme. Das Wort Aktion ist auch für sie eine Notwendigkeit.

Wichtig ist, daß stets ein klarer Weg vor Augen ist, um dem intensiven Verhalten einen Sinn zu geben.

Die Oktober-Dekade ist nur andeutungsweise so beschaffen. Sicher hat auch sie die Möglichkeit, Kraft zu verströmen; diese bewegt sich jedoch mehr im seelischen Bereich. Was sich im Innern dieser Menschen auch tut, es macht sie kampfbereiter und gefestigter. Die Lebenserfahrung wird in ein griffbereites Rezept umgemünzt. Phantasie ist außerdem ein Zauberwort, das diesen Leuten so unglaublich nützliche Dienste leistet. Phantasie, die bei der ersten Dekade durch nüchterne Gedankenarbeit ersetzt wird.

In der Liebe können beide Dekaden mit einem großen Plus rechnen. April-Geborene bekommen es durch das siegessichere Verhalten, das stets eine ganze Schar von faszinierten Anhängern anzieht.

Die Oktober-Leute bekommen es aufgrund ihrer Aura, die ihre Quelle in der geistigen Intensität und seelischer Wärme hat. Hier ist die Anhängerschaft sicher nicht so zahlreich, dafür aber hingebungsvoller.

Beide Dekaden sind kaum einmal sentimental, aber echte Leidenschaft ist durchaus möglich. Sie kann sich auch in künstlerischer Schöpferkraft zeigen, wenn entsprechendes Talent vorhanden ist.

Konzentrierte Sonnenenergie für meinen Baum

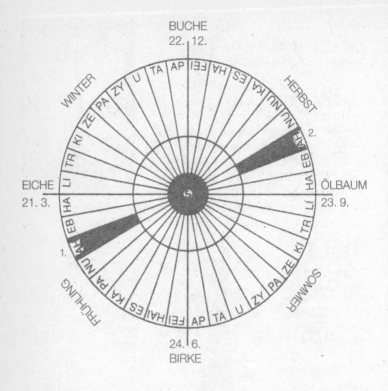

Der *markierte* kleine Teilabschnitt für jeden Baum zeigt seine Position innerhalb der vier Jahreszeiten an.

Die zu dieser Jahreszeit wirksame Sonneneinstrahlung ist für astrologische Erkenntnisse auch heute noch äußerst bedeutungsvoll.

Die *einzelnen Baumfelder* sind mit den *Anfangsbuchstaben des betreffenden Baumes* gekennzeichnet.

Wer paßt zu wem?

Ahorn

1. Dekade: 11. 4.–20. 4.
2. Dekade: 14. 10.–23. 10.

Die Zugehörigkeit eines Baum-Symbols zu einem der vier Elemente, Feuer, Wasser, Luft und Erde, muß für die Beurteilung harmonisierender Partnerbeziehungen berücksichtigt werden. Diese fundamentale Wichtigkeit ist bei der Gegenüberstellung der einzelnen Dekaden berücksichtigt. Wenn Sie in der folgenden Aufstellung nicht die Daten Ihres Partners finden, seien Sie nicht beunruhigt. Liebe hat 1000 Facetten, in ihr letztes Geheimnis kann kein Horoskop der Welt Einblick geben.

Ahorn 1. Dekade	Zypresse	2. Dekade
Ahorn 2. Dekade	Zypresse	1. Dekade
Ahorn 1. Dekade	Pappel	3. Dekade
Ahorn 2. Dekade	Pappel	1. Dekade
Ahorn 1. Dekade	Zeder	2. Dekade
Ahorn 2. Dekade	Zeder	1. Dekade
Ahorn 2. Dekade	Kiefer	1. Dekade
Ahorn 1. Dekade	Haselnuß	1. Dekade
Ahorn 2. Dekade	Haselnuß	2. Dekade
Ahorn 1. Dekade	Eberesche	1. Dekade
Ahorn 2. Dekade	Eberesche	2. Dekade
Ahorn 1. Dekade	Ahorn	1. Dekade
Ahorn 2. Dekade	Ahorn	2. Dekade
Ahorn 1. Dekade	Esche	2. Dekade
Ahorn 2. Dekade	Esche	1. Dekade
Ahorn 1. Dekade	Hainbuche	2. Dekade
Ahorn 2. Dekade	Hainbuche	1. Dekade
Ahorn 1. Dekade	Feigenbaum	2. Dekade
Ahorn 2. Dekade	Feigenbaum	1. Dekade
Ahorn 2. Dekade	Ölbaum	23. 9.

Was jetzt von kosmischen Werten unterstützt wird, ist die innere Bereitschaft, mit allen Leuten in Frieden auszukommen. Aus dieser Position heraus, die keinem Ahorn-Mann schwerfällt, wird vieles auf diplomatische Art zu erreichen sein, was sich bei radikalem Vorgehen als äußerst sperrig erweisen würde. Dem Ahorn der ersten Dekade sei besonders ans Herz gelegt, sich eine samtweiche Ausgangsposition zu schaffen. Sie sind unfähig, auch nur einen einzigen fruchtbaren Gedanken zu fassen, wenn in der eigenen Seele Ordnung und Ausgeglichenheit fehlen.

Eine ausgesprochen positive Tendenz zeigt sich bei Ortsveränderungen. Vorteile, die sich hier ergeben können, sind zu erwarten, wenn Sie sich auf wichtige Gespräche konzentrieren und sich auch bei relativ uninteressanten Verhandlungen neugierig zeigen. Es könnte sein, daß sich bedeutende Pluspunkte ergeben, die eine Expansion Ihrer beruflichen Existenz ermöglichen.

Es sind genügend freundliche kosmische Werte vorhanden, um einen störungsfreien Januar zu erleben. Die kleinen Schwierigkeiten des Alltags bereiten Ahorn-Geborenen keine Kopfschmerzen. Im Beruf scheint sich eine zufriedenstellende Entwicklung anzubahnen. Wichtig ist nur, sich jetzt nicht in den Mittelpunkt zu spielen. Der Wunsch, schon gleich zu Beginn des neuen Jahres deutliche Weichen zu stellen, muß auf kleiner Flamme gehalten werden.

Im Bereich der Liebe, aber auch in der Familie, müssen Sie mit offenen Karten spielen. Abgesehen davon, daß Versteckspiel in diesem hochempfindlichen Bereich nie etwas bringt und nur Unruhe und Mißtrauen auslöst, liegt der ersten Dekade ein derartiges Verhalten nicht, und der zweiten sträuben sich die Haare allein schon bei dem Gedanken daran. Ein gelegentliches Amüsement im Bereich Liebe wird von beiden Dekaden nie ins Auge gefaßt, dazu ist ihnen die Tiefe eines Gefühls denn doch zu wichtig.

Wichtig für seelisches Wohlbefinden ist, daß Sie mit beiden Beinen fest auf der Erde stehen, also der Realität ins Auge blicken und trotzdem der Liebe alles abgewinnen, was glücklich machen kann.

Lassen Sie keine depressiven Gefühle aufkommen. Das kleine Tief ist bald überstanden. Es sind nur einige Tage in der zweiten Woche, die von negativen Einflüssen überschattet sind. Lenken Sie sich ganz bewußt von der nicht zu vermeidenden, bedrückenden Stimmung ab. Pflegen Sie in derartigen Situationen Ihr physisches Wohlbefinden, und schon bekommt Ihre Seele das, was sie jetzt dringend braucht: Freude und Genugtuung an den verschiedenen kleinen Verbesserungen Ihrer äußeren Erscheinung.

Probieren Sie mal eine neue Frisur aus, kaufen Sie sich was Schickes zum Anziehen. Auch den Ahorn-Herren ist dies zu empfehlen. Ein ausgiebiges Bad mit einem duftenden Badeöl kann Ihr Wohlbehagen ebenfalls steigern. Besonders schön wäre es dann noch, mit einem netten Menschen schön essen zu gehen. Dies alles – und noch vieles mehr – ist ausgezeichnet geeignet, dem Leben ein bißchen mehr Glanz zu geben. Auch dann, wenn die kosmischen Zeichen etwas anderes mit Ihnen im Sinn haben. Steht dann der 14. im Kalender, hat auch der Himmel ein Einsehen und läßt die dunklen Wolken an Ihrem persönlichen Himmel verschwinden.

Die ersten deutlichen Pluspunkte zeigen sich im Berufsbereich. Tun Sie dann genau das, was man von Ihnen verlangt, nicht weniger, aber auch nicht mehr. Wenn Sie sich jetzt betont emsig und eifrig zeigen, machen Sie sich bei den Mitarbeitern unbeliebt. Über den ganzen Februar hinweg ist für Sie ein wohltemperiertes Klima am bekömmlichsten. Es ist im Moment sicher nicht das, was sich Ahorn-Leute wünschen, doch in diesem Monat das einzig Mögliche. An ein paar Tagen können Sie sich dann wenigstens von der Liebe einiges erwarten. Legen Sie Holz ins Feuer, damit ein bißchen Leidenschaft aufkommt. Zeigen Sie, daß Ihnen die Liebe gefällt. Ahorn-Leute können ab und zu so trocken, so hölzern sein! Dabei kann beim besten Willen keine zärtliche Zuwendung gezeigt werden, und die Liebe bekommt einen faden Alltagsgeschmack.

Die Möglichkeit, das Privatleben ganz auf den Partner einzustellen, ist von jetzt wirksamen kosmischen Zeichen gegeben. Lassen Sie sich also etwas einfallen. Eine krisenfeste Beziehung ist Gold wert. Sie werden das einsehen, wenn es mal im Beruf knüppeldick kommt.

Einige Ihrer kosmischen Zeichen werden intensiv auf positive Weise für Sie tätig. Für die Erledigung wichtiger Angelegenheiten ist jetzt eine gute Zeit. Vielleicht werden auch gewisse Entscheidungen erwartet, die Sie bisher immer vor sich hergeschoben haben. Ihre Einsatzbereitschaft macht es Ihnen jedoch recht leicht, diese in Ihren Augen schwere Hürde zu nehmen.

Von Kollegen, die erfahrungsgemäß nicht immer Ihr Bestes im Auge haben, dürfen Sie sich nicht davon abhalten lassen, Außergewöhnliches zu wagen. Das Klügste ist, Sie behalten alles für sich und entscheiden sich für einen Alleingang. Ortsveränderungen und Reisen könnten auf Ihrem Programm stehen. Berufliche Verbesserungen sind sicher mit einkalkuliert. Es ist eine erfreuliche Entwicklung, und was Ihre Finanzen betrifft, so ist auch hier ein bescheidener Aufwärtstrend zu erkennen. Wer eine berufliche Veränderung plant, kann dafür den jetzigen Zeitpunkt als ideal einstufen.

In der zweiten Monatshälfte ist es möglich, daß Sie mit dem Schicksal eines nahestehenden Menschen konfrontiert werden, der mit Ihrer Hilfe rechnet. Es ist sicher nicht notwendig, daß Sie sich dabei verausgaben, weder materiell noch ideell. Ahorn-Leute neigen dazu, in derartigen Fällen des Guten zuviel zu tun. Die Familie ist eifrig bemüht, sich von ihrer angenehmen Seite zu zeigen, es muß nicht immer eine bestimmte Absicht dahinterstecken. Mißtrauen, das jetzt aufkommt, ist unpassend.

Der Gefühlsbereich, das heißt die Liebe, läßt Angenehmes erwarten. Sie sind im Moment zu einer Begeisterung fähig, die vorsichtig dosiert werden muß. Viele Menschen halten Enthusiasmus für eine kindliche Eigenschaft. Prüfen Sie, ob Sie sich so geben können, wie Ihnen ums Herz ist. Ihr gutentwickeltes intuitives Gefühl wird Ihnen schnell Bescheid geben, ob Sie damit richtig oder falsch liegen.

Berufliche Vorgänge halten Sie nur zwischendurch auf Trab. Sie zeigen sich pflichtbewußt, sind gerne bei der Sache, aber es wäre übertrieben zu sagen, Sie sind mit Begeisterung dabei. Einige Mitarbeiter, zu denen Sie ein beinahe freundschaftliches Verhältnis haben, sind gerne bereit, für Sie ein paar Lücken auszufüllen. Sie wissen ganz genau, daß auch Sie zu solchen kleinen Gefälligkeiten jederzeit bereit sind.

Sie machen sich Sorgen um die Zukunft? Sorgen haben noch nie etwas geändert und noch nie etwas verbessert. Ihr eingeschlagener Weg ist sicher der richtige, Ihre Möglichkeiten sind ausgezeichnet. Warum Ihre Bedenken? Ist es ein Mitbürger, der Ihnen gewisse Flausen in den Kopf setzt, Sie mit Horrorberichten verunsichert? Jagen Sie ihn zum Teufel. Eine vorübergehende Funkstille in allen Bereichen ist keine Katastrophe. Zuversicht und der Glaube an die eigenen Fähigkeiten sind jetzt das Gebot der Stunde. Vielleicht ist es auch ein Hinweis, sich Angehörigen intensiver zu widmen. Hier wartet man vielleicht insgeheim schon lange auf Sie. Eine fast eisige Atmosphäre, die hier oft herrscht, verhindert jede Annäherung. Manchmal will man auch sein Innenleben nicht zeigen. Nur ja nichts von seinen Gefühlen preisgeben ist heute meistens die Devise. Glücklich werden damit die wenigsten. Dieser April könnte tatsächlich eine Umkehr von diesen veralteten und ungesunden Vorstellungen ermöglichen.

Brauchen Sie selbst aber in irgendeiner Form Hilfe, sehen Sie sich um. Aufrichtige Zuneigung und großzügige Hilfsbereitschaft sind auch für Sie möglich. Lernen Sie das unbeschwerte Nehmen, auch das ist eine Form der Liebe.

Interessante berufliche Vorgänge lassen vorerst noch auf sich warten. Es geht Ihnen alles etwas zu langsam und zu ergebnislos vorwärts. Sie werden trotz heftiger Bemühungen nichts erreichen, was als außergewöhnlich zu bezeichnen wäre. Die Gefahr ist groß, daß Sie damit die Leute, die Ihnen sowieso schon nicht besonders gewogen sind, noch mehr gegen sich aufbringen. Haben Sie doch ein wenig Geduld, auch wenn Ihnen das Element Feuer ziemlich einheizt. Lassen Sie alles in Ruhe auf sich zukommen, warten Sie die Gelegenheit ab, das strapaziert Ihre Nerven am wenigsten und schont Ihre Kräfte.

In der letzten Aprilwoche wechselt das Kraftfeld der unruhigen kosmischen Werte in besondere Gefilde. Mal äußern sie sich als seelische Ausgeglichenheit, dann wieder als totale Gleichgültigkeit. Das soll Sie nicht weiter stören. Einmal völlig loslassen können gehört auch zur Lebenskunst. Nichts darf so wichtig sein, daß es nicht auch einmal vernachlässigt werden könnte.

Seit vielen Wochen haben Sie mit guten Einflüssen zu tun gehabt und sind deshalb etwas verwöhnt. Eine drastische Veränderung findet derzeit bei den kosmischen Werten der Ahorn-Leute statt. Sorgen Sie sich nicht zu sehr. Schalten Sie jedes Bedenken, jede Angst aus, daß es vielleicht nicht mehr lange so wie bisher bleiben könnte. Man kann mit ruhigem Gewissen behaupten: Dieses Jahr hat im großen und ganzen nur Gutes im Sinn. Ganz ohne Minuspunkte geht es trotzdem nicht: Aber sie treten spärlich auf und kommen nie einer Katastrophe gleich.

Kümmern Sie sich um die kleinen Freuden des Lebens, wenn schon keine Glanzpunkte auftauchen. Damit erhalten Sie sich die gute Laune. Machen Sie Ihre Augen auf, schauen Sie sich einmal richtig um, die Natur streift sich in diesem Wonnemonat das schönste Kleid über. Wer will da noch ein mißmutiges Gesicht machen oder gar in Sack und Asche gehen?

Bei beruflichen bzw. geschäftlichen Ereignissen ist nicht viel zu erwarten, und wenn, dann sind es Dinge, die über das Alltägliche nicht hinausgehen. Tun Sie, was getan werden muß, und lassen Sie Ihren Ehrgeiz etwas ruhen.

Nur die Künstler unter den Ahorn-Geborenen werden positiv beeinflußt. Ihnen stehen Kräfte zur Verfügung, die auch vor Schwierigkeiten nicht Halt machen. Ahorn-Leute sind die einzigen, die durch Tränen den Weg nach oben finden, wenn sie einem schöpferischen Tun verhaftet sind.

Im letzten Monatsdrittel bricht bei einigen Ahorn-Leuten ein diktatorischer Zug durch, der nichts anderes ist als eine gesunde Reaktion auf negative kosmische Einflüsse. Das ist durchaus gutzuheißen, wenn damit kein größerer Schaden angerichtet wird. Ahorn-Leute schwimmen sich häufig durch ein aufmüpfiges Benehmen frei. Dabei wollen sie sicher nicht absichtlich rücksichtslos sein. Im gesellschaftlichen Bereich sollten sie sich allerdings mehr zusammenreißen.

Diese Junitage werden nicht immer bequem. Zunächst sieht es nach Differenzen am Arbeitsplatz aus. Diese bringen Sie sicher nicht aus der Fassung, aber Ihre Nerven werden strapaziert. Hadern Sie nicht mit Ihrem Schicksal, wenn es einmal nicht nach Ihren Wünschen läuft. Sind Ahorn-Leute Ungerechtigkeiten ausgesetzt, müssen sie lernen, sich zu Lebenskünstlern zu entwickeln. Über die Schwäche anderer Leute lächeln zu können gehört dazu.

Gefühlsmäßige Bindungen, die auch bei Freunden wichtig sind, werden einige Prüfungen zu bestehen haben. Auch beim täglichen Zusammensein mit Kollegen wird nicht alles glattgehen. Lassen Sie sich nicht weismachen, daß man Sie entbehren kann. Der Juni ist für manche Baum-Symbole ein Bursche mit Härte, und das wird bei einigen Ihrer Mitarbeiter wohl Auswirkungen haben.

Geschäftlich tut sich nichts Bemerkenswertes. Für Geschäftsleute ist sogar Saure-Gurken-Zeit. Dafür nimmt Sie aber das Privatleben stark in Anspruch. Vielleicht ist es eine neue Bekanntschaft, die Ihre Aufmerksamkeit besonders benötigt: Die kosmischen Werte deuten darauf hin. Erwartungen der angenehmsten Art sind durchaus berechtigt. Zärtliche Gefühle, die Ihnen das Herz wärmen, kommen auf. Zeigen Sie offen, wieviel Ihnen an dieser Liebe liegt und wie sehr Sie sich Liebe erwarten. Eigenartigerweise werden zugleich mit diesen Gefühlen auch Aggressionen wirksam, die bei Ahorn-Leuten der zweiten Dekade selten sind. Das Element Erde, mit der Kraftzugabe des Feuers, steuert dieses ungewöhnliche Verhalten. Es steht nicht im Widerspruch zu Ihrer Liebessehnsucht. Die Energie, die die Liebe ausstrahlt, ist nun mal nicht klein, sanft und bescheiden. Jede Sorge, daß deshalb etwas schieflaufen könnte, ist unbegründet. Kapriolen im Bereich der Liebe können amüsant sein. Es ist nur zu hoffen, daß der für Sie in Frage kommende Partner Verständnis dafür aufbringt.

Einige unter den Ahorn-Geborenen jagen möglicherweise hinter einem Projekt her, das ihnen die Aussicht gibt, sich an einem anderen Ort niederzulassen. Sie werden sich Schwierigkeiten damit einhandeln. Wenn Sie klug sind, geben Sie Ihre Bemühungen auf, bevor Sie sich damit in Unkosten stürzen, die sich nicht bezahlt machen.

Mitten im Sommer erleben manche Ahorn-Damen einen Liebesfrühling. Die Schatten, die bisher die Liebe mit all ihren Begleiterscheinungen düster aussehen ließen, sind verschwunden. Differenzen und Enttäuschungen sind restlos ausgestanden. Sie sind mit sich und Ihrer Umwelt vollkommen zufrieden und haben Ihr seelisches Gleichgewicht wiedergefunden. Sie sehen ein, daß beim eigenen Glück nur jeder für sich alleine sorgen kann. Was der Partner, und sei es der geliebteste Mensch auf dieser Erde, Ihnen Gutes tut, sind lediglich zusätzliche Pluspunkte. Harmonie und Ausgeglichenheit kommen immer aus dem eigenen Herzen. Sagen Sie nicht, daß dies die glückliche Veranlagung von einigen wenigen auserwählten Menschen ist. Es ist zum nicht geringsten Teil Arbeit an sich selbst. Reden Sie sich oft gut zu, so wie man einem Kind gut zuredet, das auf das Leben vorbereitet werden soll.

Eine Nuß wird es zum Knacken geben, wenn sich Angehörige in Ihre Privatangelegenheiten einmischen. Will man sich damit finanzielle Vorteile erstreiten, geben Sie Ihren einmal eingenommenen Standpunkt nicht auf. Tun Sie sich möglichst mit Ihrem Partner zusammen, und halten Sie fest, was Ihnen rechtens zusteht. Vielleicht gibt es wegen dieser oder ähnlicher Differenzen einen Bruch mit Familienmitgliedern. Lassen Sie, ohne einen Kommentar abzugeben, eine gewisse Zeit vorübergehen. Eines Tages wird man einsehen, daß das Recht auf Ihrer Seite ist. Wenn nicht, haben Sie an dieser »Freundschaft« nicht viel verloren. Auf keinen Fall dürfen Sie hier den gravierenden Fehler machen, weich zu werden und mit tausend Argumenten das Verhalten dieser Leute zu entschuldigen.

Beruflich wird die Zeit nach dem 16. einiges bringen, was Ihnen Spaß macht. Nehmen Sie alles dankbar an, auch wenn der damit zu erwartende Vorteil nur geringfügig sein sollte.

Was die Gesundheit betrifft, sollten Ahorn-Leute jetzt etwas vorsichtig werden. Hören Sie auf die Warnzeichen! Wenn Sie wissen, woher der Schmerz kommt, müssen Maßnahmen überlegt werden, die Linderung und Heilung versprechen.

Die letzten Julitage bringen schon die ersten Anzeichen eines außergewöhnlichen August. Bringen Sie da und dort noch persönliche Angelegenheiten in Ordnung.

Jedes der vier Elemente bekommt nun ein Mitspracherecht, das macht sich in jedem Bereich günstig bemerkbar. Zudem lieben Sie es durchaus, sich von einem gleichmäßigen Rhythmus tragen zu lassen. In diesen Augusttagen werden alle Vorgänge unterstützt, die der allgemeinen Beruhigung dienen.

Viele Ahorn-Leute machen sich sogar als Friedensstifter nützlich, auch wenn sie nicht unmittelbar in verschiedene Streitfragen einbezogen sind. Doch niemand sollte sich in Ahorn-Geborenen täuschen. Niemand darf denken, es wohne nur Sanftmut in ihnen, die durch nichts aus der Fassung zu bringen sei oder sich noch mit der ungeheuerlichsten Zumutung einverstanden erkläre.

Der Beweis dafür wird gleich in der dritten Woche geliefert. Im Mittelpunkt steht eine Person, die es darauf abgesehen hat, Ihnen eins auszuwischen. Plötzlich ist der schönste Krach im Gange, und Sie bekommen Gelegenheit, es den »Herren« zu zeigen, egal ob Sie eine Frau oder ein Mann sind! Legen Sie Ihre Meinung klar und deutlich dar. Im Herbst wird noch manches von der Art auf Sie warten.

Haben Sie das Gefühl, daß Sie eine Unterstützung im Durcheinander der Geschehnisse brauchen, so werden Sie vergebens Ausschau halten. Nahezu alles muß im Alleingang erledigt werden. Dem Herbst-Ahorn kommt das nicht ungelegen. Sie wollen jetzt endlich einmal beweisen, wie sehr Sie sich berufen fühlen, die eigene Person als dominierende Erscheinung herauszustellen. Bei den Frühjahrs-Ahorn-Leuten liegt die Sache wesentlich anders. Sie verlassen sich auf ihre Lebensmaxime: Die Zukunft wird es bringen. Gedankliche Auseinandersetzungen mit kritischen Situationen liegen ihnen besser als lautstarkes Auftreten.

In der Liebe werden Sie genau die Rolle spielen, die Ihnen zusagt. Ihr sicheres Auftreten veranlaßt manchen Partner oder manche Partnerin, Sie besonders fest zu halten, mehr als dies sonst üblich ist. Aber das feste Band wird sich nicht gleich als eine Fessel erweisen.

Es herrscht Funkstille im Bereich der Liebe. Neue Bekanntschaften bringen zwar neue Möglichkeiten, aber es ist nicht das, was sich Ahorn-Leute jetzt wünschen. Nur wenn sich damit geschäftliche Interessen verbinden lassen, beginnt die Sache für Sie interessant zu werden. Das Mißtrauen, das Sie jetzt deutlich zeigen, ist erstens nicht angebracht, und zweitens verdirbt es Ihnen alles, was eventuell doch gut ausgehen könnte.

Im Elternhaus ist es jetzt Ihre Aufgabe, eine neue Vertrauensbasis zu schaffen. Ihre äußerst kritische Einstellung, Ihre Angewohnheit, alles auf die Goldwaage zu legen, wird es Ihnen nicht leichtmachen, den entscheidenden Schritt zu tun. Diese unerklärliche Haltung, diese Anti-Einstellung kommt sicher nicht aus einer inneren Unzufriedenheit, sondern entspringt der fixen Idee, kein entsprechendes Echo zu bekommen, wenn man liebenswürdig, hilfsbereit und herzlich ist.

Es ist wieder die »Mimose«, die bei gewissen Ahorn-Leuten oft zum Vorschein kommt. Vielleicht können Sie sich etwas einfallen lassen, um sich gegen die »Angriffe aus der eigenen Seele« besser wehren zu können. Sicher kein leichtes Unterfangen, aber bei dem analytischen Verstand der Ahorn-Leute durchaus machbar. Erfreuliche Möglichkeiten sind im Finanzbereich zu erwarten, positive Ergebnisse bei entsprechenden Verhandlungen ebenfalls. Etwas Mut zur Überwindung einer gewissen Scheu ist allerdings unbedingt erforderlich. Behalten Sie Ihr angestrebtes Ziel fest im Auge. Ist es nur über Geld zu erreichen, wird auch das zu managen sein. Gute Beziehungen sollte man nützen. Es fällt Ihnen gewiß keine Perle aus der Krone, wenn Sie einmal etwas nicht nur sich selbst zu verdanken haben. Alles, was Ihrem Fortkommen dienlich ist, sollten Sie dankbar annehmen.

Bei Damen ist ein weiteres Hindernis im Wege. Ist es der Weg über eine Liebesaffäre, werden sicher zusätzliche Überlegungen auftauchen. Wenn dieser ganze Komplex nicht zu sehr Ihrem angeborenen Naturell zuwiderläuft, sollte auch diese Möglichkeit nicht ausgeklammert werden.

Mit diesem Oktober beginnen die Tage wieder so zu werden, wie es Ihnen gefällt. Haben Sie Neues vor, wagen Sie sich ruhig daran. Materielle Vorteile sind ebenso möglich wie eine Verbesserung Ihres Ansehens. Vieles wird sich im geschäftlichen Bereich ergeben, das Ihnen Ellbogenfreiheit für weitere Vorhaben verschafft.

Einige Ahorn-Männer mit einer Geburtsstunde kurz nach Mitternacht erwartet besonderer Erfolg in der Liebe. Pluspunkte werden von Erlebnissen geschenkt, die sich völlig außerplanmäßig ergeben. Gehen Sie also mit offenen Augen durch die Landschaft, und übersehen Sie nicht den kleinsten Fingerzeig. Ausnahmsweise ist die Realität im Moment genauso wunderbar wie der schönste Traum.

In der Verwandtschaft gibt es Gelegenheit, einen alten Streit zu begraben, man wartet nur noch auf Ihre Initiative. Es kann Ihnen doch jetzt nicht schwerfallen, großzügig zu sein. Nicht jeder kann in diesen Oktoberwochen Positives erwarten und ist schon aus diesem Grund nicht in der Lage, Friedensangebote auszuschlagen.

Eine besondere Scheibe vom Speck können sich die Künstler unter den Ahorn-Geborenen abschneiden. Geschenkt wird Ihnen ein Sondererfolg allerdings nicht. Intensives Bemühen ist notwendig, der Lohn dafür wird Ihnen aber gefallen. Verschiedentlich ergeben sich Möglichkeiten, eingeladen zu werden. Die Sympathie, die man Ihnen entgegenbringt, versetzt Sie in Hochstimmung. Tun Sie des Guten nicht zuviel. Private Interessen müssen von den beruflichen getrennt werden. Materielle Vorteile dürfen dort, wo Gefühle zum Einsatz kommen, nicht in die Waagschale geworfen werden. Derartiges verursacht auf der anderen Seite Mißtrauen. Besonders die Ahorn-Männer sollten aufmerksam sein.

Wenn die Dame Ihres Herzens über Geld und viel Hab und Gut verfügt, ist das zwar wunderschön, ausschlaggebend darf es für Sie nicht werden. Aber vielleicht haben Sie schon Ihr Herz an einen derartigen Paradiesvogel verloren – dann kann man Ihnen nur gratulieren.

Es wird wohl für alle, die im Zeichen des Ahorn durchs Leben gehen, ein ereignisreicher Monat. Wenn Sie dann noch bedenken, daß dieses Jahr einmalig ist, darf es nichts geben, das Sie am Weiterausbau Ihrer beruflichen Möglichkeiten hindert. Das Bemerkenswerteste ist jetzt ein Energiewert, der nicht nur das Durchsetzungsvermögen steigert, sondern auch die dafür notwendige Härte liefert. Materielle Zugewinne werden von dieser besonderen Energie immer genehmigt.

Nützen Sie die Zeit, die Ihnen jetzt dafür gegeben wird, lassen Sie keine Chance vorübergehen, kein Opfer darf zu groß sein. Wir wissen, daß die kosmischen Werte gute und schlechte Bedingungen schaffen, aber in eine Zwangsjacke stecken sie uns trotz all ihrer Einflüsse nicht. Wie sagt ein altes arabisches Sprichwort: »Bitte Gott um seinen Segen für deine Arbeit, aber verlange nicht auch noch, daß er sie für dich tut!«

So und nicht anders funktioniert das Geschehen aus dem Kosmos. Finanzielle Engpässe sind kaum zu befürchten. Tritt ein derartiges Problem bei einzelnen Ahorn-Leuten auf, so bekommen sie durch geschicktes Manipulieren und Taktieren alles wieder in den Griff. Eine beinahe unbändige Lebensfreude erfüllt Sie, wenn der Kalender den 17. anzeigt. Neugeknüpfte Beziehungen machen dann vieles möglich, man arbeitet erfolgreich zusammen und läßt sich trotzdem eine gewisse Ellbogenfreiheit. Selbstverständlich ist, daß man irgendwie auf derselben Wellenlänge liegt. Exzellente Geschäftsbeziehungen – bei Künstlern können es auch Leute mit Kunstverstand sein – sorgen für Auslandsbeziehungen, mit denen sich eine goldene Nase verdienen läßt. Doch auch in weniger attraktiven Berufen erreicht man Erstaunliches. Endlich zeichnet sich auch hier die verdiente Anerkennung ab. Es ist die wohlverdiente Belohnung für ein Jahr Geduld und Beharrlichkeit. Freuen Sie sich über die Früchte Ihrer Arbeit. Doch die Zeit, sich auf den Lorbeeren auszuruhen, ist noch nicht gekommen.

Eine gewisse Begeisterung für außerplanmäßige Liebesangelegenheiten ist schon in der dritten Woche möglich. Trifft dies auf Sie zu, so ist das nur zu begrüßen. Begeisterung und Enthusiasmus sind Funken, die Flammen entfachen können. Oft genug haben Sie sich durch Zögern Tage verdorben, die wunderbar hätten werden können.

Im Dezember liegen die erfreulichen Aspekte zunächst im Privatbereich. Hier ist jetzt Ihr Hauptbetätigungsfeld, hier finden Sie Verständnis für alles, was Sie bedrückt, aber auch für alles, was Ihnen besondere Freude macht.

Geben Sie sich so, wie Sie sich fühlen. Die schlimmste Krankheit unserer Zeit ist eine innere Verschlossenheit, die nichts bringt, die Bitterkeit und Trostlosigkei verursacht und damit einen katastrophalen Seelenzustand heraufbeschwört. Ganz allein den Lebenskampf zu bestehen ist kaum einem einzigen Ahorn-Geborenen gegeben. Sie brauchen bis zu einem gewissen Maß die Geborgenheit in einer Familie oder besser noch die Zuflucht zu einem liebenden Herzen. Dieser Dezember wird vieles unterstützen, was Sie in diesem Sinne anstreben. Er wird seinem Ruf als Weihnachtsmonat gerecht werden.

Ergeben sich Situationen, die etwas völlig Neues in Ihrem Privatbereich ermöglichen, versuchen Sie nicht vor lauter Begeisterung gleich schon in diesen Wochen alles perfekt durchzuziehen. Sollte man Ihnen aber keine andere Wahl lassen, drängt man darauf, daß Sie sich entscheiden, nun, dann machen Sie das Beste daraus. Ist am Arbeitsplatz jemand an Ihnen ganz persönlich interessiert, können Sie sich jetzt ohne jede Bedenken darauf einlassen. Hat man sich hier einmal daran gewöhnt, daß Sie Ihre eigenen Wege gehen und sich nicht um die Meinung anderer Leute kümmern, wird man akzeptieren, was Sie tun und wie Sie sich verhalten.

Eine gewisse großzügige Einstellung kann sich nach dem 15. unter ganz bestimmten kosmischen Zeichen entwickeln: Großzügigkeit bei der Beurteilung von Menschen und auch Freigebigkeit innerhalb der Familie, die sich nicht unbedingt in üppigen Geschenken äußern muß. Erlauben Sie etwa Ihren Kindern gewisse Vorhaben, die bisher »streng verboten« waren. So schaffen Sie ein Klima, in dem sich alle wohl fühlen. Eine liebevolle Einstellung zu den nächsten Angehörigen ist ausgezeichnet geeignet, sich selbst das Leben zu erleichtern, vielleicht auch zu verschönern.

Im Beruf nehmen Sie am besten alles so, wie es kommt. Plagen Sie sich in diesen Wochen nicht mit ehrgeizigen Gedanken. Was notwendig war, ist getan. Dieses Jahr geht nicht vorbei, ohne eine angenehme Zukunft in Aussicht zu stellen.

Nußbaum 2000

21. 4.–30. 4. / 24. 10.–11. 11.

Bis heute ist nicht völlig geklärt, weshalb dieser Baum im Keltischen Baumkreis eine Sonderstellung einnimmt. Die Herbst-Dekade beansprucht einen Zeitraum von 18 Tagen und zwingt damit dem oppositionellen Gegenüber, der Pappel, eine dritte Dekade auf. Es ist dies ein einmaliger Tatbestand in der sonst so präzisen Gesetzmäßigkeit.

Ein Zusammenhang mit dem keltischen Jahresbeginn November ist wahrscheinlich. Tatsache ist, daß bei beiden Nußbaum-Dekaden das aktive und passive Verhalten in völlig harmonischem Gleichgewicht vorhanden ist. Weibliches und männliches Naturell halten sich die Waage, zeigen sich in einer Balance, die der charakterlichen Struktur ein einmaliges Format zugesteht.

Diese Erkenntnis würde sich mit dem Urtraum der Menschheit decken, wonach Frau und Mann einmal als ein Ganzes gedacht waren.

Das Unterbewußtsein spielt bei Nußbaum-Leuten keine kleine Rolle. Sie haben eine besondere Art geistiger Empfänglichkeit, die Denkinhalte aus dem Unbewußten aufnimmt; man kann sie auch Intuition nennen. Dies ist jedoch eine Gabe, die nicht nur glücklich macht. Die zwei Seelen, die in dieser Brust wohnen, sind nämlich nicht immer einer Meinung. Um dieses Dilemma zu bewältigen, ist jedes Mittel recht, um gut über die Runden zu kommen. Vielleicht ist dies der Schlüssel zu dem kritischen Verhalten, das besonders der November-Dekade häufig entgegengebracht wird.

In der Liebe wird eine Beziehung gepflegt, und Treue ist ein absolutes Muß. Eine starke erotische Anziehung erleichtert die Partnersuche, sorgt aber leider auch für Mißgriffe.

Eifersucht ist eine Begleiterscheinung, die Nußbaum-Leute und ihre Partner recht unglücklich machen kann.

Konzentrierte Sonnenenergie für meinen Baum

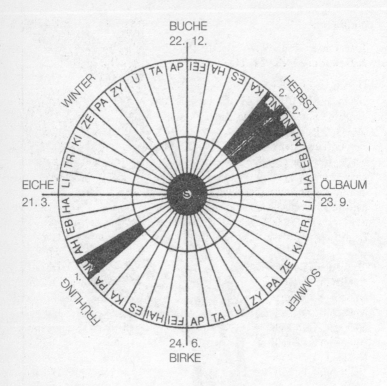

Der *markierte* kleine Teilabschnitt für jeden Baum zeigt seine Position innerhalb der vier Jahreszeiten an.

Die zu dieser Jahreszeit wirksame Sonneneinstrahlung ist für astrologische Erkenntnisse auch heute noch äußerst bedeutungsvoll.

Die *einzelnen Baumfelder* sind mit den *Anfangsbuchstaben des betreffenden Baumes* gekennzeichnet.

Wer paßt zu wem?

Nußbaum

1. Dekade: 21. 4.–30. 4.
2. Dekade: 24. 10.–11. 11.

Die Zugehörigkeit eines Baum-Symbols zu einem der vier Elemente, Feuer, Wasser, Luft und Erde, muß für die Beurteilung harmonisierender Partnerbeziehungen berücksichtigt werden. Diese fundamentale Wichtigkeit ist bei der Gegenüberstellung der einzelnen Dekaden berücksichtigt. Wenn Sie in der folgenden Aufstellung nicht die Daten Ihres Partners finden, seien Sie nicht beunruhigt. Liebe ist ein Ding mit 1000 Facetten – in das letzte Geheimnis, das sich im Begriff Liebe verbirgt, kann kein Horoskop der Welt Einblick geben.

Nußbaum 1. Dekade . . . . Apfelbaum 1. Dekade
Nußbaum 2. Dekade . . . . Apfelbaum 2. Dekade
Nußbaum 1. Dekade . . . . Tanne 1. Dekade
Nußbaum 2. Dekade . . . . Tanne 2. Dekade
Nußbaum 1. Dekade . . . . Ulme 1. Dekade
Nußbaum 2. Dekade . . . . Ulme 2. Dekade
Nußbaum 1. Dekade . . . . Kiefer 1. Dekade
Nußbaum 1. Dekade . . . . Trauerweide 2. Dekade
Nußbaum 2. Dekade . . . . Trauerweide 1. Dekade
Nußbaum 1. Dekade . . . . Linde 2. Dekade
Nußbaum 2. Dekade . . . . Linde 1. Dekade
Nußbaum 1. Dekade . . . . Nußbaum 1. Dekade
Nußbaum 2. Dekade . . . . Nußbaum 2. Dekade
Nußbaum 1. Dekade . . . . Kastanie 1. Dekade
Nußbaum 2. Dekade . . . . Kastanie 2. Dekade
Nußbaum 1. Dekade . . . . Buche 22.12.
Nußbaum 2. Dekade . . . . Eiche 21.3. / Birke 24.6.

Bereiten Sie sich schon in diesem Monat darauf vor: Es wird ein ereignisreiches Jahr. Es wird eine Menge zu tun geben, man könnte sogar von Trubel sprechen, der ab und zu das Unterste zuoberst kehrt.

Zunächst sind die Tage noch ruhig, und es bleibt genügend Zeit, sich erst einmal um die Gesundheit zu kümmern. Nicht nur die körperlichen Kräfte sollten regeneriert werden. Auch in Ihrem Herzen, in Ihrer Seele, sollte Harmonie herrschen. Meiden Sie alles, was als ungesund gilt: zuviel trinken, zuviel rauchen, sehr spät ins Bett gehen und vorher gar noch ausgiebig essen. Natürlich sollten Sie auch jedem großen Ärger aus dem Wege gehen. Vertrauen Sie auf Ihre Grundsätze, bewahren Sie, was auch immer passiert, Ihr inneres Gleichgewicht. Ruhen Sie sozusagen in sich selbst, und kein Ärger der Welt wird Sie aus der Fassung bringen.

Sie sollten sich in diesem Januar auch bestimmt noch nicht mit neuen Plänen befassen. Zeigen Sie sich uninteressiert, wenn übereifrige Kollegen mal wieder das Gras wachsen hören. Gute, freundliche Kontakte, die sich intensivieren lassen, können für Pluspunkte gut sein. Vergessen Sie auch nicht, daß der gute Draht zum Chef Gold wert ist.

Mit einigen Familienmitgliedern, die Ihre Wünsche sonst meist nicht akzeptierten, kommen Sie im Moment gut zurecht. Pflegen Sie diesen Umgang, er wird Ihnen in diesem Jahr willkommen sein, wenn in irgendeinem anderen Bereich der Sturm gar zu heftig wird.

Das Liebesleben ist nicht gerade leidenschaftlich. Beide Arten der Zusammengehörigkeit können sich zeigen: innige Verbundenheit und kameradschaftliches Miteinander. Nach Abenteuern steht Ihnen überhaupt nicht der Sinn. Bei manchen Nußbaum-Damen könnte ein mißgünstiges weibliches Wesen bemüht sein, Ärger zu machen. Sie fühlen sich doch hoffentlich stark genug, das zu verkaften, ohne gleich in die Luft zu gehen. So nehmen Sie jedem, der Ihnen bewußt Verdruß machen will, den Wind aus den Segeln.

Ein überdimensionaler Arbeitseifer und spontan eingesetzte Energie sollten unter Verschluß gehalten werden. Die kosmischen Kräfte sind nicht sehr an Aktivität interessiert. Haben Sie also ein wenig Geduld, schalten Sie auf eine gemütliche Gangart um. Es ist bei dem jetzigen kosmischen Einfluß allerdings nicht egal, ob Sie im Frühling oder im Herbst geboren wurden. War es im April, muß Zurückhaltung in wesentlich größerem Umfang geübt werden. Es ist aber nicht notwendig, sich auf die faule Haut zu legen. Die Herbst-Geborenen haben etwas mehr Ellbogenfreiheit. Sie haben nämlich keinen Konkurrenzkampf auszufechten.

Mitte des Monats ist schon eine wesentliche Verbesserung dieser Verwirrung stiftenden Begebenheiten angesagt. Sie können wieder ganz so sein, wie es Ihrem Naturell entspricht.

Im Zusammensein mit der Familie bekommen Sie jeden Tag die Bestätigung, daß ihr an Ihnen etwas liegt. Sie zeigt Ihnen deutlich, wie sehr Ihre Anwesenheit gefragt ist. Lassen Sie sich etwas einfallen, um der gemeinsam verbrachten Zeit etwas mehr Heiterkeit zu geben.

Die dritte Woche verführt zu übertrieben hohen Ausgaben. Etwas Überlegung wäre angebracht, wenn Ihr Kaufrausch sich auf Luxusartikel ausweitet. Ist es aber Ihre Partnerin, die derartige Sonderwünsche anmeldet, sollten Ihrer Großzügigkeit keine Grenzen gesetzt sein. Nußbaum-Leute sind im verschwenderischen Geben keine Meister. Gibt es einmal die Gelegenheit, hier über den eigenen Schatten zu springen, tun Sie es ohne Wenn und Aber.

Außergewöhnliche Vorhaben im Bereich der Liebe müssen in diesen Wochen noch auf Eis gelegt werden. Jedenfalls ist hier ein geduldiges Abwarten besser für Ihre Nerven und zuträglicher als eine stürmische Forderung, die keinen Zweifel aufkommen läßt, daß Sie sich die Berechtigung dazu selbst erteilt haben.

Positives und Negatives stehen in diesem März bereit. Da ist, um das weniger Angenehme gleich vorwegzunehmen, eine Differenz mit einem Kollegen zu erwarten, die sich höchstwahrscheinlich um das liebe Geld dreht. Überprüfen Sie genau das Für und Wider, und vermeiden Sie jede ungerechte Beurteilung. Um die Angelegenheit endlich für immer aus der Welt zu schaffen, sollten Sie sich ehrlich und klar dazu stellen. Gehen Sie mit Umsicht und Taktgefühl vor, Sie wollen doch nicht einen unbequemen Zeitgenossen für weitere Wochen am Hals haben.

Nach den ersten zwei Märzwochen ist auch das überstanden, und es ist nur zu hoffen, daß Sie alles richtig in die Wege geleitet haben. Beruflich und auch in Liebesangelegenheiten gibt es nichts, was Sie beklagen könnten. Am Arbeitsplatz zeigt man sich recht freundlich und bezieht Sie in alle Vorgänge ein. Auch in private Anliegen bekommen Sie auf diese Weise Einblick. Ob dies sehr wünschenswert ist, sei dahingestellt, doch immerhin ist es ein Vertrauensbeweis.

Mitarbeiter können jetzt zu Freunden werden, damit sind die letzten Reste einer gewissen Arbeitsunlust ausgeräumt.

Für Ihr Privatleben können Sie sich viel vornehmen. Hier ist bei einigen Nußbaum-Leuten der zweiten Dekade eine Umstellung zu erwarten. Bemühen Sie sich, jedem Anliegen gerecht zu werden, aber behalten Sie auch Ihre Interessen im Auge.

Haben Sie vor, sich in diesen Märztagen einen neuen Platz in einem Herzen zu suchen, ist das keine schlechte Idee. Es sieht tatsächlich nach einer Veränderung aus. Ihre Laune wird sichtlich besser, und Ihre Lust auf besondere Erlebnisse wird, wie die kosmischen Werte jetzt beschaffen sind, bald gestillt. Zufriedenheit stellt sich ein, Ihre Gefühlswelt ruht auf einer guten Basis. So zeigt sich Amor schon in diesem Vorfrühlingsmonat von seiner besten Seite. Verlieren Sie sich zunächst aber nicht mit Haut und Haar an eine Liebe, die noch viele Fragezeichen hat.

Die letzten Märztage stehen unter dem Trend »Ausweitung«. Etwas Nichtgeplantes kann Ihr Schicksal positiv gestalten. Machen Sie Ihre Augen auf, und halten Sie die Ohren offen. Oft ist es nur ein kleiner Hinweis am Rande des Geschehens, der großartige Möglichkeiten eröffnet.

Ihr Selbstvertrauen und Ihre Sicherheit sind gut verankert. Es ist nicht zu übersehen, wie Sie damit überall ankommen. Bei den Kollegen führen Sie das große Wort und brauchen sich keine Gedanken zu machen, ob dies als lästig empfunden wird. Nußbaum-Leute verfügen über genügend Taktgefühl, das keine Entgleisung zuläßt.

Die Aufforderung, sich jetzt bei den vom Schicksal stiefmütterlich behandelten Mitmenschen hilfreich zu zeigen, ist bei den April-Geborenen kaum notwendig. Der November-Nußbaum vergißt hier und da Rücksichtnahme, aber nicht, weil er kalt und hart ist, sondern weil ihm das Initiativverhalten dazu fehlt.

Erreicht Sie in diesen Apriltagen eine negative Botschaft, so lassen Sie sich Zeit mit einer Stellungnahme. Da es sich kaum um weltbewegende Angelegenheiten handelt, sollten Sie im ersten Schreck nicht gleich in die Luft gehen. Ist Ihnen dabei jedoch ein wenig ungemütlich geworden, wenden Sie sich an Ihre Familie. Es ist weder Berechnung noch Egoismus, wenn man in Notfällen den Zufluchtspunkt Familie aufsucht. Die kosmischen Einflüsse werden Sie genau diesen Weg gehen lassen. Jedenfalls werden Sie hier das finden, was Sie außerhalb dieses Bereichs nicht bekommen. Der Freundeskreis ist für trostsuchende Nußbaum-Leute nie das richtige. Ganz allgemein ist bei ihnen Freundschaft besser in Bekanntschaft umzumünzen. Von einer freundschaftlichen Beziehung erwarten Sie einfach zuviel.

In der Liebe sind keine besonderen Vorkommnisse zu erwarten. Man ist freundlich zueinander, auch lieb, damit hat es sich aber auch schon. Ab und zu sieht man sich vielleicht nach einem kleinen Flirt um. Halten sich diese Vorgänge im Rahmen, ergeben sich daraus keine Schwierigkeiten. Das intensive Bemühen, sich in ein Gefühl völlig zu verlieren, bleibt für diesen April eine Illusion.

Alles, was die Gefühls- und Empfindungswelt betrifft, muß auf Sparflamme gekocht werden. Ein für Nußbaum-Leute der zweiten Dekade ziemlich kritischer Aspekt! Es kommen bald wieder andere Tage.

Neues, Überraschendes wird geboten. Keine Sorge, es ist nichts Unangenehmes zu erwarten. Doch Unruhe kommt auf jeden Fall auf, was Sie sich aber nicht wünschen. Noch sind verschiedene Vorfälle nicht ganz ausgestanden, die sich in den zurückliegenden Wochen ereignet haben. Erst nach dem 15. sind Sie wieder soweit, daß Sie Lust haben, sich ins volle Menschenleben zu stürzen.

Die angedeuteten beunruhigenden Vorfälle sind im Bereich Behörden, Justiz oder ähnlichem zu suchen. Auch nichtgeplante Reisen können Unruhe auslösen. Doch dies sind für Nußbaum-Leute kleine Fische, wenn sie nur am Arbeitsplatz fest im Sattel sitzen und mit keinem Kollegen und natürlich auch nicht mit dem Chef im Streit liegen.

Toleranz ist notwendig, wenn es um Kompetenzfragen geht. Sie geben nur sehr ungern etwas von Ihren Rechten ab. Wird das jetzt erwartet, gehen Sie mit Umsicht und diplomatischem Geschick in Verhandlungen. Kommt es zu keinen offiziellen Vereinbarungen, können Sie ruhig unnachgiebig sein. Vielleicht will man Sie nur einschüchtern. Da hat man sich bei Ihnen bestimmt den Falschen ausgesucht. Kommt es zu Auseinandersetzungen im Freundeskreis, vielleicht auch in einem Verein, meiden Sie am besten für etliche Tage, vielleicht auch Wochen, diesen Bereich. Nur zu gerne ergreifen Sie Partei, damit bringen Sie sich jetzt nur in Schwierigkeiten. Geht Sie die Sache nur wenig an, halten Sie sich einfach heraus.

Versuchen Sie in diesem schönen Frühlingsmonat alles, um der Liebe die ihr zustehende Aufmerksamkeit zu schenken. Hier ist nicht nur die Liebe im allgemeinen Sinn zu verstehen, sondern auch die Zuneigung zu den Menschen Ihres nächsten Umfeldes. Hören Sie einmal hin, wenn sich zwei Menschen, die sich mögen und Charme besitzen, unterhalten. Eine Aura von Wärme wird spürbar.

Haben Sie vielleicht eine Möglichkeit, sich mit jungen Leuten zusammenzutun, so suchen Sie diese Abwechslung. Die herrliche Unbekümmertheit, die den meisten jungen Menschen anhaftet, zeigt Ihnen, wie das Leben ab und zu genommen werden sollte, um sich zu amüsieren.

Wenn Sie in diesem Monat Ihr Temperament nicht zügeln, können sich unerwünschte Veränderungen ergeben. Gehen Sie bei allem, was zwischenmenschliche Beziehungen anbelangt, mit mehr Rücksicht und mehr Feinfühligkeit vor. Niemand ist begeistert, wenn Sie sich wie ein Elefant im Porzellanladen verhalten. Wenn einmal Liebe im Spiel war, sollten friedliche Lösungen gefunden werden.

Das Privatleben ist in der ersten Juniwoche das Wichtigste für alle Nußbaum-Leute. Versuchen Sie trotzdem, Ihren Verpflichtungen ordnungsgemäß nachzukommen. Was jetzt sicher keine Sorge mehr bereitet, ist das Thema Geld. Ein »glücklicher Zufall« oder sonst ein Ereignis macht es möglich. Am Arbeitsplatz ist um die Monatsmitte mit kleinen Differenzen zu rechnen. Machen Sie aus einer Mücke bitte keinen Elefanten. Legen Sie nicht jedes Wort auf die Waagschale. Zeigen Sie sich flexibel, und zeigen Sie Einfühlungsvermögen. Dies sind sicher nicht die Tugenden, über die Sie verfügen. Aber wer ist schon vollkommen, man muß sich so manches im Leben mühsam erwerben – warum also nicht auch eine Verhaltensweise, die nützlich ist!

Wenn dann der 20. im Kalender steht, sind die meisten Hindernisse verschwunden. Ein Vorhaben, das mit dem Beruf im Zusammenhang steht und bisher mit erheblichen Schwierigkeiten befrachtet war, zeigt sich plötzlich in einem günstigeren Licht. Es würde sich lohnen, die Sache erneut aufzugreifen. Mit der Unterstützung kosmischer Kräfte schaffen Sie es diesmal. Läuft im Freundeskreis nicht alles nach Ihrem Geschmack, sind es diesmal sicher nicht die »himmlischen Zeichen«, die hier eine ungünstige Lage schaffen. Stellen sich verschiedene Leute offensichtlich gegen Sie, müssen Sie sich eine ordentliche Portion Lebenskunst zulegen. Niemals gäbe es eine Weiterentwicklung, wenn uns das Leben nicht ab und zu Hindernisse in den Weg legen würde. Man wird damit aufgefordert, sich Gedanken über das Wieso und Warum zu machen.

In Herzensangelegenheiten werden Sie viel Freude erleben. Ganz egal, woher das Liebesglück kommt, die Laune verbessert sich damit sicher. Sie müssen sich aber nicht gleich in ein Liebesabenteuer stürzen. Eins nach dem anderen, das erhöht die Spannung und macht neugierig. Es ist wie an Weihnachten, die Vorfreude macht das Vergnügen perfekt.

In den kommenden Julitagen sollten Sie sich zunächst ein- oder zweimal einen kulturellen Genuß gönnen. Zwei sehr dominierende Elemente möchten zwar Dampf machen, da aber das Element Feuer durch Abwesenheit glänzt, wird dieses Bemühen kaum irgendwelche ereignisreichen Tage bringen.

Die Idee oder das Verlangen, einmal wieder ins Theater zu gehen oder gute Musik zu hören, ist das beste, was Ihnen jetzt einfallen kann. Lange Zeit werden derartige Ereignisse in Ihnen nachklingen. Das Element Holz, mit einer unerhört dominanten Sonne, ist jetzt in Aktion und sorgt für Schwingungen – unhörbar, aber fühlbar.

Jeden sinnlosen Kraftaufwand können Sie sich in diesem Sommermonat sparen. Ganz egal, auf welche Weise Sie sich bemühen, es bringt keine Ergebnisse, Sie werden nur Ihre Energiereserven aufbrauchen.

Ganz selbstverständlich ist es, daß bei allen diesen Vorgängen Ihr Selbstbewußtsein ungewöhnlich wächst. Sie werden ganz offensichtlich zum Liebling der kosmischen Situation.

Beginnt die vierte Monatswoche, können im sozialen Bereich tätige Nußbaum-Leute mehr Einsatz fordern, als das sonst der Fall ist. Die Nußbaum-Menschen, die mit dem Wohl des Nächsten beruflich nicht zu tun haben, sollten vorsichtig sein. Sehr leicht kann es passieren, daß irgendein besonders freundlicher, aber hoffnungslos egoistischer Bekannter oder Freund Ihnen das Fell über die Ohren ziehen will.

Das »Du« darf auch im Liebesbereich nicht zum Idol erhoben werden. Hier ist das gleiche Dilemma zu erwarten. Kein Grund, deshalb pessimistisch zu werden. Vorübergehend heißt es eben, sich mit den verschiedenen Unebenheiten der menschlichen Charaktere auseinanderzusetzen.

Die deutlich gezeigte Unzufriedenheit von Kollegen darf Sie nicht beunruhigen. Es kommt im Verlauf der nächsten Monate noch genügend Arbeit auf Sie zu. Sie werden dann alles nachholen, was jetzt nicht zu bewerkstelligen ist. Erfüllen Sie Ihr Soll, und Sie haben genug getan, um nicht als notorischer Faulpelz zu gelten. Es gibt eben Zeiten, die es nicht zulassen, auferlegte Schwachpunkte zu ignorieren. Ihr Ruf als eifriger Mitarbeiter ist schnell wiederhergestellt, wenn dann der August arbeitsmäßig Ansprüche an Sie stellt.

Es erwarten Sie freundliche Tage. Nehmen Sie sich trotzdem nicht zuviel vor. Die kosmischen Energien sind zwar gut auf Sie zu sprechen, aber große Arbeitslust und sonstige Aktivität heizen Sie nicht an. Nur das Element Wasser sorgt für Bewegung, und diese findet dort statt, wo Sie Ihre Freizeit verbringen.

Sind Sie in Ihrem Beruf sehr eingespannt, sollten Sie sich auf das Wesentliche konzentrieren und Nebensächlichkeiten nicht auch noch wichtig nehmen. So wird alles bestens sein. Ihr neuer Arbeitsgeist wird sich bezahlt machen, vielleicht nicht hinsichtlich Ihres Gehalts, aber was Ihr Ansehen in der Chefetage und bei den Kollegen betrifft.

Interessant wird es in Ihrer Freizeit. Sie können sich hier eine zweite Welt schaffen, in der Sie sich wohl fühlen, ein gewisser Ehrgeiz zu seinem Recht kommt und Ihre Freunde von Ihnen begeistert sind. Besondere Möglichkeiten ergeben sich hier, wenn Sie sich eine ernstzunehmende Tätigkeit ausgesucht haben, die Ihnen Vergnügen macht und Anerkennung einbringt. Die Palette ist reichhaltig: intensiv betriebener Sport, Malen, Musizieren, ganz gewöhnliches Basteln oder sogar ein Studium.

Der Umgang mit Freunden darf deshalb nicht vernachlässigt werden. Die Gefahr, daß Sie sich hier überhaupt nicht mehr sehen lassen, ist durchaus gegeben. Ihr Interesse sollte sich gleichmäßig verteilen. Ein bißchen Vergnügen da, ein bißchen Initiative dort, wäre genau das richtige. Bringen Sie System in Ihr Leben, auch wenn es um private Angelegenheiten geht. Das macht Sie selbstsicher und ruhig.

Herzenspartner melden sicher den Anspruch auf intensivere Zuwendung an, denn Ihre Einstellung zur Liebe zeigt sich in diesen Augusttagen lediglich als ein liebenswürdiges Entgegenkommen. Von Herzlichkeit oder erotischem Verlangen ist nichts zu spüren.

Entscheidendes geschieht nicht. Nußbaum-Leute, zur Nachtstunde geboren, bekommen vom 24. bis Ende des Monats den besonderen Einfluß extremer Liebeszeichen zu spüren. Treffen Sie dann keine kopflosen Entscheidungen.

In diesen Herbstwochen werden Ihnen neben harter Arbeit auch Tage geschenkt, die Ihr Herz in Anspruch nehmen. Schön durchgemischt ist der Beginn der neuen Jahreszeit, der dem Kalender nach allerdings erst zum Ende des Monats zu erwarten ist. Sie werden im großen und ganzen eine angenehme Phase haben. Ihr Leben zeigt sich von der vielfältigsten Seite, und es wird wenig Zeit bleiben, trüben Gedanken nachzuhängen. In Fortsetzung des Vormonats, in dem sich so manches aus Zeitmangel nicht entwickeln konnte, besteht jetzt die Möglichkeit, sich mit der Kunst zu befassen. In erster Linie wird es Musik sein, vielleicht auch Bilder, denen Sie ungewöhnliche Aufmerksamkeit schenken. Gibt es Nußbaum-Leute, die die Kunst zum Beruf gemacht haben, so kommen von ihnen Leistungen, die über dem normalen Niveau liegen und die die Aufmerksamkeit interessierter Leute wecken.

Die Abneigung, sich auf Alltagsgeschehnisse sachlich einzustellen, macht sich im Herbst bei Nußbaum-Leuten bemerkbar. Vorgegebene Arbeit, routinemäßige Vorgänge, die sonst leicht und ohne große Mühe durchgeführt wurden, sind jetzt ein rotes Tuch für Sie. In einigen Fällen werden sie auch ganz demonstrativ umgangen. Dieser unbequeme Zustand ändert sich, wenn die zweite Woche ihrem Ende zugeht. Zwei kosmische Werte, die sich nicht harmonisch zusammenfügen, haben dann ihren Wirkungsbereich verloren. Ihre Miene hellt sich auf, Ihr Umgangston wird freundlicher. Lose Kontakte werden fester und stellen eine Brücke zu Mitmenschen her, die für einen ganz normalen Alltag ungeheuer wichtig sind.

Im Herzensbereich ist man schon seit dem 14. bereit, die Meinung und die Vorstellung des Partners voll gelten zu lassen. Grundsätzlich wird jede Auseinandersetzung vermieden. Nach dem 20. macht ein erotisch gefärbter Unterton das Zusammensein besonders spannend. Nützen Sie dieses Geschenk der Götter möglichst nur für den Hausgebrauch. Winkt da und dort eine Versuchung, sagen Spannungsaspekte dazu nein. Zu allen sich jetzt auf so wunderbare Weise entwickelnden Möglichkeiten ergibt sich zum guten Ende auch noch eine gelöste Heiterkeit. Jede Unvollkommenheit einer Veranlagung wird damit entschärft. Lächelnd auch mal eine Bosheit einstecken können, bringt eine innere Sicherheit, ohne daß Sie sich mit tiefschürfenden Gedanken herumplagen müssen.

Haben Sie schon lange ganz bestimmte Pläne im Kopf, wäre jetzt die Zeit gekommen, diese in die Tat umzusetzen. Zeigten sich bisher unüberbrückbare Widerstände, werden diese durch einen dynamischen Feuerwert wirkungslos. Sich durchzusetzen fällt jetzt nicht schwer.

Eine bewegte Phase kündigt sich in allen übrigen Bereichen an. Ihre Bemühungen werden sich lohnen, und für so manche Enttäuschung werden Sie jetzt entschädigt.

Für Vorkommnisse außerhalb des Berufes entwickeln Sie den sogenannten siebten Sinn. Vorsichtig sollten Nußbaum-Leute werden, wenn Gefahr besteht, sich einem neuen Partner mit Haut und Haar auszuliefern. Weiß man noch nicht einmal über die grundlegenden Charaktereigenschaften eines Menschen Bescheid, ist ein Ende mit Tränen, Selbstvorwürfen und vielleicht sogar Wutausbrüchen nicht auszuschließen.

In der zweiten Oktoberhälfte kann sich bei einzelnen Nußbaum-Leuten eine Ortsveränderung ergeben. Entweder Sie gehen zu Ihrem Privatvergnügen auf Reisen, oder Sie strecken die Fühler nach einer neuen Bleibe aus. Die Möglichkeiten hierfür sind günstig.

Am Monatsende fühlen sich Nußbaum-Leute physisch und psychisch besonders gut. Auch mit komplizierten Angelegenheiten kommen Sie gut zurecht. Es wird nicht der Beruf sein, in dem Sie das beweisen müssen, es sind die Probleme nahestehender Menschen, die Ihnen Sorgen bereiten. Treiben Sie es mit Ihrem Mitgefühl nicht zu weit. Geht es gar um finanzielle Hilfe, die man von Ihnen erwartet, lassen sich gerade Nußbaum-Damen nur zu leicht überreden.

Herzens- und Berufsangelegenheiten dürfen nicht zusammengebracht werden. Schicksalsbedingt ist hier gar nichts. Aller Wahrscheinlichkeit nach möchte sich ein berechnendes Wesen materielle Vorteile verschaffen oder zumindest eine Protektion, die man sich durch Ihre Vermittlung erwartet.

Harmonie herrscht im Bereich bereits bestehender langjähriger Partnerschaften. In das Zusammenleben kommt wieder mehr Wärme. Die wirklich wichtigen Dinge im Leben, und das sind immer noch Liebe und Gefühle, rücken in den Vordergrund. Hier ist besonders in der zweiten Monatshälfte mit einer glücklichen Phase zu rechnen.

Das Verhältnis zu Arbeitskollegen wird sich wieder auf freundschaftlicher Ebene abspielen. Gegensätzliche Ansichten führen nicht mehr zu Streitgesprächen, die nur die Gemüter erhitzen, aber sonst nichts bezwecken. Das Zusammensein mit diesem Personenkreis, das sich immerhin auf viele Stunden des Tages erstreckt, wird herzlicher und rücksichtsvoller. Sagen Sie zu, wenn sich gemeinsame Unternehmungen ergeben, die außerhalb der Arbeitszeit liegen. Ablenkung und Zerstreuung tun Ihnen gut. Sie werden aus einem Zeitabschnitt entlassen, der diesem Bereich Minuspunkte eingebracht hat. Bald sind Sie sogar schon wieder bereit, auch Kompromisse zu akzeptieren, die immer notwendig sind, wenn verschiedene Charaktere zusammenarbeiten müssen.

In der Familie fühlen Sie sich endlich wieder bestätigt. Ihre Herzlichkeit könnte etwas inniger sein. Hat man Ihnen in der Vergangenheit ab und zu deutlich gezeigt, daß man gewisse Eigenarten Ihrerseits keineswegs gut findet, sollten Sie die Erinnerung daran schleunigst ad acta legen. Es bringt Ihnen gar nichts, wenn Sie hier auf eine Wiedergutmachung warten. Mit dem Partner haben sich die Schwierigkeiten auch gegeben. Der Trend geht in Richtung Zuneigung, Zärtlichkeit und Erotik. Liebesworte gehen Ihnen leicht von den Lippen und werden erwidert. Liebesfragen werden beantwortet. Die eine oder andere Nußbaum-Dame der ersten Dekade könnte von Gefühlen regelrecht heimgesucht werden. Gehen Sie diesem »Abenteuer« nicht aus dem Weg. Dieses ganze Jahr war doch eigentlich sparsam mit allem, was die Liebe zu bieten hatte. Es versorgt Sie zum guten Schluß doch noch mit diesem schönsten aller Gefühle.

Arbeit ist in ausreichendem Maße vorhanden, aber sie macht Ihnen Spaß, und man überhäuft Sie nicht damit. »Kommt Zeit, kommt Rat« ist die Devise für fast alle Nußbaum-Leute.

Im Familienbereich läßt man sich jetzt leider nur vom Pflichtbewußtsein leiten. Zärtliche Zuwendung, herzliche Worte, ein besonders liebes Lächeln, das sind alles Illusionen von gestern. Lassen Sie nicht all Ihre Gefühle einschlafen, es ist so schade um nutzlos vertane Zeit.

Für Nußbaum-Geborene, ob männlich oder weiblich, ist ein zufriedenstellender Dezember vorgesehen. Was in den zurückliegenden Wochen an Mühsal aufgewendet werden mußte, hat sich in der Rückschau nun doch als wertvolle Erfahrung erwiesen. Kein Erfolg ist Ihnen geschenkt worden, manches Opfer mußte gebracht werden. Sie haben alles gegeben, und manches hat sehr an Ihrer Substanz gezehrt. Die Gedanken an überwundene Schwierigkeiten lösen ein Glücksgefühl aus, das mit nichts sonst zu vergleichen ist.

Der problematische Umgang mit Menschen dürfte endgültig ausgestanden sein. Die kosmischen Werte haben Akzente gesetzt, die Friedensbereitschaft, Zuneigung und Liebe signalisieren. Diese Dezembertage eignen sich auch hervorragend zur Behebung einer ehelichen Mißstimmung. Haben Sie durch einen Zufall erfahren müssen, daß der Partner es mit der Treue nicht so genau genommen hat, nehmen Sie derartige Vorfälle als das, was sie sind: als menschliche Unzulänglichkeiten, von denen niemand verschont bleibt. Lassen Sie es deshalb nicht zu folgenschweren Zerwürfnissen kommen, an denen Sie genauso leiden werden wie der Partner.

Im Beruf fühlen Sie sich sicher, und das wird lange so bleiben. Ein fast herzliches Verhältnis haben Sie zu Ihren Kollegen. Vielleicht bemühen Sie sich um den einen oder anderen etwas intensiver als bisher. Jeder hat so seinen privaten Kummer und ist froh, bei Ihnen Verständnis und Mitgefühl zu finden. Sie handeln sich damit fast freundschaftliche Gefühle ein.

Nach dem 17., wenn schon die Feiertage in Sicht sind, wird der Dezember genau so, wie man es erwartet: besinnlich und frei von jedem ehrgeizigen Streben. Aktive Bemühungen haben Sie endgültig beiseite gelegt. Sie empfinden das Leben als eine wunderschöne Angelegenheit. Haben Sie dies zu Beginn des Monats noch nicht erkannt, so sehen Sie es jetzt deutlich. Sie haben Ihre Erwartungen etwas zurückgeschraubt. Das einzige, was sich bei Ihnen noch mit Enthusiasmus abspielt, ist im Bereich der Liebe zu finden. Sie allein ist es, die zur wirklichen Bereicherung Ihres Lebens beiträgt.

Vergessen ist jetzt jede emsige Geschäftigkeit, die viele vor dem Weihnachtsfest als notwendiges und nicht zu vermeidendes Übel empfinden.

Kastanie 2000
15. 5.–24. 5. / 12. 11.–21. 11.

Ein Baum wie die Kastanie, die jedes Frühjahr mit schöner Regelmäßigkeit weiße oder rote Kerzen aufsteckt, die jedes Blatt zu einem symmetrischen Stern formt, kann seinen Schützlingen nur Gutes bringen. Besonders die Mai-Geborenen handeln sich mit ihm etliche Vorteile ein. So sollten beispielsweise romantische Phasen genau ernst genommen werden wie eine realitätsbezogene Aktivität. Das lebhafte Interesse an einem harmonischen Familienleben und ein stark ausgeprägter Erwerbssinn sind zwei grundverschiedene Dinge, die sich bei den im Mai Geborenen ausgezeichnet zusammenfinden.

Hinzu kommt, daß die Freude am Leben, die diese Menschen ausstrahlen, sie überall stets willkommen sein läßt. Ihr Temperament ist trotzdem ruhig, nur ab und zu zeigt sich ein gewisser Eigensinn, der jedoch nicht mit Aufsässigkeit zu verwechseln ist.

Die November-Dekade ist mit künstlerischen Talenten meist reichlich versorgt. Seelischer Tiefgang macht jedoch eine Öffentlichkeitsarbeit nahezu unmöglich. Selten kann also mit publikumswirksamen Erfolgen gerechnet werden.

Glück ist für die im November Geborenen erst in zweiter Linie eine Sache materiellen Besitzes.

In der Liebe sind beide Dekaden beharrlich bis zum Starrsinn. Man läßt sich auch von einer Abweisung nicht zurückschrecken. Die Liebe wird hier nie leichtgenommen. Man ergibt sich ihr mit Haut und Haaren. Doch entsprechend hoch sind auch die Erwartungen.

Es kann auch vorkommen, daß Kastanie-Leute beider Dekaden in einen Strudel von Gefühlen gerissen werden, der nie beabsichtigt war. Das Interesse an der Liebe bleibt bis ins hohe Alter erhalten.

Konzentrierte Sonnenenergie für meinen Baum

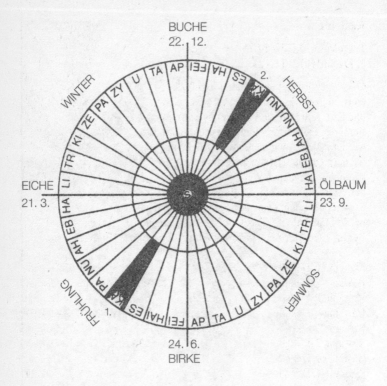

Der *markierte* kleine Teilabschnitt für jeden Baum zeigt seine Position innerhalb der vier Jahreszeiten an.

Die zu dieser Jahreszeit wirksame Sonneneinstrahlung ist für astrologische Erkenntnisse auch heute noch äußerst bedeutungsvoll.

Die *einzelnen Baumfelder* sind mit den *Anfangsbuchstaben des betreffenden Baumes* gekennzeichnet.

Wer paßt zu wem?

Kastanie

1. Dekade: 15. 5.–24. 5.
2. Dekade: 12. 11.–21. 11.

Die Zugehörigkeit eines Baum-Symbols zu einem der vier Elemente, Feuer, Wasser, Luft und Erde, muß für die Beurteilung harmonisierender Partnerbeziehungen berücksichtigt werden. Diese fundamentale Wichtigkeit ist bei der Gegenüberstellung der einzelnen Dekaden berücksichtigt. Wenn Sie in der folgenden Aufstellung nicht die Daten Ihres Partners finden, seien Sie nicht beunruhigt. Liebe ist ein Ding mit 1000 Facetten – in das letzte Geheimnis, das sich im Begriff Liebe verbirgt, kann kein Horoskop der Welt Einblick geben.

Kastanie 1. Dekade	Apfelbaum	1. Dekade
Kastanie 2. Dekade	Apfelbaum	2. Dekade
Kastanie 1. Dekade	Tanne	1. Dekade
Kastanie 2. Dekade	Tanne	2. Dekade
Kastanie 1. Dekade	Ulme	1. Dekade
Kastanie 2. Dekade	Ulme	2. Dekade
Kastanie 1. Dekade	Kiefer	2. Dekade
Kastanie 1. Dekade	Trauerweide	2. Dekade
Kastanie 2. Dekade	Trauerweide	1. Dekade
Kastanie 1. Dekade	Linde	2. Dekade
Kastanie 2. Dekade	Linde	1. Dekade
Kastanie 1. Dekade	Nußbaum	1. Dekade
Kastanie 2. Dekade	Nußbaum	2. Dekade
Kastanie 1. Dekade	Kastanie	1. Dekade
Kastanie 2. Dekade	Kastanie	2. Dekade
Kastanie 1. Dekade	Eiche 21.3. / Birke 24.6.	
Kastanie 2. Dekade	Buche 22.12.	

Noch stehen Sie am Anfang des Jahres und haben viel Zeit. Fällt es Ihnen schwer, sich in Geduld zu fassen, so versuchen Sie sich abzulenken. Bemühen Sie sich ein bißchen intensiver um Ihr Privatleben. Der Partner oder Freunde werden es begrüßen, wenn Sie sich endlich mal wieder so richtig gesellig zeigen. Besonders um die Mitte des Monats haben Sie in diesem Bereich mit glücklichen Tagen zu rechnen. Nützen Sie den günstigen kosmischen Einfluß, der es gut mit Ihnen meint. Er wird Sie Wege finden lassen, um die Liebe in einem neuen Licht zu sehen. Erotische Erlebnisse bekommen ein subtileres Gepräge. Die übliche Art, Liebe zu geben und zu empfangen, ist Ihnen schon längst zu langweilig geworden.

Was Sie sich bisher unbewußt als das Nonplusultra von Gemeinsamkeit vorgestellt haben, kann schon in diesem Januar durch eigenes Bemühen und ein freundliches Schicksal Wirklichkeit werden.

Entschließen Sie sich zu einem echten Neuanfang. Kein Ärger, kein Verdruß darf in dieses neue Jahr hinübergenommen werden. Warten Sie in Ruhe die erste Woche ab, und verschiedene Ereignisse werden Ihnen klarmachen, daß ein völlig neuer Wind weht.

Eine erfreuliche Möglichkeit kann sich im Beruf ergeben. Lassen Sie sich von keiner Seite in irgendeiner Weise beeinflussen. Möglich ist nämlich, daß von dem einen oder anderen Kollegen Bedenken angemeldet werden, wenn Sie erstens zuviel erzählen und zweitens sogar noch einen guten Rat haben wollen. Andere bemühen sich nicht unbedingt um Ihren Vorteil, sondern sind von Neid beherrscht. Freischaffende, auch Leute in Führungspositionen, sind auf dem besten Weg, beachtliche berufliche Fortschritte zu machen. Einfach wird es nicht werden. Rechnen Sie mit Hektik. Überschüssige Kraft haben Sie nicht, um das leicht in den Griff zu bekommen.

Um Ihre Gesundheit müssen Sie sich jetzt aber keine Sorgen machen. Auch wenn es einmal hier oder da zwickt oder zwackt, es wäre nicht klug, gelegentliche Kopfschmerzen als ein Alarmsignal zu werten. Damit reduzieren Sie nur den Schwung und den Elan, der Sie jetzt mit ausgezeichneter Laune versorgt. Hoffentlich sind Sie sich am Ende des Monats darüber im klaren, daß es ein ausgezeichneter Jahresbeginn war. Da es ein Nußbaum-Jahr ist, wird es noch viele Tage dieser Art geben.

Haben Sie das Glück, bereits eine feste Position innezuhaben, geht alles wunschgemäß. Hier ist es weder notwendig noch empfehlenswert, sich nach zusätzlichen Vorteilen umzusehen. Probleme, die sich bei kaufmännisch Tätigen zeigen, sind nur vorübergehend. Lassen Sie den Mut nicht sinken, halten Sie sich an Ihr bewährtes Rezept: alles gekonnt einteilen. Die durchdachte Ordnung ist überhaupt eine Ihrer besten Eigenschaften. Auch wenn man Sie als zu penibel, vielleicht als Tüftler bezeichnet, lassen Sie die Leute reden. Die einmalige, wunderbare Ordnung in unserem Sonnensystem beweist am besten, wie mit System alles hundertprozentig funktioniert.

Mit solchen Gedanken wird es leicht, über den täglichen Kleinkram hinwegzusehen. Nichts wird mehr so schwer sein, daß Sie dabei die Hoffnung und den Glauben an ein gutes Schicksal verlieren.

Eine innere Unruhe, verursacht von völlig veränderten Aspekten, bringt Aufruhr in den Bereich der Gefühle, besonders in die Liebe. Es ist möglich, daß Sie sich nach Abwechslung umsehen. Sie können sicher mit einigen Pluspunkten rechnen, wenn es um die Gunst eines Menschen geht, der Sie genauso gern sieht wie Sie ihn. Doch zu einem endgültigen Entschluß ist dieser Februar nicht der richtige Zeitpunkt. Warten Sie ab, wenn Sie an einen Partnerwechsel denken. Diesen Monat wird es in dieser Sache noch kein Happy-End geben.

Außerdem verlangt jetzt der Beruf langsam aber sicher Ihre volle Aufmerksamkeit. Gehen Sie hier unbedingt Ihre eigenen Wege. Jeder Rat, jede Empfehlung, dieses oder jenes zu tun oder zu unterlassen, führt zu mehr Unentschlossenheit. Verlassen Sie sich auch nicht auf einen hilfreichen Zufall. In diesem Jahr, mit seinem grundsoliden Anstrich, sind glückliche Zufälle äußerst selten. Auch die Kastanie macht da leider keine Ausnahme.

Trotzdem können gewisse Teilerfolge verbucht werden. Sie sind aber alle ausnahmslos dem eigenen Fleiß und der eigenen Aufmerksamkeit zu verdanken.

In welchem Umfang die Veränderungen für Sie persönlich auch eintreten, tragen Sie sie mit der für Kastanien-Leute bekannten Ruhe. Vergessen Sie nicht, daß das Gute nicht immer der eigenen Tüchtigkeit zu verdanken ist. Glück ist ein Sonnenstrahl am Schicksalshimmel, der aus einer anderen Welt kommt als menschliches Streben. Oder, um es in zeitgemäßer Sprache zu sagen: Glück hat mit dem Durchboxen der eigenen Vorstellungen und Meinungen überhaupt nichts gemein.

Freunde, Kollegen und manche Familienangehörige erweisen sich als brauchbare Mitstreiter oder kameradschaftliche Kumpel. Die erste und zweite Dekade hat dabei etliche Pluspunkte mehr zu verzeichnen. Es ist ganz selbstverständlich, daß Ihre jetzt bemerkenswerte Ausstrahlung das Familienleben äußerst angenehm macht. Ihre Aufmerksamkeit für die Anliegen und Wünsche Ihrer Angehörigen macht Sie etwas freigebiger, als man dies von Ihnen gewöhnt ist. Auch für seelischen Kummer haben Sie Verständnis. Ihr Impuls, auf einzelne Menschen einzugehen, wirkt wieder sehr stark.

Es wird nun ziemlich lebhaft. Machen Sie sich auf verschiedene Veränderungen gefaßt. Die dafür verantwortlichen kosmischen Kräfte sind alle maskulin gefärbt. Dementsprechend intensiv geht nun alles vorwärts. Sie können mit einer beruflichen Protektion rechnen, die es in sich hat. Eventuell schneit ein Angebot ins Haus, das aus einem völlig anderen Berufszweig stammt. Jedenfalls ist damit materieller Erfolg zu erwarten, der sich vereinzelt als konstante zusätzliche Einnahmequelle erweist. Finanzielle Gewinne ergeben sich da und dort durch die Teilnahme an den üblichen Lotto-Toto-Möglichkeiten.

Mit der Liebe ist das jetzt so eine Sache: Einerseits ist es Ihnen sehr wichtig, daß die Liebe sich endlich so zeigt, wie man dies im Frühling erwarten kann. Andererseits sind Sie von anderen Dingen so in Anspruch genommen, daß fast keine Zeit für sie bleibt. Keine Sorge, was der März nicht bringt, schafft vielleicht der April oder Mai. Bei neuen Bekanntschaften kann es nicht schaden, wenn Sie etwas mehr von Ihrem Charme zeigen. Soviel Zeit muß sein!

Schon während der ersten Woche sind die schlimmsten Hindernisse überwunden. Endlich haben Sie sich zu einem Entschluß durchgerungen. Auch Familienmitglieder, die sich bisher ziemlich unfreundlich verhalten haben, besinnen sich und bemühen sich ganz offensichtlich um Sie und Ihr Wohlergehen. Sicher hatten Sie hier in den zurückliegenden Wochen keinen leichten Stand, aber Menschen vergessen schnell – ganz besonders Kastanien-Leute, denen Rachegedanken stets fern sind.

Viel Arbeit wartet im Beruf auf Sie. Stellen Sie sich jetzt darauf ein, daß auch ungewohnte Arbeit von Ihnen verlangt wird. Man kennt Ihre beruflichen Qualitäten und weiß Ihre Zuverlässigkeit zu schätzen. Kein Wunder, daß Sie zwischendurch immer wieder zu ungewöhnlichen und anspruchsvollen Aufgaben herangezogen werden. Kastanien-Damen und -Herren können mit der Möglichkeit rechnen, daß sich ihre Position wesentlich verbessert. Sogar Ihr Chef setzt sich für Sie ein. Protektion heißt jetzt das Zauberwort, das alles ermöglicht.

In der ersten Euphorie sollten Sie jedoch keine größeren Geldausgaben machen. Besonders die Kastanien-Damen sind meist recht schnell beim Einkaufen, wenn sie sich im Aufwind eines freundlichen Schicksals befinden. Sicher, wenn man frohgelaunt ist, will man auch ein paar neue, schicke Sachen zum Anziehen. Das gehört gewissermaßen zum Betriebskapital, dagegen ist nichts einzuwenden.

Kleinere gesundheitliche Störungen sind möglich, doch es besteht kein Anlaß zur Besorgnis. Legen Sie einen oder zwei Tage ein, an denen Sie nichts anderes tun, als sich auszuruhen. Nehmen Sie dafür das Wochenende. Konsequente Bettruhe ist immer noch eine ausgezeichnete Therapie, um wieder zu Kräften zu kommen. Fällt Ihnen das zu schwer, sollten Sie zumindest in den Abendstunden ein wenig zu sich selbst kommen. Ein leichtes Abendessen und früh zu Bett gehen, das kann bereits dem Körper ein Aufatmen verschaffen. Widmen Sie Ihrem Wohlbefinden mehr Aufmerksamkeit. In der Hektik des Alltags werden oft die elementaren Notwendigkeiten für die Gesundheit übersehen.

Bei manchen Kastanien-Leuten steigt die erotische Leidenschaftlichkeit, und sicher ist die Mai-Dekade davon betroffen. Vorsicht ist nur anzuraten, wenn sich diese Leidenschaft in einer wahllosen Zuwendung zum ungeeigneten »Objekt« zeigt. Die Spannung, die deshalb diesen Monat zum einmaligen Zeitabschnitt in diesem Jahr macht, wird erst gegen Ende Mai nachlassen. Der Mond, immer wieder Auslöser für derartige Vorkommnisse, bezieht eine völlig andere Position ein, die für Kastanien-Leute ausschlaggebend wird. Als Beschützer für alle seelischen Vorgänge bleibt er Ihnen allerdings erhalten. Haben Sie erst wieder eine gute Position erreicht, lassen sich viele Dinge in Ordnung bringen. Haben Sie aber Porzellan zerschlagen, können Sie diesen Ärger nicht so schnell begraben.

Sie möchten am liebsten an der rauhen Wirklichkeit vorbeigehen. Dieser Mai sollte möglichst ohne jede Einschränkung in diesem Sinn erlebt werden. Aber nicht an allen Tagen, denn nach wie vor ist das Geldverdienen wichtig!

Totale Funkstille herrscht im Bereich der Familie. Auch wenn Sie hier nur Langeweile empfinden, lassen Sie wenigstens die Meinung dieser Menschen gelten. Zeigen Sie sich großzügiger im Verstehen menschlicher Schwächen und Fehler. Kommt man Ihnen aber mit Vorwürfen oder wird Ihre Geduld sonstwie auf eine harte Probe gestellt, sorgen Sie mit sachlichen Worten dafür, daß Ihre Meinung nicht nur akzeptiert, sondern auch respektiert wird.

In der letzten Woche zeigen sich bereits die ersten Anzeichen eines sehr aktiven Sommers, der Ihnen wenig Zeit lassen wird, sich ausgiebig mit privaten Angelegenheiten zu befassen. Sie werden nicht überfordert werden, aber fester zupacken wird Ihnen nicht erspart bleiben. Für erholsame Wochenenden müssen Sie selbst sorgen. Die betriebsamen Einflüsse betreffen Ihre Freizeitbeschäftigung, nicht die Pflicht. Was immer sich hier auch anbahnt, zeigen Sie Optimismus, und gehen Sie mit Ihren Kraftreserven sparsam um.

Erhalten einige Kastanien-Leute eine aus dem Rahmen fallende Einladung, nehmen Sie sie ohne Zögern an. Ziehen Sie ein besonders schönes Kleid an. Auch ein Kastanien-Mann sollte ausnahmsweise einmal nicht in Jeans erscheinen. Gefeiert wird heutzutage zwar überall und ständig, aber ein wirklich festliches Gepräge gibt es kaum noch. Schade, denn das »Drumherum« schafft eine besondere Atmosphäre, und darauf sollte es bei einem wirklichen Fest ankommen.

Das, was Ihnen der Mai vorenthalten hat, wird dieser Juni nachholen. Sehen Sie zu, verehrte Kastanien-Dame, daß sich Ihr Partner in Ihrer Gesellschaft wohl fühlt. Es bedarf wahrhaftig keiner großartigen Anstrengung, nur ein liebes, freundliches Lächeln, eine nette Aufmerksamkeit da, eine Zärtlichkeit dort. Vor allem aber: Lassen Sie einmal Ihre Sorgen ruhen. Sorgen hat *er* sicher genug. Können Sie eine harmonische Atmosphäre herstellen, wird ein Mann in den meisten Fällen von sich aus bereit sein, sich auch um Ihre großen und kleinen Sorgen zu kümmern.

Die zweite Monatshälfte wird ernster. Es ist notwendig, daß Sie sich konzentriert an die Erledigung wichtiger Aufgaben machen. Das fängt beim Briefeschreiben an, das immer wieder hinausgeschoben wurde, und endet bei vielen kleinen Hilfeleistungen für Bekannte, Freunde oder Familienangehörige.

Berufliche Arbeit ist auch wieder wichtiger zu nehmen. Sie spüren bald, daß bei allem, was Ihr Leben betrifft, frischer Wind weht.

Besondere Liebesdienste, die Ihr Lebensgefährte von Ihnen erwartet, müssen nicht geleistet werden. Es wäre aber großartig, wenn Sie sich auf freiwilliger Basis dazu entschließen könnten. Manche Kastanien-Leute müßten ab und zu daran erinnert werden, daß die Gewohnheit, immer nur eine dominierende Rolle zu spielen, zu Zerwürfnissen führen muß. Liebe, Zuneigung und Harmonie gedeihen besser, wenn dem Partner das Recht der freien Meinungsäußerung unbeschränkt zugestanden wird. Zeigen Sie sich verständnisvoll, lassen Sie einmal fünf gerade sein.

Für Kastanien-Damen und -Herren wird es ein interessanter Monat. Es gibt viel Neues zu sehen und zu hören, aber neue Anregungen, die Sie für sich verwerten können, werden nicht dabeisein. Im Alltag zeigt sich kein Sand im Getriebe, und wahrscheinlich haben Sie sogar Freude an konzentrierter Arbeit. Genießen Sie einfach die kleinen Zuwendungen von Fortuna, und machen Sie sich nicht schon wieder Sorgen, wie lange diese freundliche Zeit wohl anhalten wird.

Kastanien-Leute tun sich schwer, nur im Heute zu leben, jetzt wäre das aber eine Ideallösung. Was vorüber ist, was die Zukunft bringt, ist für die gerade ablaufenden Stunden ohne Bedeutung.

Mit nahestehenden Menschen sind Sie ein Herz und eine Seele. Sind grundsätzliche Meinungsverschiedenheiten zu bereinigen, wäre dieser Juli dafür gut geeignet. Sie sind gegenwärtig in einer Stimmung, die weder besonders lebhaft ist noch »Faulheitsanwandlungen« auslöst. Aus dieser Haltung heraus lassen sich die unterschiedlichsten Auffassungen auf einen Nenner bringen. Nützen Sie diese seltene Gelegenheit. Beruflich ist alles im Lot. In einigen Fällen können Sie sich diplomatisch geben. Dieses Verhalten fällt Ihnen sonst nicht leicht, dieser Monat macht da eine Ausnahme.

Eine äußerst glückliche Hand haben Sie bei finanziellen Vorgängen, auch schriftliche Arbeiten gelingen Ihnen. Machen Sie sich also an noch unerledigte Korrespondenz. Jeder, der von Ihnen einen Brief bekommt, wird über Ihren neuen Schreibstil erstaunt sein.

Gegen Ende Juli sieht es nach einem schlimmen Streit mit jüngeren Leuten aus. In vielen Fällen ist es wohl Ärger mit Kindern. Geben Sie nach, wenn Sie dabei nicht zuviel Autorität verlieren. Die eigene Seelenruhe ist wichtiger als Prinzipienreiterei. Nachgeben heißt aber auch, daß kein Groll zurückbleiben darf.

Erwartet man von Ihnen materielle Zuwendungen, wird das vergleichsweise ein kleines Übel sein. Jedenfalls ein kleineres Übel als die Abneigung, die Sie sich mit einem Nein einhandeln würden. Gibt es im Liebesbereich einen Menschen, der Ihnen gut zuredet und Sie besänftigen will, hören Sie zu. Liebe löscht vieles aus, was das Leben so schmerzhaft macht. Verstärkte Aktivitäten am Wochenende, draußen in der Natur, lassen Sie dann den letzten Rest an Ärger vergessen.

Das Beste, was Sie sich in diesem August einhandeln werden, ist eine rundum satte Zufriedenheit mit sich selbst. Nicht das Erreichen bestimmter beruflicher Ziele löst das aus, sondern das Bewußtsein, alles getan zu haben, was notwendig war.

In diesen Augustwochen können Sie es sich auch leisten, großzügig zu sein. Es gibt nichts, was Kastanien mehr schätzen, als die Mark nicht zweimal umdrehen zu müssen.

Es wird genügend Leute geben, die froh sind, wenn Sie Ihnen helfend unter die Arme greifen können. Es muß nicht ein dickes Bündel Geldscheine sein. Oft genügt eine Empfehlung, ein guter Rat oder eine Vermittlung, die zum Beispiel Wohnungsprobleme löst.

Die guten Zeiten sind noch nicht vorbei, sie zeigen sich nur zurückhaltender. Jeder Gedanke, der Ihrem Beruf gilt, muß zweckentsprechend zu Ende geführt werden. Durch nichts und von niemandem dürfen Sie sich von dem einmal eingeschlagenen Kurs abbringen lassen. Vorteile, die Sie sich im Beruf erwarten, unterliegen dem Gesetz der Logik, auch die Konzentration auf ein einziges Ziel ist wichtig. Müssen Sie unkonventionelle Wege gehen, ist Konzentration dafür Voraussetzung. Ergeben sich Hindernisse durch Meinungsverschiedenheiten mit Leuten, die immer alles besser wissen wollen, müssen Sie hart durchgreifen. Machen Sie den ersten Schritt, um absolute Klarheit zu schaffen. Selbstverständlich hat die friedliche Beseitigung gewisser Differenzen immer Vorrang. Keine Sorge, Sie bringen beides, Härte und Zugeständnisse, leicht unter einen Hut.

Bei so vielen guten Begebenheiten ist es weiter nicht verwunderlich, wenn in der Liebe auch Sonnenschein herrscht. Wird auch kaum von besonderer Leidenschaft die Rede sein können, so ist man mit einem kameradschaftlichen Verhalten ebenso zufrieden. Die Liebe hat viele Gesichter, und jetzt zeigt sie sich von einer ausgesprochen emotionslosen Seite. Trotzdem lacht Ihnen jeden Tag ein kleines Glück. Sollten einige Kastanien-Damen die Idee haben, sich einem Flirt hinzugeben, der nicht nur auf eine Stunde oder einen Tag begrenzt ist, ist Ärger vorprogrammiert, wenn Sie bereits in festen Händen sind.

Im Arbeitsbereich kommen Sie gleich zu Anfang des Monats einen großen Schritt weiter. Es ist nicht so wichtig, wenn das Geld erst zu einem späteren Zeitpunkt auf das Konto kommt. Wichtig ist zunächst einmal, daß das Fundament geschaffen wird, auf dem Sie sich für die Zukunft neue Möglichkeiten einrichten können. Schon seit längerem gehegte gute Pläne können jetzt weiterentwickelt werden. Nützliche Verbindungen lassen sich knüpfen, sie werden für den Ausbau Ihrer Pläne von Nutzen sein. Großes Lob im Familienbereich ist Ihnen ebenfalls sicher, und sogar Familienangehörige, die sich Ihnen gegenüber bisher sehr zurückhaltend gezeigt haben, äußern sich begeistert. Die Anerkennung von Mitarbeitern bringt allerdings mehr Arbeit ein, und die Verantwortung, die Sie bisher getragen haben, wird umfangreicher.

Was tun Sie? Sie krempeln die Ärmel hoch und fragen: »Was kostet die Welt?« Viel haben Sie jetzt den kosmischen Einflüssen zu verdanken, aber der Arbeitseifer steckt Ihnen sozusagen im Blut! Irgendwann im Verlauf dieser Woche platzt eine Nachricht ins Haus, es dürfte sich um eine behördliche Mitteilung handeln, auch eine Anwaltskanzlei ist als Absender nicht ausgeschlossen. Es lohnt sich nicht, deshalb in Aufregung zu geraten. Derartige Angelegenheiten haben immer die Tendenz, Unruhe zu stiften. Was soll's, meist geht es dabei um Geld. Lassen Sie sich Zeit, Sie müssen nicht schon morgen entscheiden, wie Sie die Sache anpacken. Sollte sich auch hier die Familie wenig hilfreich zu Wort melden, hören Sie nicht hin – es sei denn, man ist bereit, Ihre Zahlungsverpflichtungen zu übernehmen! Zeigen Sie sich im Privatbereich etwas häuslicher, als dies sonst der Fall ist. Es wird dazu beitragen, daß der Haussegen nicht mehr schiefhängt, und obendrein wird sich Ihr Wohlbefinden steigern. Sollte irgend jemand berechtigten Anlaß haben, Ihr Verhalten zu kritisieren, dann ändern Sie es schleunigst. Sie brauchen jetzt ein gutes Markenzeichen, und das ist nur durch ein freundliches Gesicht, liebenswertes Verhalten und kleine Aufmerksamkeiten zu bekommen.

Mit einigen Extras werden Sie im Bereich der Liebe überrascht. Besonders die Kastanien-Damen glänzen durch eine Ausstrahlung, die sie besonders reizvoll macht. Ihre erotischen Träume werden jetzt Realität.

Es wird Zeit, daß Sie Ihre erworbenen Lorbeeren ernten. Besonders die jüngeren Jahrgänge dürfen sich ein großes Stück vom Erfolgskuchen abschneiden, wenn gute Arbeit geleistet worden ist. Finanzielle Schwierigkeiten dürften ausgestanden sein. Mit gutem Gespür und Mut lassen sich auch jetzt noch Chancen wahrnehmen und Möglichkeiten ausbauen.

Das in diesem Zusammenhang absolut positiv einzuschätzende Element Feuer ist zusätzlich bemüht, beste Voraussetzungen zu schaffen. Initiative und Draufgängertum sind notwendig, um sich von gänzlich veralteten Ansichten und Methoden freizumachen. Es ist sicher eine der bemerkenswertesten Veränderungen, die Kastanien-Leute in diesem Jahr passieren. Bei der ersten Dekade vollziehen sich diese Vorgänge im seelischen Bereich, während die Herbst-Leute das Augenmerk auf reale Interessen richten.

Verschiedene Kastanien-Herren, mit besonders auffälligen kosmischen Energien versorgt, setzen allem die Krone auf. Sie sind überall aktiv. Sie gönnen sich keine Ruhe und keine Atempause, weder bei der Arbeit noch in der Freizeit. Das betrifft besonders Kastanien-Leute, die sich für intensiven Sport interessieren, den sie auch selbst ausüben. Hier sind Superleistungen zu erwarten. Das Fazit: Sie werden einen goldenen Oktober erleben, jeder dort, wo er am talentiertesten ist. Für Dynamik ist jedenfalls ausreichend gesorgt. Jeder bekommt die Möglichkeit, sich selbst zu verwirklichen. Ein wohlgefülltes Reservoir an physischer und psychischer Kraft steht Ihnen zur Verfügung.

Egal, aus welcher Richtung Einladungen auf Sie zukommen, nehmen Sie sie an. Sie brauchen nicht die Abwechslung, die damit verbunden ist, sondern den Gedankenaustausch mit Leuten, die neue Ideen und neue Impulse vermitteln.

Was seit langer Zeit in Ihrem Kopf herumspukt, ist eine neue Liebe. Sind Sie frei und ungebunden, so kann das in diesen Wochen reale Formen annehmen. Zugleich bekommen Sie von einer unerwarteten Seite Schützenhilfe. Die anfängliche Unsicherheit und der anfängliche Zweifel legen sich bald.

Neue Richtlinien sind im Herzensbereich zu erwarten. Schon ab der ersten Woche werden sich damit bemerkenswerte Veränderungen zeigen. Damit ist keineswegs gesagt, daß Sie Schwierigkeiten mit dem Partner bekommen. Vielmehr erreichen Sie eine Phase, die Ihnen eine völlig andere Bewertung des Begriffs Liebe einbringt. Das könnte von einem Erlebnis ausgelöst werden, wie z. B. dem Tod eines Familienangehörigen oder einer schweren Krankheit, die einen liebgewordenen alten Menschen heimsucht. In dieser Richtung ist die Ursache der Wandlung zu suchen, die Ihr Gefühlsleben so nachhaltig beeinflußt und auf ein anderes Niveau hebt. Damit parallel geht die Einsicht, daß seelische Werte das persönliche Glück im Leben eines Menschen ausmachen, wie Ruhe des Herzens, tiefe Zuneigung und Geborgenheit in einer Liebe, die für die Ewigkeit gemacht ist.

Diese einschneidenden Erkenntnisse in der gesamten Lebensauffassung sind bei den Kastanien-Damen ebenso zu erwarten wie bei den Herren. Es ist eine Tendenz, die höchst selten das Baum-Symbol Kastanie in dieser Stärke heimsucht. Glauben Sie aber nicht, daß damit die Liebe idealisiert und dem normalen Alltag entrückt wird. Wo Gefühle Intensität erfahren, ist Wärme im Spiel, und wo Wärme ist, wird das Element Feuer sicher beteiligt sein. Feuer bedeutet aber immer, daß die Erotik sich keineswegs mit einem Abstellplatz begnügen muß. Sie sehen, was die eingangs erwähnten neuen Richtlinien alles heraufbeschwören können.

Nur vereinzelt und sporadisch wird der Beruf in diesen Novembertagen wichtig genommen. Es wird sich bestimmt nicht zu einer Tragödie auswachsen, wenn Sie sich hier mal lässig geben und sich nicht hundertprozentig interessiert zeigen.

Toleranz, Einfühlungsvermögen und eine gewisse Großzügigkeit entsprechen genau dem Trend dieses Monats, in dem sich nicht nur die Natur ausruht, sondern auch der Mensch aufgerufen ist, ein wenig stiller zu werden. Der private Bereich bekommt den bevorzugten Stellenwert, der ihm in diesem Monat zusteht. Kümmern Sie sich in besonderer Weise um den Partner, um Menschen der näheren und weiteren Verwandtschaft, die im Verlauf dieses Jahres von Ihnen fast vergessen wurden. Europa will sich immer enger zusammenschließen, man müßte damit doch sicher in erster Linie innerhalb des Familienbereichs beginnen. Friede mit Ost und West, Süd und Nord und mit den Menschen, die aus »einem Topf« stammen. Die Großfamilien sind bei uns etwas geworden, was niemanden mehr interessiert. Der leider etwas verächtlich gemachte Zusammenhalt von Großmutter und Enkeln, auch wenn diese im Erwachsenenalter sind, bietet eine Geborgenheit, die unendlich sicher machen kann.

Haben so einige Kastanien-Damen und -Herren schon am Monatsanfang die Liebe und besonders die Erotik im Kopf, so hat kein kosmischer Aspekt etwas dagegen. Sind die Feiertage da, erlischt diese Flamme wieder.

Im übrigen werden viele Signale »auf Grün« stehen. Das heißt aber nicht, daß Sie nach Gutdünken schalten und walten können, wie es Ihnen beliebt. Ehrliches Interesse muß mit Ehrgeiz Hand in Hand gehen, um sich für eine »First-class«-Position zu qualifizieren. Eigenartigerweise ist jetzt der Zeitpunkt günstig, sich endgültig durchzusetzen – nicht nur bei Mitarbeitern, sondern auch dort, wo die Leitung der Firma sitzt. Anerkennung, für Mai-Geborene ein ungemein wichtiges Wort, wird nicht ausbleiben, während die Herbst-Kastanien durch eine ausgewogene innere Einstellung vieles überspielen können, wenn es mit der Anerkennung und dem Lob mal nicht ganz so klappt.

Das beste ist, sich den Gegebenheiten anzupassen und nicht gegen den Strom zu schwimmen. Jedes »Zuviel« an persönlichem Einsatz ist unangebracht und macht Sie in den Augen Ihrer Zeitgenossen zum Wichtigtuer oder gar zum Angeber. Schonen Sie sich und Ihr Nervenkostüm. Sie haben das ganze Jahr über genug geleistet, in diesen Wochen können Sie Ihren Sparstrumpf auch nicht mehr voller machen.

Esche 2000
25. 5.–3. 6. / 21. 11.–1. 12.

Trotz der luftig angeordneten Blätter spendet die mächtige Laubkrone der Esche wenn nötig dichten Schatten.

Menschen der ersten Dekade haben diese »beidseitige« Wesensart. Eine relativ zart besaitete Seele wird von einer praktisch betonten Geschicklichkeit dirigiert, was ein schnelles Anpassen an jede Situation ermöglicht. Die unterschiedlichsten Berufe sind für diesen Typ geeignet. Bemerkenswert ist, daß der einmal gewählte dann mit vollem Einsatz und allen zur Verfügung stehenden Fähigkeiten ausgeführt wird. Die erste Dekade ist in kaufmännischen Berufen außergewöhnlich erfolgreich. Das Gespür für ertragreiche Geschäfte liegt diesen Leuten sozusagen im Blut.

Die zweite Dekade ist das Spiegelbild der ersten, allerdings mit etlichen Zusatzpunkten. Dort, wo die erste noch verhandelt, am zu erwartenden Profit noch kalkuliert, steht die zweite bereits vor einem Ergebnis. Auch eine einmalige Selbstsicherheit steht diesen Herbst-Geborenen zur Verfügung.

Ein wunderbares Verhaltensrezept haben beide für die Liebe mitbekommen. So ist es nahezu unmöglich, daß ihnen die Liebe einmal eine Enttäuschung bringt. Beide Dekaden schätzen den ideellen Gehalt einer Beziehung.

Läßt eines Tages das erotische Prickeln nach, findet man ohne großes Lamento zu einer Kameradschaftlichkeit, was quasi ein dauerhaftes Zusammenleben garantiert.

Fehlt der ersten Dekade die Sicherheit bei der Partnerwahl, wendet sie sich immer dem stärkeren Partner zu, der für auftretende Probleme Rückendeckung geben kann.

Begeisterungsfähigkeit veranlaßt in besonders gelagerten Fällen einen schnellen Entschluß für eine feste Bindung. Eine wohldosierte kühle Überlegung würde einen möglichen Mißgriff vermeiden helfen.

Konzentrierte Sonnenenergie für meinen Baum

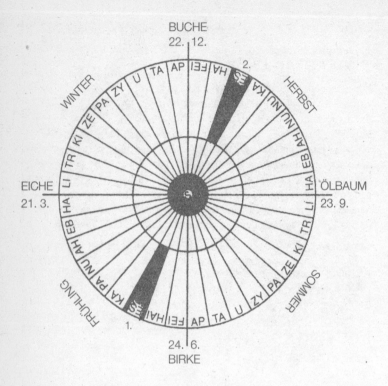

Der *markierte* kleine Teilabschnitt für jeden Baum zeigt seine Position innerhalb der vier Jahreszeiten an.

Die zu dieser Jahreszeit wirksame Sonneneinstrahlung ist für astrologische Erkenntnisse auch heute noch äußerst bedeutungsvoll.

Die *einzelnen Baumfelder* sind mit den *Anfangsbuchstaben des betreffenden Baumes* gekennzeichnet.

Wer paßt zu wem?

Esche

1. Dekade: 25. 5.–3. 6.
2. Dekade: 21. 11.–1. 12.

Die Zugehörigkeit eines Baum-Symbols zu einem der vier Elemente, Feuer, Wasser, Luft und Erde, muß für die Beurteilung harmonisierender Partnerbeziehungen berücksichtigt werden. Diese fundamentale Wichtigkeit ist bei der Gegenüberstellung der einzelnen Dekaden berücksichtigt. Wenn Sie in der folgenden Aufstellung nicht die Daten Ihres Partners finden, seien Sie nicht beunruhigt. Liebe hat 1000 Facetten, in ihr letztes Geheimnis kann kein Horoskop der Welt Einblick geben.

Esche 1. Dekade	. . . .	Zypresse	1. Dekade
Esche 2. Dekade	. . . .	Zypresse	2. Dekade
Esche 1. Dekade	. . . .	Pappel	1. Dekade
Esche 2. Dekade	. . . .	Pappel	3. Dekade
Esche 1. Dekade	. . . .	Zeder	1. Dekade
Esche 2. Dekade	. . . .	Zeder	2. Dekade
Esche 1. Dekade	. . . .	Kiefer	1. Dekade
Esche 1. Dekade	. . . .	Haselnuß	2. Dekade
Esche 2. Dekade	. . . .	Haselnuß	1. Dekade
Esche 1. Dekade	. . . .	Eberesche	2. Dekade
Esche 2. Dekade	. . . .	Eberesche	1. Dekade
Esche 1. Dekade	. . . .	Ahorn	2. Dekade
Esche 2. Dekade	. . . .	Ahorn	1. Dekade
Esche 1. Dekade	. . . .	Esche	1. Dekade
Esche 2. Dekade	. . . .	Esche	2. Dekade
Esche 1. Dekade	. . . .	Hainbuche	1. Dekade
Esche 2. Dekade	. . . .	Hainbuche	2. Dekade
Esche 1. Dekade	. . . .	Feigenbaum	1. Dekade
Esche 2. Dekade	. . . .	Feigenbaum	2. Dekade
Esche 1. Dekade	. . . .	Ölbaum	23. 9.

Stimmt es im Berufsleben nicht so ganz, tun Sie das, was Esche-Leute am liebsten tun: Wenden Sie sich der Liebe zu. Dafür ist dieser Januar auch besser geeignet als für ehrgeizige berufliche Pläne. Eine ganze Sammlung von kosmischen Werten und das Element Wasser stehen nach dem 21. bereit, um Ihnen heitere, unbeschwerte Stunden zu schenken, Ihre Kontaktfreudigkeit macht sich besonders nützlich, wenn Sie auf Partnersuche sind.

Erwarten Sie sich von diesem Monat aber nicht zuviel. Esche-Leute – empfindsam und von seelischen Eindrücken und Erlebnissen abhängig – finden erst langsam zu dem neuen Schwung, der am Anfang eines neuen Jahres bei manch anderen Baum-Symbolen eintritt. Erst allmählich kommt wieder das Pflichtbewußtsein zum Tragen. Auch werden Behinderungen, die sich am Ende des Dezember 1999 bemerkbar gemacht haben, noch nicht ganz vergessen sein. Da ein Nußbaum-Jahr nicht mit energischer Hand in schicksalsbedingte Vorgänge eingreift, wird eine längere Anlaufzeit nötig sein, um Temperament und aufmerksames Interesse zu entwickeln.

Nach der zweiten Monatswoche wird es dann lebhafter. Sind Sie in einem Beruf beschäftigt, der mit Kunsthandel zu tun hat, können Sie sich gute Chancen ausrechnen. Die Aufgaben, die jetzt auf Sie warten, geben Ihnen Gelegenheit, sich eine goldene Nase zu verdienen. Es wird sicher viel von Ihnen erwartet, aber die Arbeit macht Freude, und der größte Spaß daran ist wohl, daß dabei Ihre Kasse aufgebessert wird.

Eine amtliche Angelegenheit kann für ein paar Tage Nervosität aufkommen lassen. Mit Ihrer lebhaften Phantasie sehen Sie bei derartigen Angelegenheiten stets schwarz. Keine glückliche Veranlagung, die das besonnene Nußbaum-Jahr aber schnell austreiben wird.

Betreffen Differenzen berufliche Vorgänge, so kommen Sie besser über die Runden, wenn Sie sich zur Defensive entschließen. Ein Chef, der damit zu tun haben könnte, würde das dankbar akzeptieren.

Mit den Familienangehörigen läßt sich gut auskommen. Sie können sich genau auf die Art einstellen, die hier bestimmend ist.

Am Arbeitsplatz wird manches neu geordnet und ist damit für Sie endlich wieder richtig interessant. Kosmische Kräfte, die ihrer Natur entsprechend einen besonderen Einfluß auf anstehende Veränderungen haben, können einen Umwandlungsprozeß auslösen, der von heute auf morgen Ihre berufliche Situation verändern wird. Hier wird im weiteren Verlauf auch Ihr persönliches Umfeld mit einbezogen, angefangen bei ehelichen Bindungen bis über Freundschaften und gute Kollegenkontakte. Haben Sie sich schon ein gewisses Verständnis für kosmische Vorgänge angeeignet, werden Sie jetzt schnell herausfinden, daß viele überraschende Ereignisse dort ihre Ursache haben. Ist damit die Veränderung der bisherigen Tätigkeit zu erklären, ist es nicht nötig, Esche-Leuten besonderen Mut zuzusprechen. Mut haben sie alle und ganz besonders die Herbst-Dekade. Was im Vormonat lediglich ein Denkprozeß war, wird in diesen Tagen in die Tat umgesetzt. Die Möglichkeiten sind auf verschiedenen Ebenen zu erwarten, reine Schreibtischarbeit dürfte am stärksten davon profitieren.

Gehören Sie zu den Esche-Leuten, die zu schnell mit Entschlüssen bei der Hand sind, müssen Sie in der Familie mit Sorgfalt und diplomatischem Geschick vorgehen. Lassen Sie es nicht zu Meinungsverschiedenheiten kommen, dann bleibt Ihnen mancher Ärger erspart. Jedes Familienmitglied ist Ihnen in diesen Wochen überlegen. Das Element Wasser hat noch zuviel Einfluß auf Ihre Handlungsweise und Ihr Verhalten. Es erzeugt Unruhe und nervöse Hektik, die in keinem Fall gut ist.

Ihre finanzielle Lage sieht nicht übel aus. Es gibt keinen Anlaß zu speziellen Sparmaßnahmen. Bei allem, was Sie in diesem Bereich vorhaben und planen, können Sie positive Impulse erwarten. Es wird kaum vorkommen, daß Sie sich in diesen 29 Tagen kleinere Wünsche nicht erfüllen können.

Vereinzelt stehen auch dem professionellen Sport gute Akzente zur Verfügung. Viele werden gefördert. Auch der physischen Beanspruchung sind Sie gewachsen. Was in diesen Wochen wirklich weiterhilft, ist das richtige Gespür für die richtigen Leute. Kleineren Differenzen im Bereich Liebe messen Sie bitte nicht zuviel Bedeutung bei. Sie sind jetzt bestimmt umgänglicher als bisher.

Die kosmischen Werte, die Ihnen jetzt zur Verfügung stehen, sind so ausgezeichnet, daß es in keinem Bereich etwas zu befürchten gibt.

Der berufliche Fortschritt erfordert Ihre ganze Aufmerksamkeit. Es kann sich gleich in den ersten Tagen etwas ereignen, was Ihrer Zukunftssicherung eine feste Basis liefert. Aktivieren Sie Ihren Ehrgeiz. Das Faulsein würde Ihnen jetzt nämlich viel mehr liegen.

Neue Gesichter tauchen in Ihrer nächsten Umgebung auf. Versuchen Sie, sich mit einigen von ihnen anzufreunden. So manch neue Bekanntschaft bringt Chancen, die nicht zu verachten sind. Eine Reihe von guten Tagen wird nach der ersten Woche zu erwarten sein. Es gibt viele unverhoffte Möglichkeiten: ein lieber Besuch, eine Einladung ins Theater oder in ein Konzert. Lassen Sie nichts aus, amüsieren Sie sich, wo sich die Gelegenheit bietet.

Nach dem 14. läßt das rastlose Bemühen um berufliche Vorteile etwas nach. Der beinahe manische Fleiß, den Sie sich aufgezwungen haben, braucht nicht mehr auf vollen Touren zu laufen. Eine etwas gemächlichere Arbeitsweise macht das Leben angenehmer. Der Tagesablauf ist nicht mehr hektisch.

Endlich ist auch für private Angelegenheiten wieder mehr Zeit. Zunächst steht die Familie im Mittelpunkt Ihrer Bemühungen. Sie haben viele nette Einfälle, um allen Familienmitgliedern gute Laune zu vermitteln. Das wird dankbar angenommen.

Diese gute Phase macht sich auch in Ihrer Freizeitgestaltung bemerkbar. Sie haben endlich wieder Spaß an einer sportlichen Betätigung. Es besteht überhaupt keine Gefahr, daß Sie sich in Ihr Schneckenhaus zurückziehen. Zum Einsiedlerdasein haben Esche-Leute keine Begabung. Wenn dies in den letzten Wochen vielleicht den Eindruck machte, waren kosmische Einflüsse daran beteiligt.

Auch im Bereich der Liebe läßt sich eine angenehme Zeit voraussagen. Sie haben sich eine Philosophie zugelegt, mit der Sie gut zurechtkommen. Wenn Sie jetzt meinen, daß etwas mehr Gefühl und Herzenswärme nicht schaden könnten, so haben Sie absolut recht. Es ist immer von Vorteil, auf die eigene innere Stimme zu hören. Jeder sogenannte gute Rat von anderen ist nur halb so gut wie diese.

Besonders die Esche-Damen müssen sich etwas einfallen lassen, um im Beruf Lorbeeren zu ernten. Es gibt da verschiedene Ursachen, die sie zurückhalten. Auch von Freunden sind kritische Worte über zuviel Arbeitseinsatz zu hören. Tun Sie, was getan werden muß, und gehen Sie Ihren Weg. Das intuitive Einfühlen von dem, was richtig ist und was für Ihr Fortkommen wichtig ist, wird sich in diesem Jahr noch häufig bemerkbar machen. Zwischen dem 10. und 18. können Sie damit rechnen, daß Ihre Finanzen so gut sind, sich das ein oder andere leisten zu können.

Damit wird eine deutliche Wende zum Positiven angekurbelt. Vergessen Sie jetzt alles, was in den vorangegangenen Wochen noch unangenehm war. Richten Sie Ihren Blick auf die Zukunft, und trauern Sie keinem Verlust nach.

Alle Vorgänge, die in Zusammenhang mit Liebe und Zuneigung zu bringen sind, können hervorragend bewertet werden. Einfühlungsvermögen und eine von Herzen kommende Wärme sind Ihnen so selbstverständlich, daß sich der Partner richtig verwöhnt vorkommt. Ohne Zweifel offenbart sich der Frühling den Esche-Leuten im Gefühlsleben. Zeigen Sie aber auch Herzlichkeit bei den Verwandten, vor allem bei Eltern und Geschwistern. Nicht nur mit Worten sollte sich die Zuneigung offenbaren, auch kleine Wünsche wollen erfüllt werden. Anerkennung, die Sie sich so sehr gewünscht haben, bekommen Sie jetzt. Mit diesen vielen kleinen und einigen großen Pluspunkten können Sie sich als Glückspilz im Monat April fühlen.

Dieser Erfolgsaspekt ermöglicht auch einiges in anderen Bereichen. Es würde sich lohnen, über einige Dinge nachzudenken, sich mit Problemen auseinanderzusetzen und demzufolge verschiedene grundlegende Veränderungen ins Auge zu fassen. Auch wenn Sie an manchen Tagen das geruhsame Leben suchen, sollten Sie sich nicht zweimal bitten lassen, wenn besondere Leistungen verlangt oder erwartet werden.

Ergibt sich ein Ortswechsel, vielleicht auch nur für einen vorübergehenden Zeitraum, kann das mit einer neuen Beziehung in Zusammenhang stehen. In diesem Nußbaum-Jahr muß von kurzfristigen Abenteuern abgeraten werden. Der siebte Himmel ist nicht zu erwarten, doch auch auf der Erde ist die Liebe etwas Wunderbares.

Das gute Verhältnis zur engsten Familie sollte wiederhergestellt werden. Wenn Sie sich hier eine Oase des guten Verstehens und Füreinander-Daseins schaffen, ist alles bestens. Eigentlich ist dies das Naheliegendste, das jedem einfallen sollte. Wo sonst kann man Sie besser verstehen als dort, wo Sie aufgewachsen sind, dort, wo man Freuden und Tränen mit Geschwistern erlebte. Was hindert Menschen heute daran, sich dort Heimat zu suchen, wo das Gefühl Heimat entstanden ist? Hat man sich wegen der üblichen Banalitäten auseinandergelebt, oder war Neid die Ursache? Wie schade, daß deshalb etwas so Kostbares kaputtgehen kann.

Alle Vorgänge sind in eine friedliche Atmosphäre eingebettet. Unangenehmes, das bei Esche-Damen für ziemlichen Wirbel gesorgt hat, pendelt sich auf eine erträgliche Gesamtlage ein. Alle Tendenzen werden gemäßigter. Davon profitieren auch Esche-Männer, die bisher nur geringfügig über Beschwerden zu klagen hatten.

Esche-Damen, die sich durch eine Ungeschicklichkeit eine Chance verdorben haben, weil sie wieder einmal nicht anders konnten, als sich auf die typische Escheart zu verhalten, erwartet nun doch noch ein Liebesglück. Ist jedoch eine Bindung endgültig in die Brüche gegangen, bemühen Sie sich nicht um Wiederherstellung. Ein Wechsel, der sich in einem derartigen Fall geradezu aufzwingt, ist eine Notwendigkeit und ein Akt der Selbsterhaltung.

Haben Sie aber noch keine neue Basis (mit deutlicheren Worten: noch keinen neuen Liebhaber) gefunden, so wird der Trennungsprozeß schon schmerzhafter. Plagen Sie sich nicht mit »Hätte ich doch ..., soll ich wieder?«. Sie werden in diesem Nußbaum-Jahr auch mit diesen gewiß nicht ganz einfachen Problemen fertig.

Bei am Tag geborenen Esche-Leuten zeigen sich kosmische Impulse besonders intensiv, die den Freundschaftsbereich günstig beeinflussen. Hier ist Ihre Kontaktfreudigkeit ganz besonders groß. Es ergeben sich gute Gespräche mit Menschen, die bisher nur eine Randerscheinung in Ihrem Bekanntenkreis waren.

Diese Junitage werden nicht immer bequem sein. Zunächst sieht es nach Differenzen am Arbeitsplatz aus. Sie bringen Sie sicher nicht aus der Fassung, aber Ihre Nerven werden dennoch strapaziert. Hadern Sie nicht mit Ihrem Schicksal, wenn es einmal nicht nach Ihren Wünschen läuft. Sind sie Ungerechtigkeiten ausgesetzt, müssen Esche-Leute lernen, sich zum Lebenskünstler zu mausern. Über die Schwächen anderer Leute lächeln zu können gehört dazu.

Gefühlsmäßige Bindungen, die bei Ihnen auch im Freundeskreis wichtig sind, werden einige Prüfungen zu bestehen haben. Auch beim täglichen Zusammensein mit Kollegen wird nicht alles glattgehen. Lassen Sie sich nicht weismachen, daß man Sie entbehren kann. Der Juni ist für manche Baum-Symbole ein Bursche mit Härte, das wird auch bei einigen Ihrer Kollegen der Fall sein.

Geschäftlich tut sich nichts Bemerkenswertes. Für Kaufleute ist sogar »Saure-Gurken-Zeit« angesagt.

Dafür nimmt Sie das Privatleben stark in Anspruch. Vielleicht ist es eine neue Bekanntschaft, die Ihre Aufmerksamkeit besonders erregt: Die kosmischen Werte deuten darauf hin. Erwartungen der angenehmsten Art sind durchaus berechtigt. Zärtliche Gefühle, die Ihnen das Herz wärmen, kommen auf. Zeigen Sie offen, wieviel Ihnen an der Liebe liegt und wie sehr Sie sich Liebe erwarten. Eigenartigerweise werden zugleich mit diesen Gefühlen auch Aggressionen wirksam, die bei Esche-Leuten der zweiten Dekade selten sind. Das Element Erde, mit der Kraftzugabe von Feuer, steuert dieses ungewöhnliche Verhalten. Es steht nicht im Widerspruch zu Ihrer Liebessehnsucht. Die Energie, die die Liebe unter die Fittiche nimmt, ist nun mal nicht klein, sanft und bescheiden. Jede Sorge, daß deshalb etwas schieflaufen könnte, ist unbegründet. Kapriolen im Bereich der Liebe können amüsant sein. Es ist nur zu hoffen, daß der für Sie in Frage kommende Partner Verständnis dafür aufbringt.

Einige unter den Esche-Geborenen jagen möglicherweise einem Projekt hinterher, das ihnen die Aussicht gibt, sich an einem anderen Ort niederzulassen. Sie werden sich Schwierigkeiten damit einhandeln. Wenn Sie klug sind, geben Sie Ihre Bemühungen auf, bevor Sie sich damit in Unkosten stürzen, die sich nicht bezahlt machen.

Sind da noch innere Widerstände zu überwinden? Machen Sie sich an die Arbeit, und warten Sie nicht darauf, daß man mit diesem Anliegen auf Sie zukommt. An Ihrer Initiative wird es nicht fehlen, das zeigen schon die ersten beiden Wochen dieses Monats.

Auch der Arbeitsbereich erwartet das von Ihnen. Berufliche Fortbildung, geschäftliche Ausweitung, eine neue Nebenbeschäftigung, all dies kann jetzt möglich werden. Das richtige Gespür für Leute, die sich Ihrem persönlichen Stil anpassen, bringt Ihnen eventuell auch eine reizende neue Bekanntschaft, die nicht schon übermorgen wieder vorbei sein wird.

Finanzielle Probleme können ohne viel Aufhebens gelöst werden. Geld als solches ist vielen Esche-Leuten nicht unbedingt wichtig. Vielleicht tun sich gerade deshalb überall Quellen auf. Die Basis für einen deutlichen Fortschritt ist geschaffen, die Wurzeln des Habens und Besitzens haben genügend Nahrung, um dem Bäumchen, das sich entwickeln soll, Kraft zu geben. Gehört es heute dazu, über einen gewissen Besitz zu verfügen, so bringt dieser Juli die Bestätigung, daß Sie in dieser Hinsicht über ein ausgezeichnetes Polster verfügen.

Die freundlichen kosmischen Energien beginnen in konzentrierter Form zu wirken. Was Sie tun, wie Sie sich verhalten – alles ist nun nahezu perfekt.

Viele Angelegenheiten, die Sie bisher äußerst uninteressant gefunden haben, wecken Ihre Neugierde. Das kann eine sportliche Betätigung sein, die Mitgliedschaft in einem Verein oder ein Besuch bei Leuten, die eigentlich nicht ganz Ihrem Geschmack entsprechen. Es gibt unendlich viele Dinge, die auf dieser Liste stehen. Sicher werden Sie etwas finden, das Ihnen irgendwie Spaß macht und Ihrem Alltag die Eintönigkeit nimmt.

Saisonbedingte Geschäfte müssen bis zur letzten Möglichkeit ausgenützt werden. Lassen Sie sich in keinem Fall von Leuten davon abhalten, die zu den ewigen Miesmachern gehören.

Die Familie macht Ihnen Vorschläge, den einen oder anderen Angehörigen in Ihre Geschäfte einzubeziehen. Überlegen Sie sich das, und zeigen Sie sich zu Beginn sehr vorsichtig. Es sieht zwar nicht negativ aus, was da an Sie herangetragen wird, doch so ohne weiteres darf nichts akzeptiert werden.

Es wird nun endlich ein Sommer werden, der keine Wolke mehr am Himmel zeigt. Esche-Leute können freundliche kosmische Werte erwarten, in besonderem Ausmaß die Damen. Zum ersten Mal in diesem Nußbaum-Jahr wird der seelische Bereich voll berücksichtigt. Verständnis zeigen alle Leute der näheren Umgebung: Lebensfreude zeigt sich in Ihrer Ausstrahlung. Es wird kaum jemand mit Ihnen zu tun haben, der sich nicht freundlich und entgegenkommend zeigt. Liebe, Frohsinn und Zuversicht machen Ihnen das Leben jetzt zur reinen Freude. Zeigten sich vor wenigen Wochen noch Unannehmlichkeiten im Familienleben, so wird hier nichts mehr geschehen, das Ihren Wünschen entgegenstehen oder die gute Laune verderben könnte. In welchem Entwicklungsstadium Ihre Liebesbeziehung sich jetzt auch befindet, Sie bekommen zusätzliche Akzente geliefert, die jeder Bindung eine besondere Intensität verleihen.

Befriedigend, glücklich oder überwältigend, Sie können sich je nach dem Stand der Dinge einen dieser Werte für Ihre persönliche Lage aussuchen. Eine Steigerung des Glücksgefühls, ob im seelischen oder erotischen Bereich, ist jedenfalls für Esche-Leute vorgesehen. Diese ausgezeichneten und wohl einmaligen Aspekte sollten auch für andere Interessengebiete von Nutzen sein. Unabhängigkeit und Selbstbewußtsein sind jetzt nicht nur schöne Worte, sie sind durchaus realistisch. Ihr Erfolgskurs zeigt steigende Tendenz an. Gedanken um das liebe Geld sind erst in den noch vor Ihnen liegenden Monaten aktuell. Gönnen Sie sich im August den Luxus, Geld als herrliche Nebensache zu betrachten. Was im Klartext heißt: Man gibt es aus, gönnt sich und den nächsten Lieben all das, was man sich bisher aus Ersparnisgründen versagt hat. Leben und leben lassen, ist jetzt Ihr Wahlspruch. Ihre Umgebung kommt aus dem Staunen nicht heraus. Man kennt Sie nur als zurückhaltenden Menschen, sparsam und nicht besonders redselig. Nun aber spielen Sie den Schmetterling, der seine Freude an der Sonne, den Blumen und den Farben ganz offenkundig zur Schau trägt und selig durch sein Dasein flattert.

Bei manchen Esche-Leuten ist der Weg zum Lebenskünstler endgültig frei geworden. Sollte sich bis jetzt noch kein passender Partner gefunden haben, es wird nicht mehr lange dauern, bis auch in diesem Bereich Ihre Wünsche und Vorstellungen in Erfüllung gehen.

Hürden, Hindernisse, Schwierigkeiten, die nie ausbleiben, können ohne besonderen Aufwand an Mühe überwunden werden. Ihre nächsten Angehörigen werden Sie bewundern, schon eine geraume Zeit haben Sie nicht mehr einen so guten Eindruck gemacht wie jetzt. Sie selbst spüren die Wohltat einer inneren Sicherheit, die Ihre Seele frei, sogar beschwingt macht. Trotzdem, verlieren Sie nichts von der Herzenswärme und dem Empfinden für Menschen, denen es nicht so gutgeht. Sie finden die besten Bedingungen vor, um dem Leben die heitere Seite abzugewinnen.

Alles, was Ihre Seele anrührt, wird vom Gefühl getragen, und das macht auch aufmerksam und empfänglich für Genüsse, die die Kunst schenkt. Hier ist es besonders die Musik, die Ihnen Harmonie vermittelt, so daß Sie alles nur noch mit blanken Augen sehen und mit empfindsamen Ohren hören. Lassen Sie diese wunderbare Zeit nicht achtlos vorübergehen. Erinnern Sie sich jeden Tag daran, daß das jetzige Erleben ein Geschenk ist. Wer sich von den Esche-Leuten mit Kunst beschäftigt, vielleicht sogar einen Beruf daraus gemacht hat, hat jetzt die besten Aussichten auf einen kleinen Sondererfolg. Die Anerkennung Ihrer Begabung ist selbstverständlich, und das damit verbundene finanzielle Plus wird Ihnen besonders zusagen.

Manches kann jetzt erreicht werden, was man sich in Tagen und Wochen, vielleicht auch in schlaflosen Nächten ausgedacht und erträumt hat. Die schönste Tatsache dabei ist, daß Sie es Ihrer eigenen Tüchtigkeit zu verdanken haben und nicht etwa Zufällen. Ihr Geburtsbild, das sich mit dem der Linde in einem guten oppositionellen Aspekt befindet, schafft im Zusammenklang mit ausgewogenen elementaren Kräften ein harmonisches Gefüge, aus dem eigentlich nur Vorteile wachsen können.

Herzensangelegenheiten werden bei all den erfreulichen Geschehnissen nicht nachteilig ablaufen. Ein zärtliches Zusammenleben ist selbstverständlich geworden, und Sie finden liebe, fürsorgliche Worte.

In der letzten Woche flackert da und dort unter den Esche-Leuten ein besonderes Liebesverlangen auf. Daß das eine Sache mit Stil ist, dafür sorgen ausgezeichnete Impulse, an denen der gute alte Mond nicht ganz unbeteiligt sein dürfte.

Endlich schenken Sie auch dem Bereich Liebe wieder volle Aufmerksamkeit. Von romantischen Träumen bis hin zur Verführung eines widerstrebenden Wesens kann alles auf dem Programm stehen. Spannungen, die sich ergeben, wenn Begehren und Erfüllung sich nicht ergänzen, werden an der Tagesordnung sein. Nun, Esche-Leute wissen, daß dies nicht unbedingt ein Nachteil sein muß.

Sie zeigen eine traumwandlerische Sicherheit, wenn es darum geht, sich einen Freundeskreis zuzulegen, der Ihren Erwartungen entspricht. Bei den Esche-Damen zeichnet sich diese Tendenz in einer besonders herzlichen Beziehung zu einer gleichaltrigen Frau ab, mit der sie viele gemeinsame Interessen haben.

Da so intensive Einflüsse selten von langer Dauer sind, sollten Sie alle Hebel in Bewegung setzen, um baldmöglichst die richtige Einstellung zu einem Problem zu finden.

Ist der 17. dann erreicht, finden Sie zu den realen Tatsachen und damit zur gewohnten Lebensweise zurück. Ihr inneres Gleichgewicht funktioniert wieder perfekt, und Beruf, Liebe, Familie und Freunde haben alle den gleichen Stellenwert. Die Balance ist wiederhergestellt.

Überlegtes Denken, Emsigkeit und Anpassungsfähigkeit bringen rasch wieder die gewohnte Ordnung in Ihr Leben. Mit den Leuten des näheren und weiteren Umkreises verstehen Sie sich gut, und da und dort können Sie ein herzliches Gespräch führen, das über den üblichen Small talk hinausgeht.

Im Bereich der Möglichkeiten liegt eine finanzielle Aufstockung zum Monatsende. Damit wird etwas aufgerufen, das Sie bisher kaum entdeckt haben: Luxus und Extravaganz. Handhaben Sie es selbstverständlich. Warum auch nicht! Geschmack und Stil sind Esche-Leuten keine Fremdwörter, und niemals wird aus dem Vergnügen, Geld dafür ausgeben zu können, pure Protzerei.

Ab und zu sollten Sie sich jetzt etwas Ruhe gönnen. Ihre körperlichen Funktionen können nicht so optimal sein, wie Sie es bisher gewohnt waren. Sie wissen vielleicht nicht, wo Sie ein Übel anpacken sollten. Horchen Sie einmal gründlich in sich hinein: Kopf, Magen und andere Organe Ihres Körpers werden Ihnen für die Sorgfalt dankbar sein.

Die Energiezufuhr durch bewußtes Essen und Trinken auf ein ausgewogenes Maß zu beschränken, ist eine wunderbare Sache. Es braucht nicht gleich in eine Hungerkur ausarten. Fastentage, seit Hunderten von Jahren in allen Weltreligionen äußerst klug eingebaut, zeigen stets eine Besserung des allgemeinen körperlichen und seelischen Wohlbefindens.

Die Tage werden ruhiger, die Stürme legen sich. Die ruhige, zuverlässige Mutter Erde nimmt die Natur unter ihre Fittiche. Auch für Esche-Geborene wird das Element Erde zum Urheber für alles, was im Bereich des Berufs geschieht. Neue Wissensgebiete sollten aufmerksam studiert werden. Samt und sonders sind jetzt Bemühungen gefragt, die einen vorbereitenden Charakter haben. Vielfältig muß Ihr Interesse sein. Wie ein Eichhörnchen sollten Sie alles sammeln, was irgendwann einmal nützlich sein kann.

Natur- und Kunstgenuß sollte in der zweiten Novemberhälfte vor jeder anderen Freizeitbeschäftigung den Vorrang bekommen. Das ergänzt Ihre Bemühungen um seelisches und leibliches Wohl.

Versucht Ihnen jemand einmal die gute Laune zu verderben, reagieren Sie nicht darauf. Sie haben Ihre Energie für andere Dinge aufzubringen, kleinkariertes Geplänkel muß für Sie unwichtig werden. Nur das ist für Sie von Nutzen. Sie werden am Ende dieses Monats einsehen, daß vieles, wenn nicht alles, aus dem Innern heraus gesteuert werden kann.

Ältere Jahrgänge, die sich längst mit derartigen Gedanken angefreundet haben, schauen sich lieber nach der Liebe um. Fassen Sie Mut, lassen Sie sich ruhig einmal etwas einfallen, das außerhalb der allgemeinen Vorstellungen liegt.

Dieses relativ ergiebige Jahr endet genau so, wie Sie sich das von einem guten Jahr erwarten: Gelassene Heiterkeit und Zufriedenheit sind in den letzten Wochen ständig gegenwärtig.

Esche-Leute sind an einem Punkt angelangt, wo sie keinen noch zu erwartenden Erfolg so verlockend finden, daß sie sich ernsthaft damit befassen würden oder gar ein aktives Verhalten an den Tag legen könnten. Müdigkeit macht sich bemerkbar, die nicht das körperliche Befinden betrifft. Es ist eine Müdigkeit der Seele. Sie fühlen sich ausgebrannt, was nicht unbedingt negativ sein muß. Das Ausgebranntsein der Seele macht Sie hellhörig für die Vorgänge in aller Welt, die in zunehmendem Maße chaotisch sind. Deshalb ist der Zustand des Ausgebranntseins durchaus positiv. Sie zeigen sich im Beruf nicht mehr so ehrgeizig und verzichten darauf, sich in der Gesellschaft von Freunden zu stark zu engagieren.

Nur in der Familie bemühen sich die Esche-Leute noch um einen betont freundlichen Umgangston. Es ist wohl die allgemein aufkommende Weihnachtsstimmung, die für Herzlichkeit sorgt.

Eschen der jüngeren Generation überkommt Fernweh, was für den Monat Dezember ziemlich ungewöhnlich ist. So schwierig es werden dürfte, diesem Verlangen nachzugeben, so schwierig wird es auch, diese seelische Belastung auszuhalten. Erst nach der Wintersonnwende bessert sich dieser Zustand, und ziemlich ratlos blicken Sie auf die bereits hinter Ihnen liegenden 21 Tage, die Sie sich nicht erklären können.

Die steigende Tendenz, die von der zunehmenden Kraft der Sonne bestimmt wird, offenbart sich in Ihrem Baum-Symbol als ein wahrer Segen. Endlich finden Sie wieder zu Ihrem Ich, und nach dem trüben Himmel der hinter Ihnen liegenden Tage sind Sie ordentlich erleichtert. Sie beschäftigen sich intensiv mit der eigenen Person, auch das ist für Esche-Leute ungewöhnlich – aber Sie finden Gefallen daran. Sie stellen zum Jahresende fest: Sie sind beliebt und tun alles, um dies noch zu steigern. Großzügig verteilte Komplimente machen das möglich.

Hainbuche 2000
4. 6.–13. 6. / 2. 12.–11. 12.

Die Hainbuche ist ein schöner, leider recht selten gewordener Baum. Weit verzweigt ist sein Geäst, die Blätter sind zart und schon beim kleinsten Windhauch in heftiger Bewegung. So, wie dieser Baum seine Zweige schon knapp über dem Boden in die Höhe wachsen läßt, so von Idealismus erfüllt sind die beiden Dekaden in der Jugendphase. Es ist nur zu hoffen, daß Hainbuche-Geborene ein vernünftiges Umfeld haben, damit diese Idealvorstellungen nicht erstickt werden.

Geistig äußerst beweglich und körperlich gewandt, stellt die erste Dekade auch handwerklich recht geschickte Leute. Nach dem 21. Lebensjahr ist das Streben ganz auf den beruflichen Erfolg gerichtet. In der Berufswahl hat man sich bis zu diesem Zeitpunkt meist noch nicht endgültig festgelegt.

Die Dezember-Geborenen zeigen sich zusätzlich auch noch als Draufgänger mit einer überdimensionalen Reisefreudigkeit und einem betonten Expansionsbedürfnis.

Vieles, fast ist man versucht zu sagen alles, gelingt diesen Glückskindern. Ihre Vitalität ist sprudelnd wie ein Gebirgsbach. Mühelos gelingt es ihnen, eine ganze Clique von Freunden in ihr Kielwasser zu verfrachten.

Die Liebe macht beiden Dekaden kein Kopfzerbrechen. Eine umwerfende Offenheit schließt jedes Mißverständnis aus.

Sie lieben die Liebe mit all ihren Begleiterscheinungen. Dieser umwerfenden Offenbarung ist nichts entgegenzusetzen, und Kleingeister, unbedarfte Seelen, sind im Umfeld dieser Menschen kaum anzutreffen.

Werden die eigenen Vorstellungen einmal nicht geteilt oder die Liebe nicht erwidert, dann wird sicher nicht resigniert, sondern man fängt voller Optimismus etwas Neues an.

Konzentrierte Sonnenenergie für meinen Baum

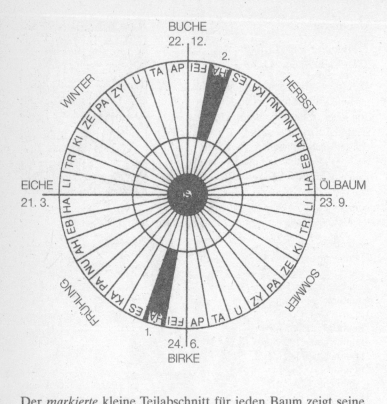

Der *markierte* kleine Teilabschnitt für jeden Baum zeigt seine Position innerhalb der vier Jahreszeiten an.

Die zu dieser Jahreszeit wirksame Sonneneinstrahlung ist für astrologische Erkenntnisse auch heute noch äußerst bedeutungsvoll.

Die *einzelnen Baumfelder* sind mit den *Anfangsbuchstaben des betreffenden Baumes* gekennzeichnet.

Wer paßt zu wem?

Hainbuche

1. Dekade: 4. 6.–13. 6.
2. Dekade: 2. 12.–11. 12.

Die Zugehörigkeit eines Baum-Symbols zu einem der vier Elemente, Feuer, Wasser, Luft und Erde, muß für die Beurteilung harmonisierender Partnerbeziehungen berücksichtigt werden. Diese fundamentale Wichtigkeit ist bei der Gegenüberstellung der einzelnen Dekaden berücksichtigt. Wenn Sie in der folgenden Aufstellung nicht die Daten Ihres Partners finden, seien Sie nicht beunruhigt. Liebe hat 1000 Facetten, in ihr letztes Geheimnis kann kein Horoskop der Welt Einblick geben.

Hainbuche 1. Dekade	Zypresse	1. Dekade
Hainbuche 2. Dekade	Zypresse	2. Dekade
Hainbuche 1. Dekade	Pappel	1. Dekade
Hainbuche 2. Dekade	Pappel	3. Dekade
Hainbuche 1. Dekade	Zeder	1. Dekade
Hainbuche 2. Dekade	Zeder	2. Dekade
Hainbuche 1. Dekade	Kiefer	1. Dekade
Hainbuche 1. Dekade	Haselnuß	2. Dekade
Hainbuche 2. Dekade	Haselnuß	2. Dekade
Hainbuche 1. Dekade	Eberesche	2. Dekade
Hainbuche 2. Dekade	Eberesche	1. Dekade
Hainbuche 1. Dekade	Ahorn	2. Dekade
Hainbuche 2. Dekade	Ahorn	1. Dekade
Hainbuche 1. Dekade	Esche	1. Dekade
Hainbuche 2. Dekade	Esche	2. Dekade
Hainbuche 1. Dekade	Hainbuche	1. Dekade
Hainbuche 2. Dekade	Hainbuche	2. Dekade
Hainbuche 1. Dekade	Feigenbaum	1. Dekade
Hainbuche 2. Dekade	Feigenbaum	2. Dekade
Hainbuche 1. Dekade	Ölbaum	23.9.

Die jüngeren Jahrgänge bekommen auffällige Veränderungswünsche der Familie zu spüren. Es kann sein, daß dies vereinzelt nicht erwünscht ist, vielleicht sogar als eine Einmischung in die privatesten Vorgänge empfunden wird, die nicht akzeptiert werden können. Bitte lassen Sie keine Sorgen und keinen Ärger aufkommen. Es wird sich recht schnell als ein Schlag ins Wasser herausstellen.

Neuregelungen sind auch im Beruf vorgesehen, hier erweist sich das jedoch als nützlich und zu Ihrem Vorteil. Sie haben keine Mühe, sich diesem Trend zu unterwerfen, doch überstürzte Maßnahmen sind auch hier völlig sinnlos und ohne jede Aussicht auf die erhofften Erfolge. Vor allem ist es die Juni-Dekade, die sich widersetzt und deutlich zeigt, daß eine etwas längere Anlaufzeit besser wäre und dann auch ein emsigeres Bemühen auslösen würde.

Sie sollten jetzt einmal eine Ausnahme machen und sich sofort mit den Wünschen und Vorschlägen einverstanden erklären.

Ermöglicht dies gar eine Verbesserung Ihrer finanziellen Situation, klemmen Sie sich sofort hinter diese Angelegenheit, ganz egal, ob sie Ihnen gelegen kommt oder nicht.

Die besondere und jetzt recht auffällige Zuwendung eines Mitarbeiters steht damit sicher in Verbindung. Verfallen Sie nicht auf den Gedanken, sich distanziert zu verhalten. Kollegen oder Kolleginnen versprechen sich möglicherweise einen zusätzlichen Gewinn, wenn sie im Kielwasser Ihrer bevorzugten Position mitschwimmen können.

Alles, auch diese Tendenz, muß geprüft werden. Dieser Januar ist für alle Hainbuche-Leute ein Startschuß, der alle geschäftlichen Vorgänge in Gang bringt. Auch wenn sich das alles noch nicht klar abzeichnet, die Tendenzen sind unterschwellig vorhanden.

Erfreuliche Impulse zeigen sich eigentlich überall dort, wo Sie eventuell Öffentlichkeitsarbeit in ganz besonderem Umfang leisten müssen.

Unter den Mitarbeitern zeigt sich endlich Kameradschaftsgeist, und niemand nimmt es übel, wenn Sie die Zusammenarbeit aktivieren. Es ist klar, daß damit die Atmosphäre am Arbeitsplatz eine positive Entwicklung nimmt und sich endlich ein Zusammenhalt ergibt, der jedem einzelnen guttut.

Hainbuche-Leute, die in kaufmännischen Berufen tätig sind, bekommen nun gute Chancen, auf sich aufmerksam zu machen. Scheuen Sie sich nicht, sich ein kleines Tätigkeitsfeld aufzubauen, das alleine von Ihrer Initiative lebt.

Bedeutende Leute haben mit den kosmischen Energien, wie sie jetzt wirksam werden, ihren Durchbruch geschafft. Lassen Sie sich nicht aufhalten, auch wenn man Ihre Beharrlichkeit und Ihr beinahe eigensinniges Festhalten an der eigenen Meinung, an der eigenen Überzeugung, als »stur« bezeichnet.

Verlassen Sie sich auf Ihren gesunden Menschenverstand und Ihr gutes Gespür. Gute Ergebnisse sind nur dann nicht zu erwarten, wenn Sie gegen Ihre eigene Überzeugung handeln.

Nur im privaten Bereich ist Nachgiebigkeit gefragt. Seien Sie hier nicht zu unumstößlich von Ihrer Meinung überzeugt. Auch im weitesten Familienbereich sollte Liebe das Regiment führen.

Besonders den Dezember-Hainbuchen ist ein seidenweiches Verhalten anzuempfehlen. Es darf nur die feminine Note zur Geltung kommen. Für die Dezember-Leute mit angeborenem autoritärem Verhalten ist dies nicht leicht.

Nachdem gegen Ende Februar der Beruf nicht mehr Ihr vollstes Interesse beansprucht, verlegen Sie Ihre Aktionen in den Bereich der Liebe.

Es kann mit interessanten Geschehnissen gerechnet werden, die eine Intensivierung einer schon bestehenden Liebesbeziehung ermöglichen. Initiative ist gefragt, die Ausschaltung eines Rivalen oder einer Rivalin wird dann kaum zum beschwerlichen Kraftakt.

In diesem März wird das Thema Liebe für Hainbuche-Leute beider Dekaden äußerst wichtig. Bringen Sie Verschiedenes in Ordnung. Keine Vorwürfe, keine Rachegedanken, auch wenn Sie denken, daß Ihnen Unrecht geschehen ist. Machen Sie Ihren Kopf frei von allem, was nach Unzufriedenheit aussieht.

Im Juni geborene Hainbuche-Männer bekommen das sicher zu spüren. Erinnern Sie sich: Am schnellsten erholt sich bei Ihnen eine brüchig gewordene Liebesverbindung, wenn Sie sich nicht unentwegt um »Gut Wetter« bemühen. Ihre Verfassung ist auch ohne die hundertprozentige Zuneigung eines Partners in Ordnung.

Wenn also nicht alles perfekt abläuft, werden Sie nicht unzufrieden. Sich einmal rar zu machen ist ein gutes Mittel, um die Gegenseite auf Ihre eigenen Qualitäten aufmerksam zu machen.

Ihr gutes Gespür im Bereich Freundschaft macht sich bemerkbar. Daß damit andere Interessen stark reduziert werden, steht außer Frage. Überlassen Sie sich diesem Trend, der Ihnen auch neue Kontakte einbringen wird. Bei Hainbuche-Leuten ergibt sich damit auch die Chance, sich einem völlig neuen Personenkreis anzuschließen.

Eine kleine Reise oder eine vorübergehende Ortsveränderung könnte ebenfalls eine etwas bessere Laune auslösen. Nehmen Sie sich diese Freiheit, auch wenn Sie damit auf Widerstand stoßen.

Ab Mitte März verhalten Sie sich wieder völlig »erdgebunden«. Das heißt: Die Realität hat Sie wieder voll im Griff. Eine objektive Einstellung und logisches Denken werden Ihnen den Weg weisen, auf dem Sie sich am wohlsten und am sichersten fühlen.

Beschäftigen Sie sich beruflich oder auch nur in der Freizeit mit Musik, so kommen Sie in eine Phase, die Ihnen reine Freude schenken wird. In künstlerischen Bereichen ein Glück zu erfahren versorgt mit unvergeßlichen Eindrücken, die immer wieder aus der Versenkung auftauchen und in einen Glückszustand versetzen können.

Sie bekommen Gelegenheit, sich völlig neues Wissen anzueignen. Die Vergangenheit ist Ihnen nicht mehr wichtig. Es wird sich Neues ergeben, Ihre Zukunft sieht rosiger aus, als Sie sich das jemals erträumt haben.

Sie kennen weder Ängste noch Bedenken, denn Sie können Hilfe oder aufmunternde Worte erwarten, wenn sich kritische und total ungewohnte Situationen ergeben sollten. Sind es Angelegenheiten, die schnell geregelt werden müssen, ist dieser April dafür genau der richtige Zeitpunkt. Möglich ist auch, daß Sie durch einen überraschenden Rechtsbeschluß absolute Handlungsfreiheit bekommen.

Sie werden wenig Mühe haben, all diese ungewöhnlichen Aufgaben zu bewältigen. Wichtig ist dann nur noch, daß Sie sich nicht mit der Vergangenheit belasten. Diese wird Ihnen überhaupt keine Gedanken mehr wert sein. Lediglich verschiedene Leute aus dem familiären Umfeld werden versuchen, Sie immer wieder damit zu konfrontieren.

Sie sind mit Beginn des April besonders ehrgeizig und intensiv darum bemüht, die letzten störenden Grenzen, die Ihr Leben bisher eingeengt haben, zu überwinden.

Mit Freundschaften geht es Ihnen ebenso. Hier sollte der endgültige Schlußstrich nicht so rigoros gezogen werden.

Ende des Monats dürfen Sie Ihre Freizeit restlos für Ihre privaten Ambitionen reserviert halten. Nur so nebenbei läßt sich im Bereich der Liebe nichts aufbauen, nichts entwickeln und nichts vollenden. Das Wichtigste ist zuhören zu können.

Doch auch die eigenen charakterlichen Vorzüge dürfen herausgestellt werden. Sie haben genug zu bieten, um nicht in Verlegenheit zu kommen.

Es wird ein zufriedenstellender Monat, der nur wenig Schönheitsfehler aufweist.

Lassen Sie nicht zu, daß inkompetente Leute sich jetzt um Ihre Angelegenheiten kümmern. Ihre Grundstimmung ist ausgezeichnet, und verwandtschaftliche Bemühungen sind nicht notwendig.

Ihre durch Ihre Berufsarbeit sehr in Anspruch genommene Konzentrationsfähigkeit und Ihre Energiereserven vertragen keine Störung von irgendwelcher Seite. Haben Sie gar äußerst strapazierte Nerven, müssen Sie schleunigst Gegenmaßnahmen ergreifen. Ein verlängertes Wochenende wäre eine gute Therapie. Halten Sie sich daran, als wäre es Ihnen von einem Arzt empfohlen, der Ihre Beschwerden genau kennt.

Sehen Sie sich nach einem schönen Fleckchen Erde um, zu dem keine lange Anreise notwendig ist. Lassen Sie dann von Freitag abend bis Montag morgen fünf gerade sein. Das könnte Sie zum Gipfel Ihres Wohlbefindens zurückführen.

Dieser Mai und die Schönheit der Natur in diesem Wonnemonat haben unbestritten die Möglichkeit, Ihnen eine gute, zuversichtliche Laune zu vermitteln.

Keine Hainbuche wird es dann noch fertigbringen zu sagen: Das Leben ist zum größten Teil eine Plage!

Für den Beruf animiert und für den Alltag gestärkt, werden auch Sie nicht mehr grau in grau sehen. Ungebrochenes Selbstvertrauen und ungebrochene Freude am Leben bringen Pluspunkte, die sogar materielle Wünsche nahestehender Menschen in Erfüllung gehen lassen.

In der Familie ist Anpassung nicht zu erwarten. Freunde versorgen Sie dagegen mit ausgesprochener Zuneigung. Ihr Interesse beschränkt sich jedoch auf wenige Treffen, zu denen Sie sich noch selbst überreden müssen. Sie sind so sehr mit sich selbst beschäftigt, daß dies nicht verwunderlich ist.

Sie sollten den Beziehungen zu den Menschen Ihres Umfeldes wieder mehr Aufmerksamkeit schenken. Hainbuche-Leute sind nicht dafür geeignet, für lange Zeit allein zu bleiben.

Der Bereich im kosmischen Geschehen, der sich mit diesem Problem befaßt, ist in das Blickfeld der Hainbuche-Leute geraten. Auch die Verbundenheit mit einem gemeinsamen Schicksal kann damit angesprochen sein. Dies ist ein Grundgedanke unter vielen, der Menschen unentwegt beschäftigt, wenn diese Strömungen wirksam werden.

Es ist der große Spiegel, in dem man sich nicht alleine, sondern gemeinsam mit Menschen sieht, die ihren Lebensweg für eine kurze Zeit oder auch für immer mit uns teilen.

Dieser Juni ist insbesondere für den Austausch von geistigen Interessen vorgesehen. Auch Leute Ihrer weiteren Umgebung werden sich über Ihre veränderte Haltung freuen.

Nehmen Sie sich Zeit für diese Tage, die selten sind.

Ist ein Urlaub geplant, werden Sie ihn so genußreich verbringen wie selten zuvor. Das Gefühl, einen Rückhalt zu haben, empfindet man endlich als »kleines Glück«.

Vollkommen ausgesöhnt mit den Menschen, die Sie lieben oder die Sie sympathisch finden, gelöst von allein kleinlichen Gedanken – plötzlich lebt es sich nicht nur leichter, sondern auch angenehmer. Sie werden aus einem Urlaub, der diese Erfahrungen ermöglicht, erheblichen Nutzen ziehen können.

Einem Partner bzw. einer Partnerin wird Ihre besondere Aufmerksamkeit recht guttun. Das Wichtigste ist jedoch, Sie befassen sich mit Ihren guten und weniger guten Veranlagungen. Es genügt nicht, nur Hunger und Durst zu befriedigen. Um sich in der eigenen Haut wohl zu fühlen, braucht es etwas mehr. Eine konzentrierte stellare Kraft hilft dabei.

Der Trend, der sich schon im Juni abzeichnete, setzt sich in diesen Juli-wochen fort. Es werden Tage und Wochen des verständnisvollen Miteinanders.

Der Bereich Liebe und Partnerschaft profitiert davon am meisten. Möglich wäre sogar, daß dieser gesamte Komplex eine neue Einstellung von Ihrer Seite erfährt. Ganz besonders werden Evas Töchter zu spüren bekommen, daß der Wert einer Zuneigung alle eventuellen finanziellen Zuwendungen überwiegt.

Einzelne, besonders vorteilhaft von kosmischen Einflüssen bedachte Hainbuche-Damen werden in der Art, wie sich Liebe jetzt offenbart, einen Rettungsanker sehen.

Hier kann und darf das Leben nicht ständig, wie es im Beruf so häufig der Fall ist, von einem »Du mußt und du sollst« begleitet sein.

Einfach loslassen, tun, was die Liebe eingibt, das ist es, was zufrieden macht. Sie werden spüren, wie schnell, wie frei und erleichtert Ihr Herz und Gemüt darauf ansprechen.

Bisherige Single-Hainbuchen werden mit dieser Haltung, die automatisch ein angenehmes Flair vermittelt, die Möglichkeit haben, nette Bekanntschaften zu machen. Dahinter muß nicht die Absicht stecken, unter allen Umständen einen Partner zu finden.

Dieses verbissene Bemühen schreckt nämlich viele Männer von vornherein ab, auch weibliche Wesen sind davon nicht begeistert.

In der letzten Juliwoche muß sich die gefühlsbetonte Art, die sich im Wirkungsbereich der Hainbuche-Leute eingenistet hat, eine Korrektur gefallen lassen.

Die Dezember-Hainbuchen haben nicht das geringste dagegen, sie sind nicht sehr von Empfindungen abhängig. Sie wissen immer, was das beste für das Ich ist, und sie sind auch nicht zu schüchtern, um das offen zu sagen. Diese Selbstsicherheit der Dezember-Hainbuche ist ein Phänomen, das man erlebt haben muß! In diesem Juli wird sich das bestätigen ...

Es pendelt sich zunächst alles auf ein schönes Gleichgewicht ein, das Sie eigentlich schon in die Wiege gelegt bekommen haben.

Nach den etwas unübersichtlichen Geschehnissen im Frühjahr gilt Ihr Interesse naturgemäß Ihrer Zukunft. Sie werden schnell feststellen, daß dieser August Außergewöhnliches mit Ihnen vorhat.

Zunächst steht das »süße Nichtstun« an. Es sollte als Ruhe vor oder nach dem Sturm aufgefaßt werden. Ihr physisches Wohlbefinden, Ihre Seelenruhe, aber auch Ihr Aussehen werden dafür dankbar sein.

Im Umfeld – es kann die eigene Familie, aber auch der Freundeskreis sein – funktioniert alles ganz ausgezeichnet. Das gegenseitige Verständnis ist wieder voll da.

Sie erleben Frohsinn, ein ungezwungenes Zusammensein, auch eine gewisse Großzügigkeit, die Sie sich in diesem Ausmaß schon seit langem als ideal vorgestellt haben.

Aber nicht alles kann dieser August so perfekt gestalten. Eine kosmische Kraft, die sich noch vor wenigen Tagen um Ihre Gefühle bemüht hat, ist nicht mehr aktiv.

Emotionale Regungen stören das Gleichmaß der letzten Augusttage. Das kann bedeuten, daß Unzufriedenheit oder massiver Ärger aufkommen. Es sind unangenehme Alltagserscheinungen, die nicht von Ihnen verschuldet sind.

Werden Sie nicht gleich mutlos, wenn man Sie vereinzelt zum Sündenbock abstempeln will.

Der Zeitabschnitt 17. bis 28. August wird für geschäftliche Vorgänge wichtig. Allerdings müssen Sie sich darauf einstellen, alles im Alleingang durchzuziehen.

Auch Kunstschaffende erfahren einen Aufwärtstrend. Bisher unausgereifte Ideen profitieren von Ihrer Phantasie, die in der letzten Augustwoche plötzlich aufblüht.

Es kommt verschiedenes in Bewegung, besonders ist das im Arbeitsbereich festzustellen.

Das Element Wasser, das stets Schwung in alle Ereignisse bringt, ist ganz besonders bemüht, Sie zu außergewöhnlichen Leistungen anzuhalten. Es stehen Ihnen ereignisreiche Wochen bevor. Alles Private kommt auf das Abstellgleis.

Sie können tatsächlich für eine Weile auf vollen Touren laufen. Ihr körperliches Befinden wird es verkraften.

Seien Sie positiv gestimmt, auch wenn Ihnen so manches keine Freude macht. Gespielter Optimismus ist keineswegs zu verurteilen, Sie wissen doch: Der Zweck heiligt die Mittel.

Im handwerklichen Bereich Tätige bekommen eine besondere Unterstützung aus dem kosmischen Energiebereich. Damit rücken sogar sensationelle Möglichkeiten in greifbare Nähe.

Ist die Mitte des Monats überschritten, werden sich schon erste Erfolge abzeichnen. Zu gleicher Zeit macht sich Müdigkeit, vielleicht sogar Erschöpfung bemerkbar. Eine Ruhepause oder Reduzierung Ihres Arbeitspotentials ist also unbedingt erforderlich.

Wird weiterhin mehr als das übliche Arbeitspensum erwartet, so entschließen Sie sich zu einer Absage. Besonders Hainbuche-Männer müssen darauf achten, daß sich ihr gesamter Arbeitskomplex in erträglichem Rahmen hält.

Bemüht sich dann endlich die Familie um Sie, lassen Sie sich das gefallen, jede Hilfe kann Ihnen recht sein.

Jüngere Jahrgänge mit dem Baumsymbol Hainbuche werden vielleicht sogar vom Chef aufgefordert, jetzt etwas kürzerzutreten. Es ist also höchste Zeit, sich ein paar Tage freiwilligen Urlaub zu gönnen.

Sie sind noch neugierig auf die Ereignisse im Partnerbereich? Es wird wenig Aufregendes geben. Venus und Mars stehen nicht in der günstigsten Position, die notwendig wäre, um Ihnen hier Vergnügen zu bereiten.

Starrsinn und ein oppositionelles Verhalten sind festzustellen, wenn sich Hainbuchen äußern. Das kann im Berufsbereich ebenso passieren wie zu Hause bei den Angehörigen.

Es gibt etliche Wermutstropfen, die Ihnen diese Herbsttage nicht zum Vergnügen werden lassen.

Die Verzögerung einer privaten Angelegenheit macht wohl am meisten Verdruß. Was sich hier im einzelnen abspielt, ist schwer zu sagen. Doch so unangenehm und unerfreulich es auch sein mag, es bedeutet weder einen Weltuntergang noch löst es körperlichen Schmerz aus. Völlig falsch wäre es, sich nun wütend auf absoluten Widerstand zu versteifen.

Dieser Herbst aktiviert da und dort einen Besitztrieb, der nicht gut ankommt.

Sie haben doch eine ganze Menge privater Interessen, koordinieren Sie diese mit Ihrer jetzt so intensiven Erlebnisbereitschaft. Das kann Sie schnell von dem Ärger abbringen, der Ihnen so zusetzt.

Ist auch beim Partner kein Verständnis zu erwarten, lesen Sie doch mal wieder ein spannendes Buch.

Sie wissen doch, der Mensch ist immer auf sich alleine gestellt. Es ist zwecklos, dauernd auf Hilfe zu hoffen. Jeder ist kosmischen Strömungen ausgesetzt, und jeder reagiert darauf auf seine ganz persönliche Art.

Eine erfreuliche Vorwärtsentwicklung bringt die dritte Oktoberwoche all denjenigen, die einen kaufmännischen Beruf haben.

Sollten Sie in diesen kritischen Tagen Ihren Partner vergrämt haben, sorgen Sie dafür, daß das bald in Ordnung kommt.

Hier können Sie dann wieder so reden, wie Ihnen der Schnabel gewachsen ist, das bringt Erleichterung.

Schon zu Beginn dieses Monats können Sie feststellen, daß Sie sich auf eine Phase zubewegen, die Sie in einen angenehmen Gemütszustand versetzt. Es gibt vielleicht Probleme, aber sie belasten Sie nicht. Etliches, was bisher schwergefallen ist, fällt nicht mehr ins Gewicht. Finanzielle Sorgen, sicher noch nicht ganz ausgestanden, sind eine unliebsame Begleiterscheinung, mehr aber nicht.

Im November bekommt das Element Luft, das bisher auf Hainbuche-Leute kaum Wirkung zeigte, einen beachtlichen Einfluß.

Luft, dieses bewegliche, leichte und schwebende Element, kann aus den schwerblütigsten Leuten beinahe sorglose Geschöpfe machen. Es ist ein besonderes Geschenk der Götter, wenn man unter die Herrschaft dieses Grundelements gerät.

Mit dieser Begleitung können Sie das Jahr 2000 zu einem guten Ende bringen. Nichts wird geschehen, das Sie aus der Ruhe bringt.

Gefühlsmäßig haben Sie in diesem November wenig Ansprüche. Sie setzen sich zwar tatkräftig für ein angenehmes Miteinander ein, und gemeinsame Interessen werden gepflegt – das ist aber auch schon alles.

Die engere Familie gibt sich Ihnen gegenüber freundlich, sogar liebenswert. Hier fühlen Sie sich wohl, von Enttäuschungen wird nicht mehr geredet. Ihre Meinung wird akzeptiert, man kommt Ihnen mit herzlicher Offenheit entgegen.

Das letzte Wochenende im November ist für eine Rundumerneuerung gut geeignet. Keine strapaziösen Wochenendunternehmungen sollten geplant werden. Auch dringend zu erledigende Arbeiten sollten Sie liegenlassen. In den eigenen vier Wänden, dort, wo Sie sein können, wie Sie sind, werden Sie die Erholung finden, die das vollendet, was freundliche kosmische Strömungen schon begonnen haben.

Das Jahr geht zu Ende, Sie werden zufrieden sein, wie es sich Ihnen gegenüber gezeigt hat. Auch dieser Dezember hat keine unliebsamen Überraschungen mehr.

Ihre Erlebnisse werden, ob gut oder weniger gut, eine zufriedenstellende Gesamtbilanz ergeben. Nichts wurde dem Zufall überlassen, Hainbuche-Menschen hatten während dieser zwölf Monate das Ruder stets fest in der Hand.

Jetzt können Sie beruhigt das Rennen und Jagen, das Sorgen und Planen anderen überlassen. Pflegen Sie die Geselligkeit und die Gemeinsamkeit mit Menschen, die Ihrem Herzen nahestehen.

Ist bei manchen Leuten, mit denen Sie näheren Kontakt haben, beim besten Willen keine Gemeinsamkeit festzustellen, begnügen Sie sich mit oberflächlicher Sympathie.

Wirkliche Hochstimmung ist im Bereich Partnerschaft möglich, die weit über das übliche Maß von Zuneigung hinausgeht.

Dieses Nußbaum-Jahr hatte eigentlich den Stempel »Leidenschaftlichkeit«. Das hat sich im Verlauf dieser zwölf Monate für Hainbuchen sicher nicht auffällig gezeigt. Auch in diesem Dezember sind in dieser Richtung keine »Exzesse« zu erwarten. Doch Sehnsucht macht sich bemerkbar, die nach seelischer Erfüllung strebt. Was immer Sie sich darunter vorstellen können, eines ist sicher: Hainbuche-Leute wollen sich in einer Partnerbeziehung heimisch fühlen, einen Partner ihr eigen nennen, mit dem sie den Weg durch Himmel und Hölle gehen können.

Interessieren Sie in den letzten Tagen des Jahres materielle Vorgänge über das gewohnte Maß hinaus, so werden Sie Möglichkeiten wahrnehmen, die Sie von vielen Sorgen befreien. Ruhe und Gelassenheit breitet sich aus, die im Bereich »Besitz« ein ausgezeichnetes Fundament sind.

Feigenbaum 2000
14. 6.–23. 6. / 12. 12.–21. 12.

Der Feigenbaum gedeiht sogar in unseren Wohnungen prächtig. Durch die ungewöhnliche Form und die Anordnung seiner Blätter vermittelt er ein exotisches Flair und bringt sogar in einen dürftig möblierten Raum eine elegante Note.

Die Wesenszüge beider Dekaden sind mit dem außergewöhnlichen Erscheinungsbild dieses Baumes durchaus zu vergleichen. Gewandt im Umgang mit Menschen jeder Art, sind sie irgendwie von einer inneren Unruhe erfüllt, die jedoch mit Nervosität nichts zu tun hat. Es liegt vielmehr an der Grundtendenz der Feigenbaum-Leute, die das Auf und Ab des menschlichen Lebens bewußt zum Teil mit besonderem Vergnügen auskosten. Wird Lebensernst verlangt oder erwartet, sind sie auch bereit, sich einer Pflicht unterzuordnen.

Bei der Berufswahl gibt es kaum einmal einen Irrtum. Sie kennen die Wege, die sowohl privat als auch beruflich für sie gut sind.

Die Bereitwilligkeit, sich nützlich zu machen, öffnet ihnen viele Türen. Ihr Kameradschaftsgeist und ein soziales Empfinden schaffen Kontakte, um die sich andere vergeblich bemühen.

Liebesbeziehungen sind für beide Dekaden eine ernsthafte und vor allem eine gefühlsbetonte Angelegenheit. Das Niveau des Partners muß dabei unbedingt dem eigenen entsprechen. Partnersuche ist kaum notwendig. Unter einem reichlichen Angebot kann man seine Wahl treffen, ein Mißgriff passiert dabei selten.

In manchen Fällen haben Feigenbaum-Leute Schwierigkeiten, wenn ein Partner sich nicht auf eine seelische Beziehung einläßt. Mit Sex allein kann ein Feigenbaum-Geborener nichts anfangen, irgend etwas bleibt tot in ihm, wenn Herz, Gefühl und Gemüt nicht zum Zuge kommen.

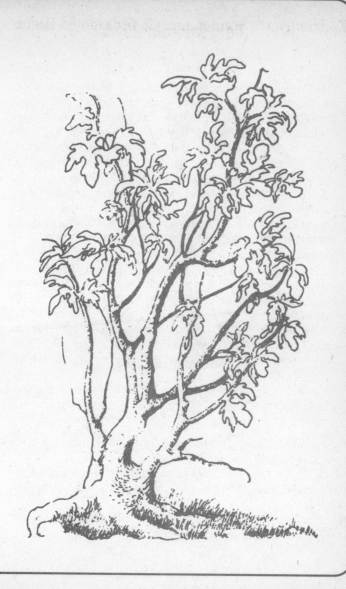

Konzentrierte Sonnenenergie für meinen Baum

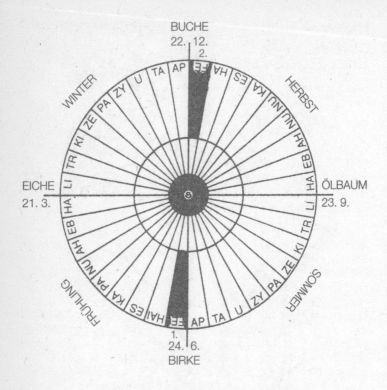

Der *markierte* kleine Teilabschnitt für jeden Baum zeigt seine Position innerhalb der vier Jahreszeiten an.

Die zu dieser Jahreszeit wirksame Sonneneinstrahlung ist für astrologische Erkenntnisse auch heute noch äußerst bedeutungsvoll.

Die *einzelnen Baumfelder* sind mit den *Anfangsbuchstaben des betreffenden Baumes* gekennzeichnet.

Wer paßt zu wem?

Feigenbaum

1. Dekade: 14. 6.–23. 6.
2. Dekade: 12. 12.–21. 12.

Die Zugehörigkeit eines Baum-Symbols zu einem der vier Elemente, Feuer, Wasser, Luft und Erde, muß für die Beurteilung harmonisierender Partnerbeziehungen berücksichtigt werden. Diese fundamentale Wichtigkeit ist bei der Gegenüberstellung der einzelnen Dekaden berücksichtigt. Wenn Sie in der folgenden Aufstellung nicht die Daten Ihres Partners finden, seien Sie nicht beunruhigt. Liebe hat 1000 Facetten, in ihr letztes Geheimnis kann kein Horoskop der Welt Einblick geben.

Feigenbaum 1. Dekade	Zypresse	1. Dekade
Feigenbaum 2. Dekade	Zypresse	2. Dekade
Feigenbaum 1. Dekade	Pappel	1. Dekade
Feigenbaum 2. Dekade	Pappel	3. Dekade
Feigenbaum 1. Dekade	Zeder	1. Dekade
Feigenbaum 2. Dekade	Zeder	2. Dekade
Feigenbaum 1. Dekade	Kiefer	1. Dekade
Feigenbaum 1. Dekade	Haselnuß	2. Dekade
Feigenbaum 2. Dekade	Haselnuß	1. Dekade
Feigenbaum 1. Dekade	Eberesche	2. Dekade
Feigenbaum 2. Dekade	Eberesche	1. Dekade
Feigenbaum 1. Dekade	Ahorn	2. Dekade
Feigenbaum 2. Dekade	Ahorn	1. Dekade
Feigenbaum 1. Dekade	Esche	1. Dekade
Feigenbaum 2. Dekade	Esche	2. Dekade
Feigenbaum 1. Dekade	Hainbuche	1. Dekade
Feigenbaum 2. Dekade	Hainbuche	2. Dekade
Feigenbaum 1. Dekade	Feigenbaum	1. Dekade
Feigenbaum 2. Dekade	Feigenbaum	2. Dekade
Feigenbaum 1. Dekade	Ölbaum	23.9.

Die Feigenbaum-Damen beider Dekaden können sich vom Schicksal Besonderes erwarten. Sind die angebotenen Chancen auch noch so ungewöhnlich und fern der gewohnten Berufsarbeit, es kann nichts schiefgehen. Die Bekanntschaften mit neuen Leuten sind nicht ohne Bedeutung. Sie finden sofort den richtigen Kontakt, und oft sind auch die Interessengebiete die gleichen. Wie das im einzelnen verläuft, ist von der Geburtsstunde abhängig.

Da das Nußbaum-Jahr in allen zwölf Monaten ein freundliches Auge auf Sie gerichtet hat, können Sie besonders für Ihr Privatleben Gutes erwarten. Dafür ist aber eines ganz wichtig: Sie müssen sich intensiv und ehrlich bemühen, charmant, liebenswert und großzügig zu sein. Bei der beruflichen Tätigkeit werden Sie mit sachlicher Einstellung die besten Ergebnisse haben. Trotzdem, bei bestimmten Leuten wäre auch hier eine etwas verbindlichere Art angebracht.

Sie dürfen sich jedoch nicht gleich zu Beginn dieses Jahres diese außerordentlichen Möglichkeiten erwarten. Manches, was Sie sich im vorangegangenen Jahr erträumt haben, wird das Nußbaum-Jahr bringen, doch im Januar gibt es dafür noch keine Anzeichen.

Besonders die im Juni Geborenen müssen sich mit diesen Erwartungen noch eine ganze Weile gedulden. Lediglich Liebesträume können sich erfüllen. Eines steht jedoch fest: Ab Juli dieses Jahres wird Ihre Zukunft nicht mehr nebelverhangen sein. Das Geldverdienen, bei Feigenbaum-Leuten oft Thema Nummer eins, wird nach der dritten Woche mühelos vonstatten gehen. Sie bekommen genau die Aufgabe zugewiesen, die finanziellen Erfolg einbringt.

Das sichere Auftreten, das Sie jetzt haben, bringt Ihnen auch im Bereich der Liebe einige Pluspunkte ein. Verschiedene Leute haben es ganz gerne, wenn Sie sich wie ein siegessicherer Matador verhalten. Manche Familienmitglieder sind sogar stolz auf Sie. Kein Wunder, daß Sie nun in Hochstimmung sind. Eigenartig ist, daß sich viele Feigenbaum-Leute mehr der kameradschaftlichen Seite einer Liebesbeziehung zuwenden. Leidenschaft und Erotik werden, wie es den Anschein hat, eher ausgeklammert.

Die kosmischen Energien, die im Jahr 2000 den Ton angeben, treten erst nach dem 10. in Aktion. Ihre Anstrengungen, die Sie im alten Jahr unternommen haben, setzen sich noch eine Weile fort. Sie können gewiß sein, daß sich das bezahlt macht.

Der Feigenbaum ergänzt sich in einigen Charaktereigenschaften gut mit dem, was das Nußbaum-Jahr gibt. Die gewisse Art, das Leben leichtzunehmen, wird durch Gefühle, die sich in diesem Jahr auffällig zeigen, gedämpft. Aber auch Besonnenheit und sachliche Überlegung sind plötzlich Tugenden der Feigenbaum-Leute. Keine Frage, damit erreichen Sie eine ganze Menge.

Schon der Januar zeigt deutliche Zeichen, daß Sie sich in diesem Fahrwasser sicher bewegen. Das fängt im Beruf an und wird sich in der Liebe fortsetzen.

Arbeitsmäßig gibt es einige überlegenswerte Möglichkeiten. Zeigen Sie Kompromißbereitschaft, die während des ganzen Jahres nötig sein wird. Das ist für Feigenbaum-Geborene nicht immer leicht. Es liegt in der Natur des Baumes, daß Zwang nur äußerst ungern ertragen wird. Wird zuviel Druck ausgeübt, läßt man die Sache einfach fallen. Das mag angehen, wenn man sein eigener Herr ist, im abhängigen Arbeitsverhältnis ist es meist unmöglich. Überlegen Sie sich Ihre Verhaltensweise gut, wenn berufliche Vorteile davon abhängen.

Innerhalb der Familie werden Spannungen überwunden, die schon seit etlichen Wochen das gute Miteinander in Frage gestellt haben. Bei den Finanzen treten zunächst keine Probleme auf. Gedulden Sie sich, das Jahr hat doch erst angefangen, und es wird Ihnen in diesem Bereich wenig Sorgen bereiten.

Einige Tage der dritten Woche und alle sieben Tage der vierten sind der Liebe vorbehalten. Versuchen Sie diesem Trend durch eigenes Bemühen Schützenhilfe zu geben. Ein bezauberndes Lächeln wird Ihnen sicher nicht schwerfallen, und es leistet hervorragende Dienste, wenn man sich einen warmen Platz im Herzen eines Partners sichern will.

Lassen Sie nicht nur das Schicksal handeln, Sie müssen schon auch etwas tun, um den besten Eindruck zu machen.

Ihre Zuverlässigkeit und die Bereitschaft, zusätzliche Arbeit zu leisten, könnte sich in barer Münze bezahlt machen. Klug und – wenn es sein muß – eigensinnig, werden Sie Ihre Position ausbauen und auch materielle Vorteile nicht aus den Augen lassen. Ein zielsicheres Vorgehen, wie es bei Feigenbaum-Leuten nicht oft vorkommt, macht Sie zum allseits geschätzten Mitarbeiter und erfolgreichen Geschäftspartner.

Haben Sie jetzt in bestimmten Geldangelegenheiten Zweifel, holen Sie sich beim Fachmann Rat, aber lassen Sie sich nicht auf unsichere oder gar illusorische Versprechungen ein. Wenn es ums Geld geht, sind Lügner und Betrüger immer schnell da. Glauben Sie nicht immer alles, was man Ihnen erzählt und verspricht.

Die mitunter gutmütige Feigenbaum-Frau muß ab und zu damit rechnen, daß man ihr den Boden unter den Füßen wegzuziehen versucht. Ihre Stärke, sich überall beliebt zu machen, versorgt sie mit einem ganzen Heer von Freunden und Bekannten, die vereinzelt schon aufpassen, daß nicht zuviel Unheil angerichtet wird.

Der gewöhnliche Alltag zeigt nur ein paar Hindernisse. Sie sind nicht so schwerwiegend, daß sie Ihnen erhebliche Schwierigkeiten bereiten. Mißgünstige Zeitgenossen gibt es immer. Lassen Sie sich nicht einschüchtern, und behaupten Sie sich, Sie konnten sich doch in den Februarwochen ein stabiles Verhalten aneignen! Es ist keine Frage: Widerstand, dem Feigenbaum-Leute gerne aus dem Wege gehen, wird jetzt offen demonstriert.

Um die Mitte des Monats macht die Liebe ihre Rechte geltend, als die wichtigste Einrichtung im menschlichen Leben angesehen zu werden. Zärtliche Worte kommen dann wie selbstverständlich aus Ihrem Munde. Es wird Ihnen auch nicht schwerfallen, auf die Wünsche des Partners einzugehen. Sie werden sich mit Ihren Vorstellungen genau decken. Auch grundlegende Veränderungen sind in Partnerschaften möglich. Muß eine Entscheidung getroffen werden, entschließen Sie sich bald dazu. Sprechen Sie sich selbst Mut zu, und haben Sie keine Angst vor der eigenen Courage.

Familienbeziehungen werden vertieft. Zeigen Sie sich nicht kleinlich, wenn man hier verschiedene Wünsche äußert. Es werden keine finanziellen Opfer von Ihnen verlangt, meist bittet man Sie sowieso nur um einen Gefallen. Zeigen Sie sich hier einmal von der nettesten Seite.

Verzögerungstendenzen machen sich nur in Wohnungsangelegenheiten bemerkbar. Bei größeren Geldausgaben sollten sich Feigenbaum-Damen und -Männer bis zum 20. Zurückhaltung auferlegen. Nur dringende Verpflichtungen dürfen erledigt werden, persönliche Wünsche müssen vorerst zurückstehen. Doch aufgehoben ist ja nicht aufgeschoben.

Das berufliche Fortkommen verläuft völlig problemlos. Manches, was bisher schwierig war und Kopfzerbrechen bereitete, wird durch glückliche Umstände oder Zufälle aus der Welt geschafft. Auch Entwicklungsmöglichkeiten sind vorhanden, wenn Sie nicht unbescheiden und auch mit kleinen Pluspunkten zufrieden sind. Schon in den ersten Wochen verschwinden noch etwa vorhandene dunkle Wolken von Ihrem Berufshimmel. Energie wird angeheizt, und Ihre Schaffenslust steigert sich. Das meiste geschieht noch dazu ganz ohne Ihre besondere Anstrengung.

Ein kleines Familienfest oder ein Besuch bei lieben Bekannten könnte Sie ein bißchen aufheitern. Sie sind zwar zufrieden, aber Sie möchten auch wieder einmal lustig sein. Nehmen Sie jede Einladung an, auch wenn Sie damit eine Reise in Kauf nehmen müssen.

Feigenbaum-Damen der Dezember-Dekade segeln im Aufwind, wenn vom Freundeskreis die Rede ist. Man zeigt sich hier von der liebenswürdigsten Seite. Gleiche Interessen und gleiche Vorlieben erzeugen Harmonie, und damit ist für Wohlbehagen gesorgt. Ihre kosmischen Zeichen zwingen Sie geradezu, sich zur Lebenskünstlerin zu entwickeln. Sie haben es jetzt auch nicht nötig, sich nach allen Seiten abzusichern. Es liegt zwar Ihrem Wesen zugrunde, vorsichtig zu manipulieren, bei allem, was sich in Ihrer unmittelbaren Nähe abspielt, aber das verleiht Ihnen im Kreise von Freunden eine verkrampfte Art, die wirkliche Ungezwungenheit verhindert. Das ist in diesen letzten beiden Aprilwochen ganz und gar nicht mehr der Fall. Um den 24. könnten Sie einer Sache überdrüssig werden, die Ihnen, genau besehen, noch nie so richtig Spaß gemacht hat. Es ist eine Angelegenheit, die Sie immer wieder nervös macht. Es liegt an Ihnen, ob Sie daraus ein Problem machen. Es kann sich um einen Menschen handeln, den Sie eigentlich recht gerne mögen, der Ihnen aber von Zeit zu Zeit entgegenarbeitet. Es könnte aber auch eine Aufgabe sein, die Ihnen über den Kopf wächst. Lassen Sie sich beraten, zwei Köpfe wissen meist mehr als einer.

Der Beruf, die Alltagsarbeit und auch alle anderen Pflichten werden in diesem Mai nicht wichtig genommen. Leicht wird es Ihnen nicht fallen, denn Sie sind gewohnt, betriebsam und immer am Geldverdienen zu sein. Doch so, wie die kosmischen Energien in diesem Mai aussehen, werden Sie keine Impulse für den Arbeitsbereich entdecken können.

Lassen Sie es also so, wie es ist, gut sein. Wenn Sie in Ruhe darüber nachdenken, finden Sie jetzt auch, daß die Liebe es wert ist, sich intensiver mit ihr zu beschäftigen. Ihre sonst so realistische Einstellung kommt Ihnen dabei fast abhanden. Verursacht durch einen aggressiven Mondwert, der jetzt vielen Feigenbaum-Leuten zusetzt, beschäftigen sogar romantische Vorstellungen Ihre Gedanken. Auch das ausgezeichnet funktionierende Unterbewußtsein sagt Ihnen, wo Ihre Schokoladenseite in der Liebe zu finden ist. So muß ja alles gutgehen, die Liebe und alles, was damit verbunden ist, macht Spaß.

Vieles kann in das Programm aufgenommen werden; Beruf und Arbeit werden erst später wieder wichtig. Gefühle melden sich, von denen Sie schon seit langer Zeit nichts mehr gespürt haben. Lassen Sie der Liebe Flügel wachsen. Aber sehen Sie sich vor: Nur bei der richtigen Person kommt das gut an und schließt kein Risiko ein. Erträumte Märchen können nicht realisiert werden. Haben Sie sich in einen Frosch verliebt, von dem Sie dachten, er könnte ein Prinz sein, so werden Sie der bitteren Wahrheit ins Auge sehen müssen. Haben Sie aber realistische Extras im Auge, so sind Ihre Bemühungen nicht umsonst gewesen.

Engpässe bei den Finanzen bereiten keine Kopfschmerzen. Auch wenn Feigenbaum-Leute mal knapp bei Kasse sind, verdirbt Ihnen das nicht die gute Laune. Sie wissen sich zu helfen, ob mit einer kleinen Anleihe bei Freunden oder der Familie oder mit Sparmaßnahmen, die nach außen überhaupt nicht auffallen. Sie haben Phantasie, wenn es darum geht, ein geliebtes Menschenkind trotz knapper Kasse nicht »darben« zu lassen.

Die konzentriert eingesetzten kosmischen Werte im Mai lassen an Heftigkeit nach. Sie werden deshalb sicher nicht traurig sein, zu sehr wurden Sie davon verwöhnt. Die jetzt gemäßigtere Gangart gefällt Ihnen wesentlich besser und bekommt Ihnen auch besser. Ihre von den Mai-Einflüssen in Bewegung gesetzte Phantasie wird sich nicht so schnell an das ruhige Geschehen gewöhnen. Phantasie stellt einen ideellen Wert dar und ist von kosmischen Einflüssen nicht sofort außer Kraft zu setzen.

Im Mai entstandene ausgefallene Ideen werden Sie auch jetzt noch beschäftigen; keine Mühe und Plage ist zu groß, um sämtliche Chancen in Erwägung zu ziehen, die ein Ziel in erreichbare Nähe rücken.

Harte Nüsse wird es im Liebesbereich zu knacken geben. Sie machen jetzt die Erfahrung, daß das wenig Angenehme an einem Partner nicht immer übersehen werden darf. Trost wird Ihnen kaum gespendet, das Süppchen müssen Sie schon ganz alleine auslöffeln. Wichtig ist, sich das Selbstvertrauen und das Selbstbewußtsein zu erhalten und sich wegen begangener Fehler keine grauen Haare wachsen zu lassen.

Suchen Sie das Gespräch mit umsichtigen Leuten, so kommen Sie auf andere Gedanken und werden dabei erfahren, daß wirklich jeder mit Schwierigkeiten im Alltag zu kämpfen hat.

Die Unzufriedenheit des Partners gibt sich schnell, wenn ihm das Alleinsein unerträglich wird. Es wäre die Probe aufs Exempel, das auszuprobieren. Mehr als eine Woche wird Ihr Partner sicher nicht alleine bleiben wollen.

Zweifel am richtigen Verhalten sind nutzlos – entweder man liebt Sie und kann auch mal etwas vergessen, oder es ist dann um eine kaputte Beziehung auch nicht schade. Es gibt genug andere, angenehme Leute.

Zum Monatsende gibt es einen kleinen Ärger im Finanzbereich. Dieses Jahr hat hier so ab und zu etwas Unerfreuliches auf Lager. Diese Tendenzen sind jedoch großen Schwankungen unterworfen, es bieten sich doch immer wieder kurzfristige Lösungen an. Genauso kurzfristig sind allerdings auch die Phasen, die für das Auffüllen der Kasse gedacht sind.

Ihre auf Hochtouren laufende Aktivität führt häufig Ungeduld mit sich, die jetzt nicht angebracht ist. Unverträglichkeit können Sie sich im Juli nicht leisten. Müssen Sie aber feststellen, daß so etwas nicht zu umgehen ist, umgeben Sie sich mit hellen, bunten Farben, und verlegen Sie all Ihre Tätigkeiten auf die helle Tageszeit. Gehen Sie früh schlafen, dann können Sie sicher sein, daß Ihr Nervenkostüm nicht unnötig strapaziert wird.

Es ist Sommer, und dies bringt lebhafte Bewegung in das Leben der Feigenbaum-Leute. Insbesondere die Männer sind aufgerufen, sich um Angelegenheiten zu kümmen, die nicht gar so interessant sind. Werden finanzielle Aufwendungen notwendig, dann ist es besser, die zweite Juli-hälfte abzuwarten. Zu diesem Zeitpunkt kommt ein Element in Füh-rungsposition, das mit wirtschaftlichen und rein materiell ausgerichteten Vorhaben besser in Zusammenhang gebracht werden kann, als das in den Tagen bis zum 15. mit dem Element Wasser der Fall ist.

Der berufliche Sektor steht damit sicher in engem Zusammenhang. Hier ist anscheinend immer noch nicht alles in gewohnter oder er-wünschter Verfassung. Vertrauen Sie bei allen Entscheidungen einfach auf Ihr gutes Gespür, ausnahmsweise ist nämlich Ihr Unterbewußtsein wach und lenkt und leitet Sie, ohne daß der reale Wille, der bei diesem Geburtsdatum eine dominierende Stellung einnimmt, als »Oberbefehls-haber« Ihre Geschicke leitet.

Unter diesen Voraussetzungen dürfen Sie nach jedem Vorteil beden-kenlos die Hände ausstrecken. Erstens läßt das Unterbewußtsein kaum einmal einen Mißgriff zu, und zweitens ist Ihr persönliches Umfeld eben-falls in diese etwas »mondsüchtige Phase« einbezogen. Das Verhalten ist also auch hier nachsichtig und großzügig. Vielleicht zeigt der eine oder andere sogar etwas wie Sentimentalität. Wie sich das äußert? »Du bist mein Freund, du liegst mir, ich bin froh, wenn es dir gutgeht« – so und ähnlich könnte sich Sentimentalität äußern. Also, greifen Sie zu, wo sich eine Chance anbietet. Sie gehören zu den Realisten unter den Erdenbür-gern, der richtige Zeitpunkt ist wichtig, um sich das zu bestätigen.

Beruflich sind einige Fortschritte auszumachen; auch sonst ist die Tendenz freundlich und deshalb auch befriedigend. Termine halten manche Feigenbaum-Leute auf Trab, wenn sie in entsprechenden Berufen beschäftigt sind. Sie müssen korrekt eingehalten werden. Sie bringen damit Ordnung in Ihr Leben. Ordnung herrscht auch in dem uns umgebenden All, es wird uns Tag für Tag und Nacht für Nacht gezeigt, daß nur Ordnung den Ablauf der Zeit richtig regelt.

Ist es unumgänglich, daß Sie einen nahestehenden Menschen enttäuschen müssen, so bauen Sie vor, damit Kummer und Verdruß nicht allzu groß werden. Es kann immer eine gangbare Lösung gefunden werden, wenn man darauf achtet, niemandem vorsätzlich zu schaden. Die schon erwähnte kosmische Ordnung sollte auch Ihre Verhaltensweise bestimmen. Auch dort herrscht Kälte und zum Teil sogar Sturm, und doch läuft alles in Harmonie ab! Beim Thema Geld sollten Sie alle Vorurteile ausklammern. Überlegen Sie sich keine Sparmaßnahmen, die Ihnen noch das kleinste Vergnügen verbieten. Ist es die Familie, die Ihnen damit auf den Wecker fällt, so zeigen Sie sich nicht gar so engherzig. Was nützen ein paar Mark mehr auf dem Konto, wenn der Friede auf lange Zeit gestört ist. Geht man eines Tages auf die letzte, große Reise, kann man nichts mitnehmen.

Mit solchen Gedanken wollen die Menschen nicht konfrontiert werden, aber das Nußbaum-Jahr kümmert sich nicht darum. Der Blick in das Jenseits von Gut und Böse wird für viele wichtig sein. Keine Sorge, es sind nur ganz kurze Denkanstöße, die Ihnen zum Herbstbeginn verpaßt werden.

In diesen Tagen wäre es ganz nützlich, Sie würden sich nur mit sich selbst beschäftigen. Es gibt immer eine Menge für das eigene Ich zu tun. Neben dem gründlichen Nachdenken spielt die Fürsorge für die Seele zweifelsfrei eine wichtige Rolle. Wollen, Können, Entwicklungsmöglichkeiten, das alles verlangt ab und zu eine genaue Überprüfung. Nehmen Sie sich also Zeit für sich. Sie haben es in der Hand, Ihr Leben zu gestalten. Was die kosmischen Kräfte für Sie tun, ist nur ein angenehmes oder manchmal auch unangenehmes Beiwerk, von den Menschen Ihres Umfeldes ganz zu schweigen.

Für so ziemlich alle Feigenbaum-Leute wird der berufliche Himmel nicht mehr wolkenverhangen sein. Ältere Semester werden besonders berücksichtigt. Hartnäckige Probleme sind unter diesen Aspekten bald beseitigt. Die nun hinter Ihnen liegende Zeit war nicht immer ein reines Honiglecken, nun aber fühlen Sie deutlich, wie es aufwärts geht, und das ohne jede persönliche Mühe! Das, was Feigenbaum-Leuten nicht leichtfällt, das lässige Sich-Gehenlassen und Geschehen-Lassen, ist plötzlich auch für sie machbar.

Im häuslichen Bereich sieht es nach einer Umbruchsituation aus. Vielleicht eine neue Wohnung, eine totale Renovierung oder neues Mobiliar aus einer Erbschaft? Erwartet man sich hier von Ihnen besondere Aktivität, so lassen Sie sich kurzentschlossen darauf ein. Sie können ja in einem anderen Bereich Ihre Energie sparsamer einsetzen.

Und wieder heißt es: Achten Sie etwas mehr auf Ihre Gesundheit. Wichtig ist, daß der Kreislauf stabil ist. Nur Pläne und gute Vorsätze reichen nicht: Sie müssen wirklich etwas tun, um sich wohler zu fühlen.

Ein stark sonnengesteuerter Einfluß, zusammen mit einem intensiven Neutralitätszeichen, aktiviert alle positiven Tendenzen. Besonders unterstützt werden alle Bestrebungen, die sich um eine Aussöhnung mit nahestehenden Personen bemühen. Was noch vor wenigen Wochen als brutales Vorgehen bezeichnet wurde, kann jetzt vergessen werden. Vergebung ist das richtige Vorgehen, wenn die Aufarbeitung von unguten, ärgerlichen oder bösartigen Zwischenfällen ansteht.

Dieser Herbst bringt Lebensfreude, vielleicht sogar ein bißchen gesunden Leichtsinn in das Verhalten der Feigenbaum-Leute; Sie sind gut beraten, wenn Sie sich diesem Sog überlassen. Manch ein Partner bzw. eine Partnerin kommt aus dem Staunen nicht heraus. So viel Temperament, so viel gute Laune und zärtliche Zuneigung hat er/sie lange nicht mehr erlebt. Ein Zuwachs an Selbstvertrauen und Selbstbewußtsein ist damit für Ihre Person verbunden.

Neue Bekanntschaften sind für jüngere Jahrgänge jeden Tag möglich. Die Chance, sich dabei zu verlieben, ebenfalls. Nur bei den Feigenbaum-Damen ist in dieser Hinsicht noch eine Verzögerung mit einzukalkulieren, die bis zum 20. dauern kann.

Die besten Tendenzen zeigen sich zunächst in der Familie. Hier ist man mit Ihnen zufrieden, und alle Ihre Angehörigen sind mitteilsam und entgegenkommend. Trotzdem dürfen Sie sich Kritik erlauben, wenn dafür Anlaß besteht. Feigenbaum-Leute beider Dekaden sind ab und zu sehr großzügig, sehr nachgiebig und vielleicht sogar leichtgläubig. Sie wissen aus Erfahrung, daß das manchmal schamlos ausgenützt wird. Sollte sich einiges zu Ihrem Nachteil entwickelt haben, bringen Sie das schnell in Ordnung. So, wie die Sachlage jetzt ist, nimmt man sich einiges zu Herzen. Ihr Allgemeinbefinden scheint trotz der guten Aspekte nicht ganz zufriedenstellend zu sein. Eine Erholung an einem langen Wochenende wäre genau das richtige. Aber bitte keinen Freizeitstreß, keine langen Autofahrten.

Sicher haben Sie viele Chancen, die Ihnen Spaß machen würden. Ein überempfindlicher, eifersüchtiger Partner spürt so etwas intuitiv und läßt sich je nach Temperament auf die Palme bringen oder zieht sich in den Schmollwinkel zurück. Die Unzufriedenheit eines liebenden Menschen ist nur zu bewältigen, wenn jede emotionale Äußerung vermieden wird.

Freundliche kosmische Energien bereinigen verschiedene Schwierigkeiten, die Ihnen manche Tage des Vormonats verdorben haben. Sie werden ganz offensichtlich von den kosmischen Kräften besonders beschützt. Es ist nicht einmal notwendig, sich selbst zu bemühen, vieles läuft wie von alleine. Werfen Sie jeden unnötigen Ballast ab. Lassen Sie die kleinen Ärgernisse, die von »lieben« Mitmenschen immer mal wieder gratis serviert werden, völlig unbeachtet. Nehmen Sie die gewöhnlichen Alltagssorgen einfach nicht zur Kenntnis. Damit setzt sich eine Erfolgstendenz durch, auf die Sie schon lange gewartet haben. Sie sind mit Recht zuversichtlich und krönen alles, was Sie tun, mit ausgezeichneter Laune.

Ende Oktober entwickeln Sie ein ungemeines Selbstvertrauen, nicht mal die schwierigsten Arbeiten bereiten Ihnen Kopfzerbrechen. Spielen Sie sich, auch wenn der Chef Sie besonders lobt, nicht in den Vordergrund. Sie wissen, daß das nie gut ankommt. Andere, weniger Begünstigte, sollten sich mit Ihnen freuen und nicht neidisch werden. Sie alleine haben das in der Hand, wenn Sie Rücksicht nehmen, feinfühlig sind und Humor entwickeln.

Sehr wichtig wäre jetzt eine gezielte Gesundheitspflege. Feigenbaum-Leute leben immer aus dem Reservoir der angeborenen Vitalität; doch ab und zu muß auch der physische Zustand überprüft werden! Kleine Mängel sind leichter zu beheben als großer Schaden.

Für einige Feigenbaum-Damen könnte es eine Möglichkeit geben, sich auf eigene Füße zu stellen. Zunächst arbeiten Sie vielleicht nur an den Plänen für ein derartiges Vorhaben. Die kosmischen Werte sind jetzt dafür sehr positiv. Sicher ist dafür jedoch erst das kommende Jahr zuständig, aber Sie wissen doch, auch Rom wurde nicht an einem Tag erbaut!

Wochen sind zu erwarten, die es in sich haben. Energien werden frei und machen alle Feigenbaum-Leute zu wildentschlossenen Menschen. Auch die unangenehmsten Verpflichtungen werden mit Schwung gemeistert oder mit sanfter Gewalt beseitigt. Das angeborene Durchsetzungsvermögen kommt voll zur Geltung. Wundern Sie sich nicht, wenn das dem einen oder anderen nicht paßt, wenn da und dort deshalb Ärger aufkommt. Sie können in diesem Monat unmöglich über den eigenen Schatten springen, Sie können jetzt nur so sein, wie Sie nun mal sind, alles kommt wieder ins Lot. Jedes Leben ist mit Dingen gespickt, die man nicht erleben möchte oder die man selbst nicht tun möchte. Trotzdem dreht sich die Erde weiter, und kein Hahn kräht nach ein paar Tagen danach, was im Moment für Sie oder Ihr Umfeld schlimm, vielleicht sogar auch unerträglich war.

Bekannte aus früheren Tagen melden sich, vielleicht auch längst vergessene Geschäftsfreunde. Gehen Sie keinem Zusammentreffen aus dem Wege, weil Sie vielleicht gerade schlechte Laune haben. Es steht jetzt wirklich in den Sternen, daß sich Chancen ergeben, die für Ihre Zukunft wichtig werden.

Bemerkenswert ist die Unterstützung, die Sie aus irgendeiner Richtung bekommen. Greifen Sie spontan zu, überlegen Sie nicht lange. Haben Sie besondere, vielleicht auch ungewöhnliche berufliche Pläne, so ist dies ohne Protektion kaum zu schaffen. Auch wenn es gänzlich außerhalb einer normalen Entwicklung ist, sichern Sie sich das Wohlwollen einflußreicher Leute. Sorgen Sie ruhig für klare Verhältnisse, aber nur so weit, daß Ihnen noch alle Türen offen stehen.

Verschiedentlich werden Sie wohl ziemlich hart angefaßt, Hochspannung ist zu erwarten! Beruflich und privat gibt es nicht nur viel zu tun, alles spielt sich mit einer Hektik ab, die Ihnen zutiefst zuwider ist.

Harte kosmische Werte setzen Akzente, die Mut und Einsatzbereitschaft ohne Rücksicht auf das eigene Leistungsvermögen erforderlich machen. Aber Sie schaffen das alles und lassen sich durch nichts aus der Fassung bringen. Im Verlauf dieser rasanten Entwicklung nehmen Sie sogar Härten hin, die Sie normalerweise zu lauten und nicht immer salonfähigen Protestrufen veranlassen. Ein Ausgleich wird erst nach dem 14. stattfinden. Bis dahin regiert Unruhe, in einigen Fällen sogar ein heilloses Durcheinander.

Jugendlichen Feigenbaum-Mädchen fällt in dieser Zeit sogar das Stillsitzen schwer. Sie sollten sich trotzdem bemühen, bei wichtigen Gesprächen aufmerksam zuzuhören.

Ist dann endlich der 15. da, stellen sich sanftere Einflüsse zur Verfügung, die das Leben ein bißchen bequemer machen. Sie können nun über vieles lächeln, was Sie noch vor wenigen Tagen wütend gemacht hat. Es ist jetzt schon eine vorweihnachtliche Stimmung zu spüren. Endlich haben Sie wieder einen Blick für die vielen kleinen, erfreulichen Nebensächlichkeiten des Lebens.

Auch das Liebesbarometer zeigt ein Hoch an. Alte und bereits langweilig gewordene Beziehungen werden wahrscheinlich durch die allgemein aufkommende Weihnachtsstimmung wieder unterhaltsamer. Eine Liebe, die sich – nicht ohne Ihr Verschulden – schon merklich abgekühlt hatte, könnte mitten im Winter neue Blüten ansetzen. Ohne daß Sie sich in Ihrer besten Form zeigen, kann das aber nun mal nicht geschehen. Mars und Venus zeigen Ihnen ein freundliches Gesicht, das Tun ist jedoch Ihnen überlassen.

Die Arbeitsimpulse sind, wie nicht anders zu erwarten, gleich null. Dafür steigt die Stimmung im Kollegenbereich. Alle haben jetzt das gleiche im Kopf: Endlich hat man eine ganze Reihe von Tagen vor sich, die nur für persönliche Wünsche da sind.

Das Nußbaum-Jahr war sicher nicht ganz so anstrengend, trotzdem ist jeder froh für eine kurze Zeit des Nichtstuns.

Eiche 2000
21. 3.

Die Eiche ist ein Baum wie ein Fels. Unangreifbar und äußerst dekorativ; nicht umsonst wurde er in ein Staatswappen integriert. Auch die Kelten setzten ihn als Zeichen für den Tag, an dem die Sonne wiederum beginnt, neues Leben in der Natur zu wecken.

Wie dieser Baum den Wiederbeginn symbolisiert, so sind auch Menschen angelegt, die diesen 21. März zum Geburtstag haben. Die schwierigsten Aufgaben meistern sie mit der gleichen Selbstverständlichkeit wie die alltäglichen Arbeiten.

Das Vertrauen in die eigenen Fähigkeiten ist grenzenlos. Nicht immer muß sich sofort ein Vorteil abzeichnen, wenn Ideen entwickelt werden oder neue Erkenntnisse realisiert werden wollen. Der persönliche Mut ist einmalig, doch auch Abwarten oder eine Einschränkung nimmt man in Kauf.

Ob Eiche-Frau oder Eiche-Mann, beide setzen sich für Menschen und Ideen ein. Welch eine Wohltat, daß trotzdem ein weiches Gemüt und ein warmes Herz in dieser Brust wohnen.

Vermeiden sollte man die intime Freundschaft mit Menschen, die das gleiche Geburtsdatum haben. Man gerät sich sicher nicht in die Haare, aber die Veranlagung, die dieser 21. März vermittelt, ergibt – in doppelter Ausführung – ein Gespann, das in der näheren und weiteren Umgebung Unheil anrichten kann.

In der Liebe wird Sentimentalität vollkommen ausgeklammert; dafür aber wird eine natürliche Leidenschaftlichkeit geliebt. Die Partnerwahl erfolgt mit sicherem Instinkt, und stets ist man um das gute Funktionieren einer Beziehung besorgt. Man ist also in der Liebe stets der führende Teil. Ob Frau oder Mann, man ist der Werbende, aber auch der Bestimmende.

Konzentrierte Sonnenenergie für meinen Baum

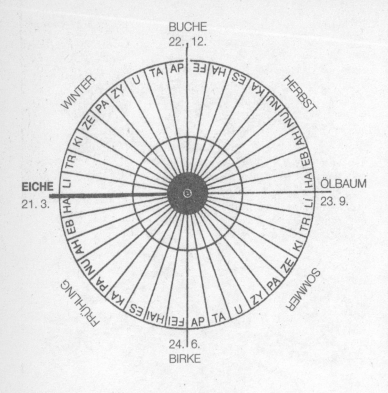

Der *markierte* kleine Teilabschnitt für jeden Baum zeigt seine Position innerhalb der vier Jahreszeiten an.

Die zu dieser Jahreszeit wirksame Sonneneinstrahlung ist für astrologische Erkenntnisse auch heute noch äußerst bedeutungsvoll.

Die *einzelnen Baumfelder* sind mit den *Anfangsbuchstaben des betreffenden Baumes* gekennzeichnet.

Wer paßt zu wem?

Eiche 21. 3.

Die Zugehörigkeit eines Baum-Symbols zu einem der vier Elemente, Feuer, Wasser, Luft und Erde, muß für die Beurteilung harmonisierender Partnerbeziehungen berücksichtigt werden. Diese fundamentale Wichtigkeit ist bei der Gegenüberstellung der einzelnen Dekaden berücksichtigt. Wenn Sie in der folgenden Aufstellung nicht die Daten Ihres Partners finden, seien Sie nicht beunruhigt. Liebe ist ein Ding mit 1000 Facetten – in das letzte Geheimnis, das sich im Begriff Liebe verbirgt, kann kein Horoskop der Welt Einblick geben.

Eiche 21. 3.	Apfelbaum	2. Dekade
Eiche 21. 3.	Tanne	2. Dekade
Eiche 21. 3.	Ulme	2. Dekade
Eiche 21. 3.	Trauerweide	1. Dekade
Eiche 21. 3.	Linde	1. Dekade
Eiche 21. 3.	Nußbaum	2. Dekade
Eiche 21. 3.	Kastanie	2. Dekade
Eiche 21. 3.	Birke	24. 6.

Nur der Monatsanfang zeigt kleine Unregelmäßigkeiten, die Eiche-Leute aber kaum in Aufregung versetzen. Mißverständnisse treten im Privatbereich auf, aber sie sind es nicht wert, um darüber aus dem Häuschen zu geraten. Nur die in der Nacht Geborenen werden sich nicht so schnell beruhigen, wenn von irgendeiner Seite Druck ausgeübt wird. Denken Sie an Ihren Seelenfrieden und daran, daß letztlich Ihre gute Absicht ausschlaggebend ist, wenn es um Rechthaben oder -bekommen geht.

Bis zur Mitte des Monats sind Ruhe und Frieden wiederhergestellt. Hoffentlich haben Sie in den wenigen Tagen, die sich nicht so gezeigt haben, wie Sie es erwartet haben, Ihren Unmut nicht an Leuten ausgelassen, die mit den unliebsamen Vorkommnissen überhaupt nichts zu tun hatten. Planen Sie für die restlichen Tage dieses Monats keine größeren Vorhaben. Leben Sie ganz einfach in den Tag hinein, zeigen Sie sich freundlich und verbindlich. Mehr als ein zufriedenstellendes Zusammenleben mit den Mitmenschen ist derzeit nicht zu erreichen. Wer jetzt damit zufrieden ist und die Ansprüche nicht zu hoch schraubt, geht den besten Weg, der im Januar möglich ist.

In der zweiten Monatshälfte ist am Arbeitsplatz Fingerspitzengefühl nötig, wenn Sie sich mit einem Anliegen durchsetzen wollen. Versuchen Sie, sich unter den Kollegen Freunde zu schaffen. Das Nußbaum-Jahr neigt dazu, dort positive Möglichkeiten zu eröffnen, wo der »weiche Kern« im Miteinander gepflegt wird. Eiche-Menschen fällt es nicht schwer, sich durch einfühlsames Verhalten Sympathien zu verschaffen.

Liebesambitionen stehen gegen Ende Januar im Vordergrund. Haben Sie schon einen festen Partner, macht es Ihnen kaum Mühe, zärtlich zu sein. Wichtig ist nur, gewöhnliche Alltagsprobleme nicht am Feierabend zum Gesprächsthema werden zu lassen, wenn man füreinander dasein sollte. Dies ist nämlich die Zeit für die Liebe und nicht die Stunde, um persönliche Sorgen trivialster Art loszuwerden.

In diesen Februartagen dürfen Sie nicht vergessen, das Verhältnis zu Kollegen positiv zu gestalten. Toleranz und eine großzügige Einstellung, die sich über Fehler und Schwächen anderer hinwegsetzen kann, bringen beste Ergebnisse. Man sollte nicht vergessen, daß die meiste Zeit eines Tages am Arbeitsplatz verbracht wird und man daher gezwungen ist, mit dem Umfeld in Einklang zu leben.

Es wird nicht zu umgehen sein, daß Sie sich bei Ihrer Arbeit besonders ins Zeug legen. Einige kosmische Werte setzen deutliche Zeichen für einen intensiven Einsatz. Lassen Sie diesen nützlichen Trend nicht unbeachtet vorübergehen; es winken einige Vorteile, die sich zu einem späteren Zeitpunkt bemerkbar machen werden.

Nach dem 12. verlagert sich der Schwerpunkt Ihrer Interessen auf andere Vorgänge, die mit dem ausgeübten Beruf wenig zu tun haben. Wo und wie sich dies im einzelnen zeigt, ist individuell unterschiedlich. Wichtig ist nur, sich verbindlich und umgänglich zu verhalten. Ihre Geschicklichkeit, sich spontan auf eine völlig veränderte Situation einzustellen, bringt Ihnen erhebliche Vorteile.

Ein Standpunkt, an dem Sie bisher eisern festgehalten haben, könnte von heute auf morgen eine drastische Veränderung erfahren.

Sie werden sich ziemlich erleichtert fühlen, wenn das letzte Monatsdrittel beginnt. Alles, was nun wichtig wird, sind die Angehörigen – von den Eltern angefangen, über die Geschwister bis hin zur Großmutter. Halten Sie Ihre betonte Empfindlichkeit, die sich in diesem Kreis besonders zeigt, etwas unter Kontrolle. Hier weiß man um Ihre Schwäche und wird sich Ihnen gegenüber nie rücksichtslos öffnen. Doch genau dies streben Sie an, da Sie genau wissen, daß nur vollkommenes Vertrauen eine Basis schafft, die allen Stürmen des Lebens trotzt.

Mit dem Partner gibt es kaum Differenzen, intensive Zuneigung ist vorhanden, wird aber nicht demonstrativ gezeigt.

Es wird sicher nicht der beste Monat dieses Jahres sein. Zu intensive, streitbare Werte haben für diese Wochen leider das Regiment übernommen.

Zurückhaltung ist bei allen Vorgängen empfehlenswert, die sich bei juristischen Streitfragen ergeben oder mit öffentlichen Ämtern in Verbindung stehen. Eine Methode hat sich bei derartigen Angelegenheiten immer bewährt: abwarten und sich nicht in Emotionen hineinsteigern. Eiche-Leute gehören zu den notorischen Streithähnen, die aus derartigen Vorfällen einen ganzen Wust von Streitfragen nach sich ziehen.

Auch bei allen anderen, weniger drastischen Vorgängen sollten Vor- und Nachteile einer genaueren Prüfung unterzogen werden, bevor man sich ans »Ordnungmachen« wagt.

Als dritter Punkt steht der berufliche Bereich auf der Liste der nicht ganz krisenfreien Bezirke. Unterwerfen Sie sich bestimmten Einschränkungen, die Sie sich selbst auferlegen, bevor es zu einem strengen Diktat von oben kommt. Erst die dritte Woche bringt Erleichterung.

Leider haben Sie auch in Liebesangelegenheiten momentan nicht die glücklichste Hand. Bedenken Sie, daß auch der Partner über angespannte Nerven zu klagen hat. Kommt es zu Schwierigkeiten, die durch vorausgegangene Querelen unerträglich werden, müssen Sie sehr viel Geschick aufwenden, um mit Diplomatie und Selbstüberwindung schließlich über die Runden zu kommen.

Tritt für Eiche-Leute der Extremfall einer Trennung ein, sollten Sie diese Krise auf keinen Fall gewalttätig lösen. Weder ein starres Festhalten am Gewohnten noch ein handfester Krach ist eine Lösung. Ihre Gefühlsskala ist zwar empfindlich gestört, aber sich von einem Extrem in das andere zu begeben, schadet Ihnen so sehr, daß Sie für Wochen nicht mehr ansprechbar sind. Übrigens betrifft diese Verhaltensweise sowohl Eiche-Damen als auch Eiche-Herren. Beide sind vom gleichen Temperament gelenkt, das in der Liebe überhaupt keinen Spaß versteht.

Die elementare Kraft Erde ist um Ruhe und Ausgleich bemüht. Kleine Enttäuschungen werden daher schnell überwunden. Es wird keine Gelegenheit geben, sich über Kleinigkeiten aufzuregen.

Will man Sie für einen ausgefallenen Plan oder eine besondere Idee gewinnen, hören Sie sich alles gut an, aber lassen Sie sich nicht als Zugpferd vor einen fremden Wagen spannen. Versprechungen sind mit Vorsicht zu behandeln. Ab der zweiten Woche steht der elementare kosmische Wert Feuer nicht in bester Position, wenn es sich um rein geschäftliche Vorhaben handelt.

Innerhalb der Verwandtschaft wäre es angebracht, etwas mehr Gefühl aufzubringen. Freundliches Aufeinanderzugehen bringt eine bessere Stimmung in das Zusammensein. Eiche-Leute behandeln diesen Bereich mit Vorliebe stiefmütterlich.

Zusätzliche Aufgaben im Arbeitsbereich können leicht bewältigt werden. Alles hängt hier nur an dem Ichbewußtsein, vor allem bei Eiche-Menschen, die am Tag geboren wurden.

Die problematische Phase des Vormonats in Partnerschaften ist auch jetzt noch nicht ganz ausgestanden. Vermeiden Sie alles, was die Situation verschlimmern könnte. Überlassen Sie dem Partner Entscheidungen, die bisher Ihre Domäne waren. In diesen Apriltagen verhärten sich nur die Fronten, wenn man auf angestammte Rechte pocht.

Denken Sie doch einmal darüber nach, was die Liebe in ganz jungen Jahren so schön gemacht hat. Sicher wird sich da so manches finden, was auch heute noch praktizierbar wäre. Sind Sie ein Single, der sich immer noch – oder schon wieder – alleine durch die Tage quält, gibt es Ende dieses Monats einige Möglichkeiten, dies zu ändern.

Nicht alles, was geschieht, wird Ihre volle Zustimmung bekommen. Wasser, das unruhigste Element, ist zusammen mit Erde besonders intensiv am Werk. Obwohl sich beide tadellos verstehen und ergänzen, kommt eine gewisse Nervosität auf, die nichts mit Hektik, aber sicher mit seelischen Spannungen zu tun hat.

Das heißt nicht, daß Schwierigkeiten bewältigt werden müssen. Doch das, was sich zwischen Menschen als sogenanntes Fluidum bewegt, verursacht ein nicht zu erklärendes Herzklopfen.

Halten Sie jetzt nicht nach einer neuen Liebe, nach einem Flirt oder etwas ähnlichem Ausschau. Das geht absolut daneben, da Ihre innere Sicht momentan stark beeinträchtigt ist. Vor allem dann, wenn es sich um einen Menschen handelt, der Sie nur als von Schwächen geprägtes Individuum total einverleiben möchte.

Im Beruf oder bei einem ernsthaft betriebenen Sport treten insofern Schwierigkeiten auf, als es Ihnen nicht gelingt, Ihre Leistung in das rechte Licht zu rücken. Der tägliche Konkurrenzkampf fordert das nur zu oft. Aber was macht das schon, einmal nicht so beachtet zu werden, wie Sie es Ihrer Meinung nach verdient hätten? Erledigen Sie alles, wie es erwartet wird. Ihre Glanzzeit wird wiederkommen. Ein Vorteil: Es bleibt Zeit für andere, ebenso wichtige Dinge.

Kaum Klagen gibt es im familiären Bereich. Menschliche Wärme wird Ihnen entgegengebracht und kann von Ihnen ebenso erwidert werden. Überströmende Herzlichkeit ist aber nicht zu spüren. Eine Eiche-Dame dürfte darauf im Moment sowieso keinen allzu großen Wert legen, Eiche-Männer schon eher.

Liebesbeziehungen können, je nach dem Baum-Symbol des Partners, von gut bis glänzend gelingen. Werden zu große Gefühle erwartet, was passieren kann, wird eine immense Gegenliebe geweckt, die den Eiche-Leuten aber im Moment ausgesprochen unbequem ist.

Was der Mai Ihnen vorenthalten hat, Liebesfreuden und sinnliche Genüsse, wird dieser Juni nun pflichtschuldigst nachholen.

Sehen Sie zu, liebe Eiche-Damen, daß sich Ihr Partner in Ihrer Gesellschaft wohl fühlt. Es bedarf dazu wahrhaftig keiner zu großartigen Anstrengungen: ein liebes, freundliches Lächeln, eine nette Geste, kleine Aufmerksamkeiten. Lassen Sie vor allem einmal alle Ihre Sorgen in der Versenkung verschwinden. Sorgen hat »er« genug. Wenn Sie eine harmonische Atmosphäre herstellen wollen, wird ein Mann im allgemeinen von sich aus bereit sein, sich dann auch um Ihre großen und kleinen Nöte zu kümmern.

Ergibt sich in einigen Fällen eine aus dem gewöhnlichen Rahmen fallende Einladung, sollten Sie sie nicht nur ohne Zögern annehmen, sondern auch um eine besondere »Verpackung« Ihres Ichs bemüht sein. Gerade das »Drumherum« schafft Außergewöhnlichkeit, und darauf sollte es bei einem wirklichen Fest ankommen.

In der zweiten Hälfte dieses Monats ist es unbedingt notwendig, sich konzentriert an die Erledigung wichtiger Aufgaben oder Pflichten zu machen. Das erstreckt sich vom Briefeschreiben, das Sie schon seit langer Zeit immer wieder auf die lange Bank geschoben haben, bis hin zu den vielen kleinen Hilfeleistungen bei diesen oder jenen Bekannten, Freunden oder Leuten des engsten Familienbereichs.

Besondere Liebesdienste, die man von Ihnen erwartet, müssen nicht unbedingt geleistet werden, doch wäre es großartig, wenn Sie sich auf freiwilliger Basis dazu bereit erklären könnten. Problemen in diesem Bereich sollte aus dem Weg gegangen werden.

Auseinandersetzungen in fragwürdigen Beziehungen, die sich endgültig auseinandergelebt haben, sind nicht auszuschließen. Zählen Sie zu den in der Nacht Geborenen, werden Sie damit ohne Schwierigkeiten fertig. Gefällt es Ihnen in einer Beziehung nicht mehr, gehen die Interessen und die Meinungen absolut verschiedene Wege, so ziehen Sie einen endgültigen Schlußstrich, aber beschwören Sie keine Katastrophe herauf. Liebe ist eine recht diffizile Angelegenheit, der weder mit sachlichen Argumenten noch mit unkontrollierten Wutanfällen beizukommen ist.

Haben Sie sich dann bis zum 12. einen neuen Freiraum geschaffen und belastet Sie nichts mehr, sollten Sie versuchen, im Beruf einen Ausgleich zu finden. Nach dem 20. sind Sie dann schon wieder soweit, sich neue Erlebnisse auszudenken oder sich bietende Gelegenheiten ins Auge zu fassen.

Die älteren Jahrgänge unter Ihnen bekommen freundliche Zeichen besonders angenehm zu spüren. Beziehungen, die in letzter Zeit nicht amüsant waren, bekommen neue Impulse. Endlich findet man wieder zu einer gemeinsamen Basis, die das liebevolle Zusammenleben zu einer Selbstverständlichkeit werden läßt.

Hat die eine oder andere Eiche-Dame noch nicht ganz zu dem gewohnten Gleichgewicht gefunden, so sollte Sie zu Geschehenem bewußt auf Distanz gehen. Eine kleine Reise an einem Wochenende, vielleicht in Gesellschaft netter Leute, wäre dann das richtige.

Tapetenwechsel, ganz gleich in welcher Form, ist immer ein ausgezeichnetes Mittel, um mit Erinnerungen fertig zu werden. Verbannen Sie jeden Rachegedanken aus Ihrem Herzen. Sie verschließen das Herz, und ein Vergessen wird unmöglich.

Es würde Ihnen auch einmal ganz ausgezeichnet bekommen, wenn Sie sich anderen Menschen gegenüber nachsichtig zeigen würden. Der dadurch erzielte Erfolg wird sich, besonders in Sachen Liebe, positiv niederschlagen.

Idealismus und die Devise, es wird schon alles gutgehen, ersetzen im Moment jede Aktivität. Recht brauchbar für einen Urlaubs- und Ferienmonat, finden Sie nicht?

Ganz allgemein wird bei jeder Veränderung tatsächlich Erleichterung empfunden. Angelegenheiten, bei denen man die eigene Veranlagung verleugnet hat, werden kaum mehr in Erscheinung treten. Überlassen Sie sich bewußt und ohne Bedenken diesem ausgeglichenen Ablauf der Augusttage.

Mit Unterstützung der Energie des Nußbaum-Jahres wird in diesem August kaum zu rechnen sein. Die typischen Eiche-Eigenschaften werden sich ohne Störung zeigen können.

Weder im Beruf noch anderweitig werden spektakuläre Wege notwendig sein. Kein Übereifer, der in den vergangenen Wochen so unangenehm war, veranlaßt jetzt Kollegen, Ihnen kritisch über die Schulter zu sehen. Sie fühlen sich als Rädchen im Getriebe. Keine freiwillig übernommene Nebenarbeit wird so interessant sein, daß Sie sich mit ihr belasten sollten.

Bei all diesen überraschend veränderten Einflüssen können Sie sich endlich dem Privatleben zuwenden. Die verschiedenartigen Meinungen lassen sich auch in langjährigen Partnerschaften ausdiskutieren. Das alte Vertrauen, durch Zwischenfälle stark erschüttert, kann wiederhergestellt werden. Im Privatbereich, auch in der Familie, ist vieles in die Bahnen zu lenken, die eine friedliche Koexistenz ermöglichen.

Das Liebesleben bei Eiche-Damen und -Herren spielt eine wichtige Rolle. Bemühen Sie sich auch um die Sympathie von Menschen, die Ihnen nicht sehr nahestehen oder nicht wohlgesinnt sind.

Auch im Kollegenkreis wird ein freundlicher Umgangston die Arbeit erleichtern. Die Tendenz, sich in allen Bereichen ein »gutes Klima« zu schaffen, bekommt Ihnen und Ihrer Umgebung ausgezeichnet. Es gibt keine Hindernisse, zu ausgeglichen sind die hierfür verantwortlichen Elemente dieses Monats.

Wenn sich Ihren Vorhaben verschiedene Hindernisse in den Weg stellen, versuchen Sie nichts zu erzwingen. Lassen Sie sich diplomatisches Verhalten einfallen, das Kompromißbereitschaft andeutet, und halten Sie trotzdem an einem für Sie als richtig erkannten Standpunkt fest. Es wird für Sie die Zeit kommen, die Ihnen ein Spiel mit offenen Karten ermöglicht.

Weltweit muß ein solches Vorgehen tagaus, tagein angewandt werden, warum nicht auch von Ihnen? Wird Diplomatie von Freundlichkeit und Herzlichkeit getragen, können Sie sicher sein, daß Sie jede Situation im Griff haben.

Wohlwollende Haltung und Herzensgüte, liebe Eiche-Damen, klammern Sie in diesen Septemberwochen ganz schnell aus. Auch wenn es müde macht, sich da und dort eisern behaupten zu müssen, lassen Sie sich nicht unterkriegen.

Achten Sie auf Ihre Gesundheit, wenn solche Streßsituationen auf Sie zukommen. Sich gegen eine angeborene Veranlagung zu behaupten, ist strapaziös, aber manchmal notwendig.

Diese kritische Phase währt nicht lange. Ängstliches Beobachten seiner Beschwerden hilft jedenfalls nicht weiter. Leiden werden dabei nur größer, die Schmerzen intensiver und die Laune schlechter.

Nach dieser relativ kurzen Zeit des Unbehagens greift die Vehemenz von Feuer und den damit gutkorrespondierenden kosmischen Werten ganz energisch in die Speichen Ihres Schicksalsrads. Eine Art Bewährungsprobe steht manchem Eiche-Mann bevor. Es wird nicht leicht sein, dabei optimistisch zu bleiben. Haben Sie einen besonders netten, verständnisvollen Kollegen, lassen Sie sich von ihm beraten.

In der Liebe könnte sich ein neuer Flirt abzeichnen, der sicher jedoch nichts bietet, was Sie zu einer Fortsetzung veranlassen könnte. In festen Beziehungen läuft der Alltag beschwerdefrei. Sonnentage im Sinne von aufregenden Erlebnissen ergeben sich jedoch kaum.

Es ist Zeit, sich die erworbenen Lorbeeren zu holen. Sie dürfen sich ein Stück vom Erfolgskuchen abschneiden, wenn Sie gute Vorarbeit geleistet haben. Finanzielle Schwierigkeiten dürften samt und sonders ausgestanden sein. Mit ein wenig Mut und ein bißchen Unternehmungsgeist lassen sich aber auch jetzt noch Chancen wahrnehmen und Möglichkeiten ausbauen.

Das sich in diesem Zusammenhang absolut positiv gebende Element Wasser ist zusätzlich bemüht, beste Voraussetzungen zu schaffen. Initiative und ein wenig Draufgängertum sind angesagt, um sich von völlig veralteten Ansichten loszusagen. Dies ist sicher die bemerkenswerteste Veränderung im Verhalten vieler Eiche-Leute für diesen Oktober. Bei Eichen spielen sich diese Vorgänge in allen Bereichen ab. Besonders auf den materiellen Nutzen ist hier zu achten.

Die Eiche-Damen, dem Erdzeichen verhaftet, setzen den kosmischen Werten die Krone auf, sie zeigen sich ständig aktiv. Sie gönnen sich keine Ruhe und keine Atempause, weder bei der Arbeit noch in der Freizeit. Beim Sport, für den sich diese Gruppe besonders interessiert, können Superleistungen erwartet werden.

Das Fazit: Eiche-Leute haben alle einen »goldenen Oktober« vor sich, jeder natürlich in der ihm adäquaten Form. Für Dynamik ist jedenfalls gesorgt, um sich selbst verwirklichen zu können.

Alle Eichen dürfen über ein wohlgefülltes Reservoir an physischer und psychischer Kraft verfügen.

Aus welcher Ecke jetzt auch Einladungen auf Sie zukommen, nehmen Sie diese an! Sicher brauchen Sie diese Abwechslung, die damit verbunden ist, nicht unbedingt, aber der Austausch mit Leuten, die Ihnen neue Gedanken und neue Impulse vermitteln, ist von großem Nutzen.

Jeder Vorgang, der Sie noch vor wenigen Wochen in Unruhe versetzt hätte, wird unwichtig. Auch Negatives in der Liebe klingt ab.

Die Natur setzt zum Winterschlaf an und ist damit beispielgebend für diesen November. Massive Tendenzen haben in diesen Wochen keine Möglichkeit, sich durchzusetzen.

Diese Wochen sind aber keine Zeit der absoluten Stagnation. Lebhafte Vorgänge spielen sich im seelischen Bereich ab. Doch es wird nur aufmerksam gemacht, nicht in Unruhe versetzt. Kein kosmischer Wert, vor allem kein Feuer, lenkt ab und rückt materielle Profitgedanken in den Mittelpunkt.

Der Beruf, soweit er nicht technische Vorgänge betrifft, sollte mit Vorsicht und Nachsicht behandelt werden. Sind finanzielle Mittel notwendig, könnte man sich mit Erfolg danach umsehen.

Günstige Kontakte sind auf Reisen zu erwarten, wenn sich diese innerhalb heimatlicher Grenzen bewegen. Sie könnten sich auch für anspruchsvolle Zukunftspläne vorteilhaft erweisen.

Haben Sie vor, sich eine eigene Existenz aufzubauen, was im kommenden Jahr für viele Eiche-Leute nicht Utopie bleiben wird, bereiten Sie alles mit Bedacht vor, um dafür eine gesunde Basis zu schaffen.

Nach dem 21. wird der Komplex Beruf/Geschäft für Sie nicht mehr Thema Nummer eins sein. Die Liebe, aber auch eine Lieblingsfreizeitbeschäftigung, die Sie begeistert, wollen endlich wichtig genommen werden.

Was Sie jetzt auch beginnen – alles wird mit Leidenschaft durchgeführt. Eine typische Erscheinung dieser letzten Novembertage.

Während bei einer Hobby-Beschäftigung glasklare Gedankenvorgänge überraschende Ergebnisse bringen, zeigt sich in der Liebe eine innige Zuneigung, die das alltägliche Maß sicher überschreitet.

Ein Bilderbuchmonat wird es für manchen Eiche-Mann. In erster Linie wird für seelische Ausgeglichenheit gesorgt. Ein Erlebnis außerhalb des gewohnten Tagesablaufs kann ihn zu einem echten Lebenskünstler machen.

Doch nicht nur die Herren der Schöpfung genießen diese Bevorzugung der kosmischen Zeichen, auch die Damen dürfen sich darin sonnen. Sie sind ausgeglichen, und kaum eine Aufregung wird sie aus der Fassung bringen. Günstige Gelegenheiten werden sich da und dort anbieten. Sie betreffen viele Dinge, die im Verlauf eines Tages oder einer Woche passieren. Dieser Monat, das ist aus den gegebenen Zeichen deutlich zu ersehen, bringt Sie ein gutes Stück voran, Sie werden nicht nur selbstbewußter, Sie leben auch intensiver.

So läuft alles bestens. Vertrauen und Zuneigung zeigen sich auch im Kollegenkreis. Sie spüren ganz deutlich die Kraft Ihres eigenen Ichs und eine Lebensenergie, die Ihnen alles leichtmacht. Ein wunderbares Wirken Ihres Unterbewußtseins schafft zusätzliche Möglichkeiten, die Sie mit nüchternem Verstand nie hätten.

Ein Jahresende steht also bevor, wie es zufriedenstellender nicht sein kann. Familienbande sind keine Last mehr. Sie wissen endlich, daß man irgendwo seine Wurzeln haben muß, und diese Erkenntnis allein macht Sie schon sicher. Sie fühlen sich geborgen, Sie haben zu einem Leben gefunden, wie es für jeden sein sollte.

Die Neigung, vieles zu ernst und zu schwer zu nehmen, haben Sie in diesem Nußbaum-Jahr endlich in den Griff bekommen. Da sich in der Vergangenheit Ihre angeborene »Erdenschwere« auch Ihrer nächsten Umgebung mitgeteilt, ja sogar auf diese übertragen hat, haben Ihnen immer wieder Schwierigkeiten zu schaffen gemacht, die Sie sich nicht erklären konnten.

Sorgen Sie für Fröhlichkeit in Ihrem Umkreis, und alles wird leicht und unbeschwert.

Birke 2000
24. 6.

Mit seinem feingliedrigen, äußerst reizvollem Äußeren ist die Birke der Liebling vieler Leute. Durch ihr Blätterdach scheint immer noch ein Stück vom blauen Himmel, selbst wenn der Baum sich noch so sehr um einen dichten Wuchs bemüht.

Ist man an einem 24. Juni geboren, so hält man jederzeit den Vergleich mit diesem besonderen Baum aus.

Das stabile Seelengerüst, das diese Menschen zusammenhält, ist schon nach der ersten zyklischen Lebensphase voll entwickelt. Hier handelt es sich durchweg um recht robuste Menschen, die, bildlich ausgedrückt, mühelos Wind und Wetter trotzen.

Diese Menschen, zur Sommersonnenwende geboren, wissen jederzeit, daß Arbeit, Pflicht und Beruf eine Aufgabe darstellen, die unter allen Umständen zufriedenstellend erfüllt werden muß.

Privat gönnt man sich jedoch den Luxus einer idealistischen, gefühlvollen, vielleicht auch romantischen Einstellung. Ebenso besitzt man eine präzise Vorstellung von den persönlich möglichen Zielen und schöpft auch die geistigen Fähigkeiten vollkommen aus. Zu diesen recht nützlichen Dingen gesellt sich noch zudem das Talent, mit Worten äußerst gewandt umgehen zu können.

In der Liebe schwimmen Frauen und Männer geradezu in Gefühlen, aber man kann auch dem Partner mit passiver Resistenz den eigenen Willen aufzwingen.

Dieses Geburtsdatum bringt zum Glück auch künstlerische Gestaltungskraft mit sich. Ein Übermaß an Liebessehnsucht kann damit in Bahnen gelenkt werden, die neben ideellen Werten auch finanzielle in Aussicht stellen.

Konzentrierte Sonnenenergie für meinen Baum

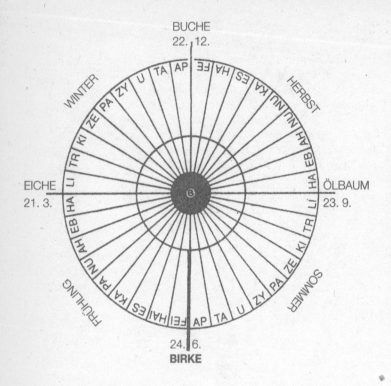

Der *markierte* kleine Teilabschnitt für jeden Baum zeigt seine Position innerhalb der vier Jahreszeiten an.

Die zu dieser Jahreszeit wirksame Sonneneinstrahlung ist für astrologische Erkenntnisse auch heute noch äußerst bedeutungsvoll.

Die *einzelnen Baumfelder* sind mit den *Anfangsbuchstaben des betreffenden Baumes* gekennzeichnet.

Wer paßt zu wem?

Birke 24. 6.

Die Zugehörigkeit eines Baum-Symbols zu einem der vier Elemente, Feuer, Wasser, Luft und Erde, muß für die Beurteilung harmonisierender Partnerbeziehungen berücksichtigt werden. Diese fundamentale Wichtigkeit ist bei der Gegenüberstellung der einzelnen Dekaden berücksichtigt. Wenn Sie in der folgenden Aufstellung nicht die Daten Ihres Partners finden, seien Sie nicht beunruhigt. Liebe ist ein Ding mit 1000 Facetten – in das letzte Geheimnis, das sich im Begriff Liebe verbirgt, kann kein Horoskop der Welt Einblick geben.

Birke 24. 6.	Apfelbaum	2. Dekade
Birke 24. 6.	Tanne	2. Dekade
Birke 24. 6.	Ulme	2. Dekade
Birke 24. 6.	Trauerweide	1. Dekade
Birke 24. 6.	Linde	1. Dekade
Birke 24. 6.	Nußbaum	2. Dekade
Birke 24. 6.	Kastanie	2. Dekade
Birke 24. 6.	Eiche	21. 3.

Die ersten beiden Januarwochen halten Sie beruflich noch auf Trab. Es wäre empfehlenswert, sich schon am Anfang dieses Jahres genau zu überlegen, was Sie erreichen wollen. Sie müssen genau prüfen, was möglich ist und was nicht.

Birke-Leute, am Wendepunkt von zwei Jahreszeiten geboren, haben eine höchst empfindsame Seele, können aber trotzdem hartnäckig sein, wenn es heißt, ein schwer zu erreichendes Ziel anzustreben.

In der zweiten Januarhälfte sollte sich Ihr Eigensinn noch steigern. Es ist durchaus möglich, daß die in Aussicht stehenden Angebote ein paar Nummern zu groß sind. Keine Bedenken sollten Birke-Leute haben, wenn es sich dabei um eine Tätigkeit handelt, die sich im kaufmännischen Bereich bewegt.

Privat sind an manchen Tagen kleinere Widerstände zu erwarten. Sie sind dem Wirbel ganz sicher gewachsen. Doch damit sind derartige Angelegenheiten für Sie noch nicht erledigt. Wieder einmal bemühen Sie sich, Frieden zu stiften, auch dann, wenn Sie überhaupt nicht in Differenzen einbezogen sind. Halten Sie keine Friedenspredigten, es wird Ihnen sowieso niemand zuhören!

Ist diese kurze Zwischenphase überstanden, was so etwa nach dem 14. der Fall sein wird, können Sie mit ruhigen, friedlichen Januartagen rechnen. Planen Sie dann Ihren Tagesablauf bis ins kleinste Detail, und halten Sie sich daran. Ordnung, so heißt es, ist das halbe Leben. Der Himmel über uns macht es vor. Seit einer Ewigkeit schon kreisen die Sterne und Planeten in stets derselben Bahn, die so haargenau angelegt und vorgeschrieben ist, daß man sie für Jahre im voraus berechnen kann.

Nach der dritten Monatswoche können Sie es sich dann leisten, einfach in den Tag hinein zu leben. Sie sind freundlich und gelassen und zeigen auch dort ein freundliches Gesicht, wo Sie sich nicht hundertprozentig wohl fühlen.

Besondere Zuwendung im Bereich Liebe können sich Birke-Leute erst Ende Januar erwarten. Sie müssen allerdings Initiative zeigen. In diesem Monat wird das etwas schwerfallen.

Es wird ein erträglicher Monat, wenn Sie Streitereien aus dem Wege gehen und die Konfrontation mit aufgebrachten Leuten vermeiden.

Es sind kosmische Kräfte tätig, die Sie vorantreiben, doch Vorsicht! Keine Möglichkeit, keine Chance darf sofort und ohne jede Überlegung angepackt werden! Spontan darf in diesen Februarwochen gar nichts getan werden.

Mit der Durchführung neuer Pläne warten Sie besser einen günstigeren Zeitpunkt ab. Dasselbe gilt auch für Ihr Privatleben, das etwas mehr Herzlichkeit gut vertragen würde. Ein vielleicht gut gemeinter Rat ist abzulehnen, woher er auch kommt. Sicher will man nur das Beste für Sie, aber niemand hat Einblick in Ihr Seelenleben, niemand weiß, was sich Ihr Herz wirklich wünscht.

Zur Monatsmitte hin sind für die in freien Berufen Tätigen Pluspunkte zu erwarten.

Stehen in diesem Februar die Geldmittel nicht reichlich zur Verfügung, sollte die Devise heißen: sparsam sein. Es ist für Sie derzeit nicht einfach, damit klarzukommen.

Ihr gutes Gefühl, wie und wo Sparmaßnahmen am besten durchzuführen sind, wird über die momentane Ebbe im Portemonnaie hinweghelfen. Die Idee, sich eine neue Geldquelle zu erschließen, bekommt feste Konturen. Es wird sich manches ermöglichen lassen, aber Vorsicht – verkaufen Sie sich nicht zu billig. Sie wissen, daß der Fiskus ganz erheblich an Ihrem sauerverdienten Zusatzgeld beteiligt ist.

Schränken Sie sich bei den Ausgaben ein, die nicht unbedingt notwendig sind, dann können Sie auf Zusatzarbeit verzichten. Ihre Freizeit ist dafür da, daß Sie sich erholen!

In unserer Leistungsgesellschaft hat der materielle Besitz einen viel zu großen Wert. Birke-Leute sind heimliebend und kunstinteressiert. Wenn Sie sich zusätzliche Arbeit aufbürden, müssen all diese Dinge beiseitegelegt werden!

Es ist nur Gutes aus dem Schicksalsbereich des Birke-Symbols zu erwarten. Jetzt ist vor allem eine günstige Zeit für geschäftliche Abschlüsse. Sie werden mit Vorgängen im beruflichen Bereich zufrieden sein. Denken Sie sich nichts, wenn es ein bißchen heftig und betriebsam wird, es sind lediglich ein paar Wochen im März, dann dürfen Sie wieder etwas kürzertreten. Doch bis dahin kann von Gemütlichkeit keine Rede sein.

Das nicht sehr freundliche Verhalten einiger Kollegen bereitet Ihnen Kopfzerbrechen. Sie wissen nicht so recht, was Sie davon halten sollen. Ist es speziell auf Sie gemünzt, oder sind Sie nur unversehens betroffen? Es dürfte sich einige Wochen hinziehen, dieses wolkenverhangene Verhalten. Dieser ganze Komplex ist für Sie jedoch völlig uninteressant, eigentlich sollten Sie ihn gar nicht bemerken. Aber Birke-Leute stehen unter der Schirmherrschaft des elementaren Zeichens Wasser. Schnell sind Sie deshalb bereit, das Elend anderer als das eigene zu empfinden.

Es ist nicht Ihr Schicksal, das sich in diesen Märzwochen ungnädig zeigt. Halten Sie sich aus den Konflikten anderer Leute heraus, selbst wenn es die eigene Familie betrifft.

Neues steht im Märzprogramm. Verhalten Sie sich diplomatisch, wenn Sie unschlüssig sind. Um gut über die Runden zu kommen, darf Ihnen in diesem März jedes Mittel recht sein.

Sehr wirkungsvoll ist es, sich taub und blind zu zeigen, wenn Sie auf unschöne Art – eventuell auch von Freunden – konfrontiert werden. Mit diesem Verhalten nehmen Sie auch dem schlechtgelauntesten Menschen den Wind aus den Segeln und haben den Vorteil, für Ihre Ruhe von anderen bewundert zu werden.

Gut wäre es, wenn Sie sich für Ihren Partner einmal etwas Besonderes einfallen lassen würden. Das Geld ist Ende dieses Monats ja nicht knapp. Haben Sie keine Bedenken, daß es etwas Unnützes ist, was er (oder sie) sich gerade wünscht. Nichts ist unnütz, wenn es Freude macht!

Neues wird nicht zu erwarten sein. Die günstigen Strömungen machen sich zunächst im Berufsleben bemerkbar.

Ein besonderer Auftrag, auch ein neuer Kollege, der Ihnen sympathisch ist und der gut mit Ihnen zusammenarbeitet, vielleicht auch ein gutgelaunter Chef, können Ihre Laune verbessern und Ihnen den Arbeitstag beinahe zum Vergnügen machen.

Sie entwickeln einen Schwung, der Ihr berufliches Umfeld mit einbezieht. Es ist Ihr Charme, Ihr Verhalten, was die Atmosphäre am Arbeitsplatz nachhaltig verbessert.

Sie haben in diesen Aprilwochen tatsächlich die Gelegenheit, Ihre Zukunftsmöglichkeiten selbst in die Hand zu nehmen.

Endlich kommen auch Birke-Leute auf Touren, die sich seit Beginn dieses Jahres auffällig zurückgehalten haben. Sie sind in den vergangenen Wochen jedem Streit aus dem Wege gegangen, viele Ihrer Mitarbeiter hatten den Eindruck, man hätte mit Ihnen überhaupt keine Schwierigkeiten, auch nicht bei Kompetenzfragen.

Die Art, wie Sie sich jetzt Sympathien zu verschaffen wissen, bringt Ihnen mühelos den Respekt Ihrer Kollegen ein. Sie entwickeln eine Fähigkeit, Leute um den Finger zu wickeln, die keinem anderen Baum-Symbol jemals zur Verfügung stehen wird.

Sie haben auch allen Grund, in Freundschaftsbeziehungen neue Herzlichkeit einzubringen. Das Wichtigste ist, daß Sie zeigen, wie unbeschwerte Fröhlichkeit gegenseitiges Verständnis erzeugt. Viele Ihrer Zeitgenossen haben, in Anbetracht des ständigen Geredes, daß das Jahr 2000 eine nicht einzuschätzende Wende bringe, eine »Leichenbittermiene« aufgesetzt. Bringen Sie die Leichtigkeit der Birke-Wesensart in Ihre Freundschaftsbeziehungen ein. Bald schon wird sich zeigen, daß jeder, ob Frau oder Mann, über diese »Birke-Therapie« heilfroh ist.

Auch die Liebe begnügt sich mit lässiger Heiterkeit; Leidenschaft ist derzeit nicht möglich und wird auch nicht erwartet.

Die positiven Einflüsse setzen sich durch, fast könnte man sagen, sie werden zu einer festen Einrichtung.

Ihre Selbstsicherheit nimmt zu, Ihr Selbstvertrauen ist durch nichts zu erschüttern. Es ist beinahe unglaublich, aber bei Birke-Leuten derzeit Tatsache: Sie führen das große Wort. Keinem Menschen fällt es ein, Sie deshalb zu kritisieren. Sie zeigen Taktgefühl, auch wenn Sie sich dominant geben. Sie begegnen also keinen Bedenken, wenn Sie sich jetzt als starke Persönlichkeit fühlen und dementsprechend auftreten.

Bekommen Sie aus dem familiären Bereich eine Nachricht, die so gar nicht in diesen schönen Monat Mai paßt, legen Sie diese Zeilen so lange in eine Schublade, bis Gras darüber gewachsen ist. Da es sich kaum um eine weltbewegende Angelegenheit handelt, ist es das beste, was Sie im Moment tun können.

Brauchen Sie trotz der guten Tage einen Rat oder eine hilfreiche Unterstützung, wenden Sie sich an Ihren Herzenspartner. Nicht immer ist dies der richtige Weg, doch in den Maiwochen des Jahres 2000 ist er anzuempfehlen.

Für Birke-Leute ist in diesen Wochen ein Partner oder eine andere nahestehende Persönlichkeit wichtiger als das eigene Ich. Ihre Zuneigung bekommt ein Flair von besonderer Farbe und Wärme. Das macht Sie zum begehrten Schatz, dem man jetzt aufmerksam zuhört, auch wenn es mal Klagen sind.

Der Freundeskreis im weiteren Sinne darf jetzt erst in zweiter Linie wichtig sein. Meldet sich die Liebe so intensiv zu Wort wie in diesen Wochen, ist das den Birke-Leuten völlig egal, obwohl sie auch den Wert flüchtiger Bekanntschaften zu schätzen wissen.

Ein Vorgang, der sich schon im Jahr 1999 als Fehlschlag erwiesen hat, sollte nun nicht mehr zur Diskussion stehen. Wollen Sie die Angelegenheit aber noch einmal aufgreifen, weil Sie sich immer noch etwas davon versprechen, dann tun Sie das bitte mit dem ganzen Durchsetzungsvermögen, das Ihnen zur Verfügung steht. Es ist häufig ein Fehler der Birke-Leute, sich zu schnell von nicht ganz klaren, offensichtlichen Möglichkeiten zu distanzieren.

Es wird eine Zeit des verständnisvollen Miteinanders. Sie können schon bald mit Erlebnissen rechnen, die Ihnen – soweit es Ihre Erfahrungen im Bereich Liebe betrifft – eine neue Einstellung vermitteln können.

Der wahre Wert einer Partnerschaft ist etlichen Birke-Leuten kaum richtig bewußt geworden. Jetzt erfahren Sie, daß eine Herzensbeziehung zum Rettungsanker werden kann, wenn Fragen im Gefühlsbereich endlich beantwortet werden.

Können Sie es ermöglichen, so sollte Ihre jetzige Verfassung Sie endlich zu innerer Ruhe führen.

Verreisen Sie an einem Wochenende, so suchen Sie sich eine Gegend, die Ihnen neu ist. Das letzte Restchen an Unsicherheit wird damit beinahe zwangsweise überwunden. Lassen Sie in diesen wenigen Tagen endlich alles fallen, was Sie noch belastet hat.

Sollten Sie wegen dieses eigenwilligen Verhaltens zur Rede gestellt werden, hören Sie sich ruhig alles an, aber ersparen Sie sich jede heftige Antwort. Zeigen Sie deutlich und unmißverständlich: Ich bin ich und habe meinen eigenen Willen.

Freischaffenden bieten sich gute Chancen, einen Geschäftspartner mit ins Boot zu nehmen. Das wäre nicht schlecht, die Sache muß jedoch Hand und Fuß haben. Das heißt: Er muß über Geldmittel verfügen.

Stehen Fragen in der Liebe an, so sei Ihnen jetzt geraten: Warten Sie die Mitte des nächsten Monats ab. Erst dann wird sich endgültig Sonnenschein abzeichnen.

Eine schon in die Wege geleitete neue Liebschaft ist gut bedient, wenn Sie sich noch etwas zurückhaltend zeigen.

Wichtig für diesen Juni ist: Verlassen Sie sich nur auf sich selbst! Niemand versteht Sie so gut wie Sie sich selbst, Sie müssen nur lernen, in jeder Hinsicht auf eigenen Beinen zu stehen.

Kleine Konflikte mit Leuten Ihres Arbeitsbereiches dürfen nicht überbewertet werden. Berufsangelegenheiten, die Anlaß zum Ärger geben, sollten mit viel Einfühlungsvermögen behandelt werden, aber passives Verhalten ist auch nicht richtig.

Es ist eine leichte Tendenz zu emotionalen Ausbrüchen vorhanden. Ist es Ihnen nicht möglich, dies weitgehend auszuschalten – Birke-Leute haben schließlich ein lebhaftes Temperament –, dann »toben« Sie sich dort aus, wo kein Schaden zu erwarten ist. An einem Wochenende zum Beispiel, bei einem Spaziergang über Wiesen und durch einen Wald. Sie werden es erleben: Aufmüpfige Gedanken, Ärger oder vielleicht gar Wut verschwinden dabei von ganz allein.

Hat Sie nach so einem Wochenende wieder der Alltag am Wickel, sehen Sie sich vor, wenn es einem Zeitgenossen plötzlich einfallen sollte, Ihnen näherzukommen. Haben Sie wirklich das Bedürfnis nach besonderen Liebesbeweisen, könnten Sie jetzt Ihre familiären Beziehungen dafür nützen. Zeigen Sie sich von Ihrer besten Seite, und jeder wird dies dankbar akzeptieren. Alle Beteiligten, einschließlich Sie selbst, werden sich dabei gut fühlen, in einzelnen Fällen könnte sogar das Wort »glücklich« angebracht sein.

Neben diesem starken privaten Engagement erwarten Ihre Arbeitskollegen, daß Sie sich intensiv bemühen. Tüchtig und zugleich attraktiv sein ist das Gebot der Stunde. Dies gilt für Männer ebenso wie für die Birke-Damen.

Es wird alles ganz einfach, wenn Sie generell ein freundliches Gesicht zeigen. Kein Mensch fragt danach, ob dies auch Ihrer seelischen Verfassung entspricht. Der Vorwurf, unaufrichtig zu sein, hat absolut keine Berechtigung.

Leute mit Erfahrung in der Psychologie haben festgestellt, daß ein heiteres Gesicht, ein freundlicher Umgangston, auch wenn er nur gespielt ist, sehr wohl imstande ist, den eigenen Seelenzustand zu stärken. Versuchen Sie es also mit »Keep smiling« oder gelegentlichen Komplimenten, auch wenn Ihnen nicht der Sinn danach steht.

Die freundliche Art, schon im Juli mit Erfolg angestrebt, muß auch noch in diesem August beibehalten werden. Natürlich sollte das im Grunde genommen immer der Fall sein, aber das ist den Birke-Leuten nicht möglich, besonders wenn sie zur Nachtzeit geboren wurden. Ihre Wesensart ist viel zu offen und geradeheraus.

Etwas zurückgeschraubt wird diese Freundlichkeitstendenz jedoch durch unvorhergesehene Ereignisse. Höhenflüge sind jedenfalls momentan nicht mehr möglich.

Es werden Behördenangelegenheiten sein, die Sie zur absoluten Sachlichkeit anhalten. Auch gerichtliche Vorgänge, die möglicherweise auf Sie zukommen, erfordern ein Verhalten, das frei von jeder diplomatischen Spitzfindigkeit ist.

Verzögerungen im Beruf sind in der Augustmitte nicht auszuschließen. In einem Hochsommermonat ist das keine Überraschung. Auch Birke-Leute, die bekanntermaßen immer obenauf sind, auch wenn sich im Umfeld kleine Katastrophen ereignen, sind in diesen Wochen in mehr oder weniger unangenehme Vorfälle einbezogen.

Es nützt nichts, wenn Sie sich ostentativ dagegenstellen oder deutlich zeigen, daß Sie mit Verschiedenem absolut nicht einverstanden sind. Lassen Sie sich nicht von Ihrer Unzufriedenheit quälen. Auch wenn man Ihnen nicht gerade nett oder herzlich entgegenkommt, was macht das! Sie sind noch nie als »Besserwisser« unangenehm aufgefallen. Wenn jetzt verschiedene Leute diesen Eindruck von Ihnen haben und das auch noch lauthals kritisieren, ist das nicht Ihr Problem. Übersetzen Sie diese »Besserwisserei« einfach in »besseres Wissen«, dann sieht die Angelegenheit schon anders aus.

Es ist eigentlich schade um diese Augustwochen, in denen Sie mit derartigen Dingen konfrontiert werden. Erst in der letzten Woche, wenn kosmische Kräfte sich wieder darauf besinnen, daß mit Birke-Leuten eigentlich nur freundlich umgegangen werden sollte, stehen Ihre Aktien wieder hoch im Kurs.

Obwohl Sie Ihre Arbeit voll in Anspruch nimmt, kommen Sie seelisch zur Ruhe. Die kleinen und ab und zu auch großen Unannehmlichkeiten lassen jetzt die Birke-Leute in Ruhe.

Es ist sicher nicht nötig, Ihnen anzuraten, diese Phase zu genießen und die Erkenntnisse und Erfahrungen, die Sie gemacht haben, für immer im Gedächtnis zu behalten.

Pflegen Sie jetzt ganz bewußt den Umgang mit Leuten, die Ihnen sympathisch sind und die auf Ihrer Wellenlänge liegen.

Diese beruhigende Tendenz hat für Künstler einen besonderen Vorteil. Sie brauchen die Ruhe und die innere Ausgeglichenheit mehr als jeder andere, um schöpferisch tätig zu sein.

Eine auffallende Begeisterung für Ihre Freizeitbeschäftigung ermöglicht eventuell eine Position innerhalb eines Vereins oder Sportclubs. Auch wenn dies nicht mit Geld entlohnt wird, der Wert liegt hier in der Möglichkeit, sich ein fundiertes wirtschaftliches Wissen anzueignen.

Birke-Leute, am Wendepunkt einer Jahreszeit geboren, sind in diesem Zeitraum des Septembers für neue Wissensbereiche ganz besonders aufnahmefähig. Möglich ist deshalb, daß Sie »per Zufall« auf etwas aufmerksam gemacht werden, das Ihrer beruflichen Tätigkeit eine völlig neue Richtung weist.

Verstehen Sie diesen wahrscheinlich sehr kleinen Hinweis des Schicksals richtig, verfolgen Sie diese neue Richtung mit der ganzen Intensität, die Ihnen zur Verfügung steht. Es könnte ein schicksalsbedingter Fingerzeig sein.

Gehören Sie nicht zu dieser kleinen Anzahl von einem besonderen Glück Begünstigter, so wird auch ein kleiner Erfolg nicht zu verachten sein.

Haben Sie eine neue Partnerbeziehung im Auge, dann muß sie ein hohes, anspruchsvolles Niveau haben. Ist das erste Eis erst einmal gebrochen, wird man sich in liebevoller Weise um Ihr Wohl bemühen.

Es sind immer noch Veränderungen möglich. Haben Sie, durch die verschiedenen Ereignisse im September animiert, immer noch neue Pläne im Kopf, so ist dieser Oktober die richtige Zeit, um sie zu realisieren. Zeigen sich jedoch unüberbrückbare Schwierigkeiten, werden Sie sich, ganz nach Birkenart, nicht darüber grämen oder ärgern.

Sie haben an manchen Oktobertagen den sogenannten sechsten Sinn für vieles, was Ihren Privatbereich tangiert. Vorsichtig müssen Sie nur sein, wenn die Gefahr besteht, sich einem Familienangehörigen auszuliefern. Sie wissen offenbar nicht so recht, was Sie davon halten sollen, daß das Interesse an Ihrer Person plötzlich so lebhaft ist. Irgendwo wird das ja seinen Grund haben. Jedenfalls ist etwas Mißtrauen besser als ein zu rasches Eingehen auf dieses ungewöhnliche Verhalten.

Gefühle dürfen in diesen Oktobertagen ernst genommen werden. Ihre Zuneigung wird, typisch für einen Oktober, von einer besonderen Begeisterung getragen. Der Charme, den Sie versprühen, ist keineswegs berechnend.

Keine Frage – Ihr gesamtes Umfeld ist angenehm berührt von Ihrem Verhalten.

Die dritte und vierte Oktoberwoche kann eine Ortsveränderung bringen. Entweder gehen Sie auf Reisen, oder Sie suchen sich eine neue Bleibe außerhalb des bisherigen Wohnortes.

Die Ergebnisse sind in beiden Fällen positiv.

Es muß einmal gesagt werden, Birke-Leute haben in diesem Jahr, soweit Sie nicht von permanenten Leiden geplagt sind, gesundheitlich nichts zu befürchten. Diese Herbstwochen sind in diesem Sinne besonders erwähnenswert. Sie fühlen sich allen Anforderungen gewachsen.

Wichtig ist für die letzten Oktobertage, daß Sie private und berufliche Ambitionen streng getrennt halten. Man könnte Ihnen beispielsweise eine Liebesaffäre als schicksalsbedingt aufschwatzen. Einem flüchtigen Flirt ist keine gute Zeit beschieden. Vielleicht ist es eine Angelegenheit, die Abwechslung verspricht. Aber es ist keinesfalls etwas, das Sie auf irgendeine Art und Weise bereichert.

Ihre optimistische Einstellung, von den guten Oktobertagen noch gesteigert, macht diesen November zum reinsten Vergnügen. Es erwartet Sie eine Zeitspanne, die etliche Pluspunkte einbringen wird.

Birke-Leute, ob am Tag oder in der Nacht geboren, werden von kosmischen Kräften, die alle auf der »Haben-Seite« stehen, bestens versorgt. Das Zusammenwirken der Elemente Wasser und Erde ist eigentlicher Urheber.

Der Denkprozeß jedes Birke-Geborenen ist in besonderer Form angeregt. Doch nicht nur der Verstand funktioniert ausgezeichnet, es zeigt sich auch eine Art Verträumtheit, die dem Mondeinfluß zugeschrieben werden muß, der in einer engen Beziehung zum Element Wasser steht.

Zunächst sind es wieder einmal die Kunstschaffenden unter den Birke-Leuten, die in dieses kosmische Geschehen mit einbezogen werden. Sie sind in diesem November die Lieblinge kosmischer Energien. Keiner wird sich vergeblich darum bemühen, Sachverständige auf sich aufmerksam zu machen. Kunst lebt zunächst von der Kraft des schöpferischen Tuns. Damit gibt man sich jedoch jetzt nicht zufrieden. Kunst will akzeptiert, bewundert und letzten Endes natürlich honoriert werden. All dies hält dieser November bereit, angeborenes und gepflegtes Talent ist allerdings Voraussetzung.

Birke-Damen können ebenfalls Glücksmomente erwarten. Sie bekommen die Möglichkeit, sich endlich im günstigsten Licht zu zeigen. Alles ist da mit einbezogen, die Tüchtigkeit, der Fleiß und selbstverständlich das gepflegte Aussehen. Beachten Sie bitte die Reihenfolge dieser Aufzählung.

Die Beliebtheit, nicht nur im Familienbereich, sondern auch bei Kollegen und bei Vorgesetzten, macht vieles leichter.

Der Bereich Liebe wird von den guten kosmischen Einflüssen auch nicht vergessen. Ihre Liebesfähigkeit bekommt besondere Impulse, angefangen bei herzlicher Zuneigung, über ein lebhaftes Temperament bis hin zu einem bezwingenden Charme.

Die wechselseitige Beziehung zwischen Mann und Frau, die in die Ordnung des Universums einbezogen ist, bekommt in diesem Herbstmonat ein besonderes Flair. Damit kann sich ein Anfang abzeichnen, der eine Zweierbeziehung zu den schönsten Hoffnungen berechtigt.

Der Beginn dieses letzten Monats im Jahr 2000 ist ruhig, es sind keine besonderen Vorkommnisse festzustellen.

Erst nach dem 11. kommt Bewegung in Ihren Tagesablauf. Da ist beispielsweise das Ergebnis einer geschäftlichen Besprechung zu erwähnen, das sich auf Ihren Tätigkeitsbereich recht erfreulich auswirkt.

Schon so kleine Akzente zeigen, daß Sie vorwärtskommen. Ein Freund und Gönner zeigt sich hilfsbereit, wenn damit Ihre Position besonders gestärkt werden kann.

Zwei Daten setzen ganz besondere Akzente. Es ist der 9. und der 24. Dezember. Sie können zu Meilensteinen in Ihrem Privatleben werden.

Der 9. bringt schon eine Überraschung. Ab diesem Zeitpunkt kommt eine besondere Bewegung in Ihren Alltag. Sie werden heiter, beinahe ausgelassen. Für Birke-Damen ist dies ein Glücksfall. Nichts ist mehr so wichtig.

Nach dem 24. wird das Thema Liebe den ersten Platz einnehmen. Was Sie in dieser Richtung unternehmen oder was, ganz ohne Ihr Bemühen, schicksalhaft auf Sie zukommt, läßt Sie den grauen Alltag total vergessen.

Auch für die in freien Berufen Tätigen ist das Geldverdienen nicht mehr die wichtigste Sache der Welt.

Möglich ist, daß Birke-Damen jemanden Jüngeren kennenlernen, bei dem sie sich vorstellen können, daß sie ihn wirklich lieben werden – und zwar nachhaltig, mit allem, was Liebe einbezieht. Versuchen Sie dieses Glück für sich zu gewinnen; ein ungewöhnlicher Altersunterschied sollte keine unüberwindliche Barriere sein. Seelische Verbundenheit ist neben physischer Sympathie ein Bindemittel, das diesen Unterschied mühelos ausgleicht. Abgesehen davon verfügen Birke-Damen meist über eine stabile Gesundheit, auch wissen sie genau, wie sie sich jung, beweglich und schön erhalten können.

In diesem Sinne und mit diesem Jahresabschluß kann sich eine gute Zukunft anbahnen.

Ölbaum 2000
23. 9.

Ein Zweig des Ölbaumes ist seit jeher das Symbol des Friedens, der Versöhnung und der Zuversicht. Dieser Baum zeigt mit dem einzigen Tag, dem er zugesprochen wurde, deutlich die Macht der kosmischen Vorgänge.

Nach dem 23. September entzieht die Sonne unserer Erde mit jedem Tag mehr ihre Kraft. Es ist einleuchtend, daß dieser deutliche Hinweis auf unsere Abhängigkeit vom kosmischen Geschehen nicht ohne Auswirkung auf den an diesem Tag geborenen Menschen bleibt. Einerseits noch der vollen Kraft der Sonne zugeneigt, ist er doch schon gänzlich der Tendenz des Herbstes ausgeliefert. Temperament, glasklares Urteilsvermögen und die Reserviertheit eines von sich überzeugten Menschen in Verbindung mit einer Schicksalsergebenheit ergibt eine Mischung, mit der es sich durchaus leben läßt. Manchmal ist das allerdings keine leichte Aufgabe, denn Geschäftsgeist und besondere Erfolge im zwischenmenschlichen Bereich sind mitunter nicht leicht im Gleichgewicht zu halten. Doch das eine kann dem anderen auch zum Vorteil sein.

In der Liebe ist der angeborene natürliche Charme von großem Vorteil. Die Herzlichkeit der Ölbaum-Menschen bleibt aber meist lediglich an der Oberfläche. Es gibt jedoch durchaus viele Menschen, denen das sympathischer ist als eine tiefschöpfende Liebe.

Mit dem Ölbaum als Geburtssymbol vertritt man seine Ansichten energisch und impulsiv. Man ist ohne jede Frage eine starke Persönlichkeit, sollte das jedoch nicht immer offen und drastisch zeigen. Diplomatisches Verhalten bringt einfach mehr ein, und da immer Wert darauf gelegt wird, daß die Kasse stimmt, kann das nicht oft genug geübt und praktiziert werden.

Konzentrierte Sonnenenergie für meinen Baum

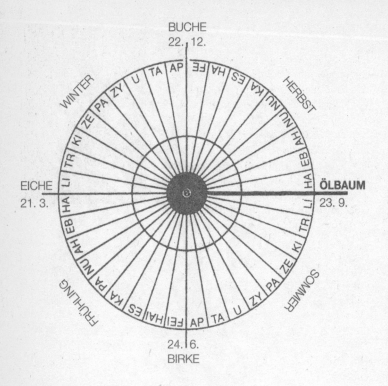

Der *markierte* kleine Teilabschnitt für jeden Baum zeigt seine Position innerhalb der vier Jahreszeiten an.

Die zu dieser Jahreszeit wirksame Sonneneinstrahlung ist für astrologische Erkenntnisse auch heute noch äußerst bedeutungsvoll.

Die *einzelnen Baumfelder* sind mit den *Anfangsbuchstaben des betreffenden Baumes* gekennzeichnet.

Wer paßt zu wem?

Ölbaum 23. 9.

Die Zugehörigkeit eines Baum-Symbols zu einem der vier Elemente, Feuer, Wasser, Luft und Erde, muß für die Beurteilung harmonisierender Partnerbeziehungen berücksichtigt werden. Diese fundamentale Wichtigkeit ist bei der Gegenüberstellung der einzelnen Dekaden berücksichtigt. Wenn Sie in der folgenden Aufstellung nicht die Daten Ihres Partners finden, seien Sie nicht beunruhigt. Liebe ist ein Ding mit 1000 Facetten – in das letzte Geheimnis, das sich im Begriff Liebe verbirgt, kann kein Horoskop der Welt Einblick geben.

Ölbaum 23. 9.	Zypresse	1. Dekade
Ölbaum 23. 9.	Pappel	1. Dekade
Ölbaum 23. 9.	Zeder	1. Dekade
Ölbaum 23. 9.	Kiefer	1. Dekade
Ölbaum 23. 9.	Haselnuß	2. Dekade
Ölbaum 23. 9.	Eberesche	2. Dekade
Ölbaum 23. 9.	Ahorn	2. Dekade
Ölbaum 23. 9.	Esche	1. Dekade
Ölbaum 23. 9.	Hainbuche	1. Dekade
Ölbaum 23. 9.	Feigenbaum	1. Dekade

Ausgezeichnete Möglichkeiten bekommen Ölbaum-Leute nach dem 6. Januar. Bis dahin ist es nur knapp eine Woche. Sollten die Tage zuvor nicht besonders schön sein, darf Sie das nicht beunruhigen. Es treten eventuell aus dem familiären Kreis Störmanöver auf, die Sie nicht erwarten konnten. Wer weiß, wem da die Sache eingefallen ist, die Sie schmerzlich trifft. Nun, das geht vorüber! Ölbaum-Leute können ein Lied davon singen, daß aus dieser Ecke so ab und zu Unerfreuliches kommt.

Schon am 5. Januar gibt es einen deutlichen Hinweis, daß es mit der Familie in diesen Januarwochen wenig gemeinsame Berührungspunkte gibt. Wenden Sie sich konzentriert Ihren beruflichen Pflichten zu, dann stört Sie das nicht besonders.

Im gewohnten Arbeitsbereich warten interessante Aufgaben auf Sie, und es ist als ein Segen des Himmels zu bezeichnen, daß damit die unangenehme erste Januarwoche völlig vergessen werden kann.

Bietet sich eine Gelegenheit, mit einer bisher nur flüchtigen Bekanntschaft in eine engere Beziehung zu kommen, vielleicht sogar etwas Neues zusammen auf die Beine zu stellen, zögern Sie nicht lange, sondern zeigen Sie sich interessiert. Nach dem Stand der für Sie gültigen kosmischen Werte, die den gesellschaftlichen Bereich besonders günstig im Auge haben, zeichnen sich weitere Chancen ab.

Ein Nußbaum-Jahr hat einige derartige Überraschungen parat. Daß das schon im Januar der Fall ist, hat Seltenheitswert.

Gibt es Auseinandersetzungen mit den Kollegen, lassen Sie, auch wenn es Ihnen schwerfällt, Ihren Charme spielen, mit dem Sie immer wieder versöhnliche Worte finden.

Ist dann der 21. vorüber, müssen Ölbaum-Leute etwas sorgfältiger mit sich selbst umgehen. Es wird ein Fingerzeig des Schicksals sein, wenn Sie sich nach diesem Tag ziemlich alleine gelassen vorkommen. Damit ergibt sich die Gelegenheit, sich allen Ernstes um das eigene körperliche Wohlbefinden zu kümmern. Später, wenn dann totaler Einsatz erforderlich wird, sind Sie froh, wenn Sie über Reserven verfügen.

Sie versäumen absolut nichts, wenn Sie sich als ein von allen Verlassener vorkommen, was in den letzten Januartagen der Fall sein könnte.

Das Element Luft übernimmt schon am Anfang dieses Monats das Kommando. Damit ist sicher, daß Sie sich kaum über irgend etwas ärgern. Luft ist leicht und schwebend, was hilfreich sein kann, wenn das gesamte Umfeld wieder einmal Lebensernst predigt.

Zudem kann in diesen Tagen damit gerechnet werden, daß Geld in die Kasse kommt. Wieso, weshalb und woher ist nicht zu sagen, das Wichtigste dürfte sein, daß es so ist.

Sind die Tage der ersten Woche vorüber, wird es ausgesprochen lebhaft. Halten Sie sich jeden Kleinkram vom Hals, damit Sie innerlich gut gerüstet sind und sich auf die beruflichen Aufgaben einstellen können.

Am Tag geborene Ölbäume bekommen alle Hände voll zu tun. Sind Sie bereit, ohne Rücksicht auf private und persönliche Wünsche sich in Ihre berufliche Arbeit zu »verbeißen«, wird nicht nur materieller Gewinn zu erwarten sein. Weitere Möglichkeiten werden sich anbieten, die Sie bisher als pure Phantasie bezeichnet haben.

Es ist nicht verwunderlich, daß sich im Verlauf dieser Zeit ein Geltungstrieb entwickelt, der etwas sehr Wertvolles mitbringt.

Sie streben nach Selbstvervollkommnung. In diesem Zusammenhang kann sich auch eine Reise ergeben.

Wird nach dem 14. der Mondeinfluß stärker, können intuitiv gelenkte Ölbaum-Leute sich in einer Privatangelegenheit absolut richtig entscheiden. Eine Neuordnung der bisherigen Gepflogenheiten ist damit verbunden. Es wird einige Zeit in Anspruch nehmen, bis Sie sich daran gewöhnt haben. Es kann sich damit aber eine neue Lebensform ergeben, die Ihnen manches bringt, was Sie bisher schmerzlich vermißt haben.

Sie müssen für diese Vorgänge allerdings Mut und Courage aufbringen. Es kann sein, daß Sie sich von alten Beziehungen absetzen und Bindungen lösen müssen.

Ölbaum-Leute sind von ihrer Veranlagung her nicht aus hartem Holz geschnitzt und deshalb in komplizierten Fällen auf die Hilfe anderer Leute angewiesen. Nehmen Sie einen guten Rat ruhig an. Nehmen Sie Rücksicht auf Ihr nicht besonders belastbares Nervenkostüm, das Ihnen so in die Wiege gelegt wurde.

Kleine Hürden und Schwierigkeiten sind da und dort zu erwarten. Lassen Sie deshalb keine depressiven Gedanken aufkommen. Dieses Leben sieht nur vorübergehend unerfreulich aus. Wappnen Sie sich mit Kaltblütigkeit, es darf auch Kaltschnäuzigkeit sein, dann spielt es überhaupt keine Rolle, wenn nicht jeder Tag rosig aussieht.

Damit sind besonders die Ölbaum-Damen angesprochen, die schnell alles hinwerfen, wenn es nicht nach ihren Wünschen geht.

An und für sich ist man an Ihrem Arbeitsbereich daran gewöhnt, daß Sie nachgiebig sein können, aber in diesem Frühjahr wird man schnell feststellen, daß dies kein Dauerzustand ist. Solange das Nußbaum-Jahr die Szene beherrscht, kann von Nachgeben keine Rede sein.

Im häuslichen Bereich sind kleinere Differenzen fast an der Tagesordnung, was ganz schön ungemütlich für den friedliebenden Ölbaum werden kann.

Da die Erde und mit ihr alle Planeten und Sterne unentwegt in Bewegung sind, ist auch Ihr persönliches Leben ewig fließend. Ein Ende ist also auch jetzt abzusehen, niemand wird Ihnen lange böse sein.

Angenehmes gibt es nach dem 22. vom Arbeitsplatz zu berichten. Sie lassen sich vieles durch den Kopf gehen, angefangen vom Klatsch der Kollegen bis zu den Anregungen, die vom Chef kommen. Die besondere Sympathie eines Vorgesetzten ist in diesem März eine Neuheit. Es wäre prima, wenn Sie dies zu einer Dauereinrichtung machen könnten. Mit ein bißchen Diplomatie ist das sicher zu bewerkstelligen.

Es sind Sonnenenergien besonderer Art, die sich auf diese Weise in Ihrem Leben »nützlich« machen.

In der Liebe können Sie in diesem Monat etliche Pluspunkte erwarten. Sicher ist, daß es Tage geben wird, die mit außergewöhnlichen Gefühlen aufwarten. Plötzlich können Sie den zarten Regungen Ihres Herzens auf eine rührende Weise Ausdruck geben. Das ist in diesen Wochen nicht nur den Damen möglich, auch die Ölbaum-Männer können sich so zartbesaitet zeigen.

Bringen Sie zunächst Ihre Gefühlswelt in Ordnung. Sie sind jetzt überall gerne gesehen, überall blicken Sie in freundliche Gesichter. Das andere Geschlecht zeigt sich auffallend herzlich. Es ist möglich, daß Sie plötzlich nicht mehr wissen, wem Sie Ihre besondere Zuneigung schenken sollen.

Verlassen Sie sich einfach darauf, was Ihnen die Stimme Ihres Herzens sagt. Ölbaum-Leute brauchen die ruhige Zufriedenheit einer Zuneigung und nicht leidenschaftliche Treueschwüre, denn Treue versteht sich bei Ihnen von selbst, wenn Sie lieben.

Dieser April bietet aber auch noch anderes als Sonnentage im Bereich Liebe. Er wird Tage bringen, an denen man das Leben an sich herrlich findet. Da ist zunächst der Arbeitsalltag, der sich abwechslungsreich zeigt. Nur in technischen Berufen sieht es nach einem Stillstand aus. Nichts geht vorwärts, nichts zeigt sich, was Ihnen Spaß machen könnte. Fügen Sie sich den Gegebenheiten, Sie können auch mit viel Energie und mit den besten Vorsätzen die gesetzten Zeichen nicht beeinflussen.

Die sogenannten toten Punkte haben auch ihre Berechtigung, vielleicht ist es weise Voraussicht, damit Sie zur Ruhe gezwungen werden.

In einigen Partnerbeziehungen sind Veränderungen angesagt. Freunden Sie sich damit an, auch wenn es zunächst nicht danach aussieht, als ob Sie sich davon Vorteile erwarten könnten.

Ganz entschieden ablehnen sollten Sie jeden Einspruch der Familie. Es ist Ihr Leben, Ihr Wohlbefinden, das mit einer gutfunktionierenden Beziehung zufrieden und angenehm wird.

Was Sie auch planen, Sie haben für das ganze Jahr keine wirklich unangenehmen Erlebnisse zu erwarten, wenn das Thema Liebe zur Debatte steht.

Hervorragend wäre es jetzt, sich einmal in der Natur gründlicher als sonst umzusehen. Überall zeigt sich der Frühling, schon am frühesten Morgen, wenn die Menschheit noch schläft, hört man das Lied der Vögel. Niemand erwartet von Ihnen, daß Sie am frühen Morgen singen, aber sich um das Geschehen in der Natur zu kümmern ist durchaus angebracht.

Suchen Sie nicht nach einem Wunder, die Natur schenkt um diese Jahreszeit Wunder genug.

In Ihrem häuslichen Bereich entwickeln Sie eine Energie, die für Zündstoff sorgt. Sie zeigen sich ausgesprochen autoritär. Lassen Sie doch Leute, die alleine zurechtkommen, nach deren eigenen Vorstellungen leben. Sehen Sie sich vor, jede Auseinandersetzung muß vermieden werden. Sie stehen unter einem streitbaren Stern, wenn Sie jetzt richtig loslegen, könnte es sein, daß »kein Stein auf dem anderen bleibt«. Ist die Atmosphäre einmal derart gespannt, daß keiner dem anderen seine Meinung läßt, ist es am klügsten, sich zurückzuziehen. Ist dann jemand bemüht, den häuslichen Frieden wiederherzustellen, hören Sie hin, lassen Sie sich ausnahmsweise einmal etwas sagen. Sie selbst werden kaum in der Lage sein, die Vernunft zu Wort kommen zu lassen.

So ungewöhnlich Sie sich im Kreis der Familie zeigen, so ungewöhnlich sind die Veränderungen, die in Ihrer Wesensart auftreten. Es sind Vorgänge, die unter dem Einfluß von sogenannten luftigen Zeichen völlig überraschend wirksam werden.

Es ist eine vorübergehende Phase, die durchgestanden werden muß. Ist man darauf vorbereitet, wird die Sache halb so schlimm. Akzeptieren Sie, was jetzt geschieht; wichtig darf nur eines sein: Der Friede innerhalb der Familie muß erhalten bleiben.

Ende Mai gehört dann Ihre ganze Aufmerksamkeit wieder den Menschen, die Ihnen am nächsten stehen. Wird das Zusammenleben erträglicher, kann man sich wieder ruhig unterhalten; die unbequemen Tage sind dann schnell vergessen. Können Sie sich dann auch noch entschließen, nachgiebig zu sein, wird das Zusammenleben zum reinsten Vergnügen.

Lassen Sie diesen Mai nicht zu Ende gehen, ohne daß die Liebe zu Wort kommt. Sie können wieder von Ihren Gefühlen sprechen. Doch bei aller Redseligkeit sollte das Innerste nicht preisgegeben werden.

Die erotische Harmonie hat wieder den Stellenwert wie am Anfang Ihrer Beziehung.

In der Fortsetzung der Maivorgänge verspricht dieser Juni etliches für Liebesbeziehungen. Hinzu kommt nach dem 20. eine Tendenz, die für Seelenruhe und Zuversicht sorgt.

Bemühen sich Ölbaum-Leute um einen Partner, so sind Überraschungserfolge schon vorprogrammiert. Man kommt Ihnen entgegen und zeigt sich ausgesprochen herzlich. Es ist für die an und für sich kühlen Ölbaum-Leute immer ein Gewinn, wenn Sie einem Menschen begegnen, der ein lebhaftes Temperament mitbringt.

Doch nicht nur das Privatleben zeigt sich im angenehmen Licht, auch im Berufsalltag brechen rosige Zeiten an.

Aus dem Chefbüro sind lobende Worte zu hören. Wenn diese auch nicht überschwenglich sind, so sind sie doch wie Balsam für Ihre jetzige Verfassung.

Die Ölbaum-Damen der Jahrgänge '69 und '70 können als Glückskinder bezeichnet werden. Schon ihre Ausstrahlung ist so bezwingend, daß sich niemand reserviert oder gar abweisend verhalten wird. Sie haben bei allen Leuten »einen Stein im Brett«.

Für manche Ölbaum-Männer wird nach dem 17. eine sentimentale Phase beginnen, die bis zum Monatsende anhalten wird. Warum sollten Männer nicht auch einmal sentimentalen Gefühlen ausgeliefert sein? Richtig deutlich zu sehen sind sie leider sowieso nicht.

Geht es in verschiedenen Bereichen nicht so voran, wie Sie sich das erhofft haben, bleiben Sie bei den Vorhaben, die Sie sich in den Kopf gesetzt haben. Es steht Ihnen genügend Optimismus zur Verfügung, es wird sich das meiste so ergeben, wie Sie es geplant haben.

Mut sollte in diesem Juni Ihr ständiger Begleiter sein, dann werden Sie auch an das Ziel kommen, das Sie anstreben.

Deutliche Vorteile für Ölbaum-Leute ergeben sich, wenn Sie sich mit Freunden für ein gemeinsames Geschäft zusammentun.

Ein weiterer Schritt zur vorteilhaften Selbstverwirklichung ist für Öl-baum-Leute angesagt. Es bewahrheitet sich wieder einmal: Menschen, die an einem der vier Eckpfeiler eines Jahres geboren sind, bekommen in sogenannten Abschlußjahren ungewöhnliche Tendenzen zur Verfügung.

Die Tagundnachtgleiche nimmt eine Sonderstellung im Bereich kosmischer Einflüsse ein. So verhält es sich auch in diesem Juli. Besonders erwähnenswert sind Liebes- und Freundschaftsbeziehungen.

Ölbaum-Leute, die nachts geboren wurden, werden in diesen Wochen um eine gewisse persönliche Freiheit bemüht sein. In an und für sich gut funktionierenden Partnerschaften sind sie zu gesellig, ab und zu auch zu vergnügungssüchtig. Nicht immer sieht das der Partner gerne.

Es wird schwer werden, eine Basis zu finden, die Ihren Neigungen gerecht wird und dem Partner nicht zuviel Kummer macht.

Fingerspitzengefühl können Sie bei Familienmitgliedern zeigen. Hier werden ganz sicher die verschiedensten Wünsche angemeldet, und da Sie in diesen Wochen keineswegs kleinlich sind, wird Ihnen das Geldausgeben nicht schwerfallen.

Mitte Juli werden Sie mit Nachdruck darauf aufmerksam gemacht, daß es an der Zeit ist, sich etwas mehr Ruhe zu gönnen. Vielleicht ist es sogar notwendig, daß Sie total ausspannen. Das heißt, Sie können dann auch nicht Ihrem Beruf nachgehen. Befolgen Sie diesen Hinweis, Ihre Energie wurde schon seit Wochen sehr beansprucht. Es kann sein, daß Sie sich trotzdem ausgezeichnet fühlen und eine Ruhepause tatsächlich für überflüssig halten. Doch wenn Sie in sich hineinhören und gelegentliche Ermüdungserscheinungen feststellen, sagen Sie sich sofort von der zwanghaften Betriebsamkeit los. Spazierengehen, sich in die Sonne legen, nicht schon im Morgengrauen aufstehen, das alles bringt Erholung und hilft, die Reserven aufzufüllen.

Am Monatsende können dann alle Register Ihrer Liebesfähigkeit in Gang gebracht werden. Gänzlich erholt, wird die körperliche Nähe eines geliebten Menschen zu einem wunderschönen Erlebnis.

Die guten Zeiten sind nicht vorbei, sie zeigen sich nur etwas zurückhaltender. Jede Arbeit, jede Aufgabe, die mit berufsbedingten Vorgängen verbunden ist, sollte zweckentsprechend zu Ende geführt werden.

Lassen Sie sich auf keinen Fall von verlockend klingenden Profiten und vom eingeschlagenen Weg abbringen.

Der Erfolg im Beruf, der sich schon immer mehr oder weniger abgezeichnet hat, ist nur dann sicher, wenn man konzentriert dabeibleibt.

Hindernisse und Schwierigkeiten, die sich durch inkompetentes Verhalten einiger Kollegen ergeben, sind nicht tragisch zu nehmen. Sie wissen doch, wozu Leute imstande sind, die neidisch und eifersüchtig Ihre beruflichen Fortschritte beobachten!

Machen Sie den ersten Schritt, um Klarheit zu schaffen. Bemühen Sie sich um eine friedliche Lösung dieser Sachlage. Sichern Sie sich den Respekt vor Ihrer eigenen Person.

Das Beste, was Sie sich in diesem August einhandeln können, ist eine rundum satte Zufriedenheit. Nicht das Verhalten Ihrer Mitmenschen ist ausschlaggebend, sondern Ihre eigene seelische Verfassung, und diese haben Sie wirklich nur sich selbst zu verdanken.

In diesen Wochen können Sie es sich leisten, einmal wirklich großzügig zu sein. Es gibt nichts, was die Leute Ihres nahen Umfeldes mehr schätzen würden. Es wird genügend Menschen geben, die glücklich sind, wenn ihnen von Ihrer Seite materielle Hilfe zufließt. Es muß sicher nicht ein dickes Bündel Geldscheine sein. Es genügt vielleicht schon eine Empfehlung da, ein guter Rat dort, vielleicht auch irgend etwas, das ein anderer sich schon lange gewünscht hat. Auch Trostworte kommen gut an.

Vielleicht hat jemand Liebeskummer oder wird nicht so behandelt, wie er oder sie es gerne möchte. Sie wissen sicher aus eigener Erfahrung, was alles im Leben schwer zu verkraften ist.

Sie werden eine angenehme Zeit haben. Es bieten sich Ihnen Herbstwochen, die neben einer guten Atmosphäre im Arbeitsbereich auch das, was Ihr Herz sich wünscht, bereitstellen. Auch für die Kunst, insbesondere für die Musik, sind Sie zu begeistern. Sind Sie in diesem Metier beruflich tätig, dann ist hier plötzlich Geld zu verdienen. Es ergeben sich aber auch wunderbare Gelegenheiten, den Kunstgenuß als reines Vergnügen zu genießen.

Die Abneigung, sich auf den ganz normalen Alltag einzustellen, macht sich an manchen Tagen bemerkbar. Arbeit, die Ihnen sonst leicht und ohne zu murren von der Hand geht, wird nur widerwillig getan, von manchen Ölbaum-Leuten überhaupt ignoriert.

Dieser unbehagliche Zustand ist nach der zweiten Monatswoche vorbei. Das Element Erde, nach dem 19. in Aktion, bringt eine Änderung, die Sie wieder auf den Boden der Realität zurückholt.

Kontakte, die bisher nicht eng und herzlich waren, gewinnen an Intensität und sorgen dann für eine zusätzliche Freizeitbeschäftigung, die neu für Sie sein wird.

In Partnerbeziehungen ist man schon seit Monatsbeginn zufrieden mit dem, was geboten wird. Wenn Sie dann auch noch bemüht sind, die Ansichten des Partners ohne abwertende Kommentare zu akzeptieren, kann sich Zufriedenheit einstellen.

Steht der 26. im Kalender, macht sich sogar eine erotische Ausstrahlung bemerkbar, die dem Zusammensein eine lang vermißte leidenschaftliche Note gibt. Lassen Sie dieses Geschenk der »Götter« nicht vorübergehen, ohne davon Gebrauch zu machen.

Als letztes Tüpfelchen auf dem »i« mischt sich zum guten Ende dieses Monats noch der Humor in Ihre Worte. Sie können in dieser Verfassung sogar Bosheiten lächelnd einstecken.

Ein Herbst setzt sich durch, der für Ölbaum-Leute typisch ist. Entspre- chend der jetzt wirksam werdenden maskulinen Werte macht sich ein betontes Durchsetzungsvermögen, vielleicht auch eine draufgängerische Art bemerkbar. Setzen Sie diesen Einflüssen keinen Widerstand entge- gen, können in einzelnen Berufen damit ausgezeichnete Ergebnisse er- zielt werden.

Ölbaum-Menschen sind nicht immer begeistert, wenn Sie sich betont männlich verhalten sollen. Diesmal ist es anders. Es werden Ihnen wahre Kunststücke gelingen, wenn Sie lernen, über den eigenen Schatten zu springen.

In diesen Wochen werden Energien frei, über die Sie nicht oft verfügen können. Keinem Menschen wird es einfallen, Ihnen beruflich oder privat Schwierigkeiten zu machen.

Im Herbst dieses Nußbaum-Jahres sind Sie in der Lage, geistigen und seelischen Ballast abzuwerfen. Mit einem Minimum an gedanklicher Schwerstarbeit können Sie Leistungen erbringen, die dem Umfeld Re- spekt abfordern.

Im Umgang mit einzelnen Kollegen zeigt sich Unduldsamkeit, bei Un- tergebenen steigert sich diese von kosmischen Werten ausgelöste Verhal- tensweise bis zur Ungerechtigkeit. Für Ölbaum-Leute ist das ein unge- wöhnliches Verhalten, aber ungewöhnlich ist auch, daß Ihnen in diesen Wochen ein Übermaß an Energie zufließt.

Die Liebe halten Sie in diesen Herbstwochen besser auf kleinster Flamme. Zu sehr und zu dicht liegen Unduldsamkeit und Herrschsucht unter der Decke anerzogener Verhaltensweisen. Schon ein kleiner Funke könnte eine Katastrophe heraufbeschwören.

Etwas milder geht der Einfluß aus dem kosmischen Raum mit den Öl- baum-Damen um. Trennen Sie in diesem Monat unbedingt Privates von Beruflichem.

Es setzen sich endlich Einflüsse durch, die aus Ölbaum-Leuten wieder friedliche Menschen machen. Ihre Erlebnisbereitschaft hat sich normalisiert – ob Ölbaum-Dame oder -Herr, ob am Tag oder in der Nacht geboren – sie alle bewegen sich in einer völlig normalen Tendenz.

Sammeln Sie Pluspunkte im privaten Bereich. Hier wartet man schon darauf, Sie zu verwöhnen, sich um Ihr seelisches und leibliches Wohl zu kümmern. Es wird für Sie leicht werden, sich plötzlich wieder als zärtliches und absolut friedliebendes menschliches Wesen zu zeigen. Es wird Ihnen keine Mühe machen, diese neue Rolle anzunehmen.

Der November ist normalerweise keine Zeit, die der körperlichen Erholung dient. Sollten Sie sich trotzdem dazu entschließen, dann ist das nach dem aktiven und turbulenten Oktober zu verstehen. Es würde ja schon ein langes Wochenende für eine »Generalüberholung« genügen. Absolutes Ausspannen, keine langen Autofahrten, mäßiges Essen, das alles sollte auf dem Programm stehen.

An den Wochentagen gestaltet sich Ihr Tagesablauf wie immer. Es wird Ihnen nicht zuviel Arbeit aufgebürdet, Sie kommen mit allem klar, was das Berufsleben von Ihnen erwartet.

Ihr ganz normaler Optimismus setzt ein paar Farbtupfer in Ihren Alltag, auch beim Partner ist dafür gesorgt, so daß das Zusammensein zum Vergnügen wird.

Alle Tendenzen, die Beziehungen, Freundschaften und den Bekanntenkreis betreffen, vermitteln einen außergewöhnlichen Effekt: Gegenseitige Herzlichkeit wird zur Selbstverständlichkeit.

Es kommt Ruhe in Ihr Leben, alles läuft wieder in ruhigen, geordneten Bahnen. Auch Ihr körperliches Wohlbefinden wird keinen Anlaß zur Klage geben. Die alte Weisheit bestätigt sich wieder einmal: Im ausgeglichenen Zustand sind Beschwerden im physischen Bereich kaum zu erwarten.

Sie werden auch in diesen vier Wochen nicht mit zuviel Energie ausgestattet sein. Doch untätig sind Sie deshalb noch lange nicht. Melden sich bei einigen Ölbaum-Leuten grundlegende Veränderungen an, dann haben sie einen grundsoliden Anstrich.

Vorbei ist es endgültig mit dem draufgängerischen Verhalten. Ihre Wesensart, von Ihrem Geburtsdatum in der Mitte des Septembers weitgehend bestimmt, ist friedliebend und duldsam.

In Partnerbeziehungen wird eifrig nach Gemeinsamkeiten gesucht; damit werden kleine Wesensunterschiede nicht mehr als störend empfunden. Man kann jetzt sogar darüber lächeln.

Werden Sie in diesen Dezemberwochen, allen Gewohnheiten zum Trotz, auf geschäftliche Projekte angesetzt, nehmen Sie das ohne Widerspruch hin. Sie sind darauf sicher nicht vorbereitet, aber es könnten sich Möglichkeiten ergeben, sich beruflich für alle Zeiten zu profilieren. Sagen Sie bei derartigen Ansuchen also ja. Es könnte tatsächlich die ganz große Chance dahinterstecken. Freunden Sie sich daher mit dem Gedanken an, daß der Dezember beruflich anstrengende Tage bringt.

Bis zum 20. hält diese Phase an, die Sie aber nicht über Ihre Kräfte in Anspruch nehmen wird. Danach werden Ölbaum-Leute auch noch nicht in das »süße Nichtstun« entlassen, doch was jetzt zu tun ist, strengt sie körperlich bestimmt nicht mehr an. Geistige Arbeit ist also angesagt und wird Ihnen willkommen sein.

Das kommende Jahr wird die Bestätigung bringen, daß Sie in diesem Dezember nicht untätig waren und schon die Fühler für die Zukunft ausgestreckt haben, die man als erfreulich bezeichnen kann.

Über die Feiertage bekommen Sie genügend Zeit, um sich Ihren privaten Ambitionen zu widmen. Wo immer dies sein wird, in welchem Bereich sich das auch abspielt, es wird ein Jahresende besiegeln, das für Ölbaum-Leute in der Vergangenheit eine gute Zeit beschließt und in der Zukunft eine ebensolche eröffnet.

Buche 2000
22.12.

Glatt und ohne tiefe Kerben stehen Buchen wie Säulen in unseren heimatlichen Wäldern. Wer eine Buche zum Lebensbaum hat, wird niemals Schwierigkeiten mit einer kontinuierlichen Entwicklung haben. Eine sehr selbstbewußte Haltung ist das Ergebnis einer meist schwierigen Jugendzeit. Da hier schon alle Kräfte mobilisiert werden müssen, um die starke Persönlichkeit zur Entfaltung zu bringen, die in allen Buche-Leuten im Keim vorhanden ist, wird das familiäre Umfeld und der Schulbereich zum Teil erhebliche Schwierigkeiten machen.

Ein besonderer Vorzug ist die Gabe des richtigen Erkennens und Abschätzens der Realitäten.

Was bei Buche-Leuten immer wieder besonders überrascht, ist, daß Erfolge, die sich vielleicht relativ spät einstellen, meist außergewöhnlich sind und sich im stillen, geheimen und ohne jedes Aufsehen entwickeln.

Das äußere Verhalten steht immer im Gegensatz zu den inneren Vorgängen. Diese frappierende Gegensätzlichkeit zeigt sich auch bei der Buche. Ihr neues Blätterkleid ist im Frühjahr zart wie Flaum und entwickelt sich erst im Verlauf des Sommers zu einem stabilen Blatt, das auch dann noch zäh festgehalten wird, wenn die kalte Jahreszeit längst begonnen hat. Dieses »konservative« Verhalten ist auch bei Buche-Leuten zu beobachten. Zunächst verschließen sie sich allem und nerven mit diesem angeborenen Eigensinn ihre ganze Umgebung.

In der Liebe sind sie zu tiefen Gefühlen fähig, doch ihre Ausdrucksmöglichkeiten halten sich in Grenzen. Der Partner muß ein gutes Gespür haben, um die Zuneigung zu erkennen.

Bei einer Eheschließung spielen trotz echter Gefühle materielle und verstandesmäßige Überlegungen eine Rolle.

Konzentrierte Sonnenenergie für meinen Baum

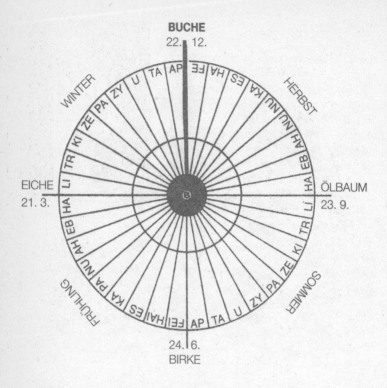

Der *markierte* kleine Teilabschnitt für jeden Baum zeigt seine Position innerhalb der vier Jahreszeiten an.

Die zu dieser Jahreszeit wirksame Sonneneinstrahlung ist für astrologische Erkenntnisse auch heute noch äußerst bedeutungsvoll.

Die *einzelnen Baumfelder* sind mit den *Anfangsbuchstaben des betreffenden Baumes* gekennzeichnet.

Wer paßt zu wem?

Buche 22.12.

Die Zugehörigkeit eines Baum-Symbols zu einem der vier Elemente, Feuer, Wasser, Luft und Erde, muß für die Beurteilung harmonisierender Partnerbeziehungen berücksichtigt werden. Diese fundamentale Wichtigkeit ist bei der Gegenüberstellung der einzelnen Dekaden berücksichtigt. Wenn Sie in der folgenden Aufstellung nicht die Daten Ihres Partners finden, seien Sie nicht beunruhigt. Liebe ist ein Ding mit 1000 Facetten – in das letzte Geheimnis, das sich im Begriff Liebe verbirgt, kann kein Horoskop der Welt Einblick geben.

Buche 22.12. .... Apfelbaum   1. Dekade
Buche 22.12. .... Tanne   1. Dekade
Buche 22.12. .... Ulme   1. Dekade
Buche 22.12. .... Kiefer   2. Dekade
Buche 22.12. .... Trauerweide 2. Dekade
Buche 22.12. .... Linde   2. Dekade
Buche 22.12. .... Nußbaum   1. Dekade
Buche 22.12. .... Kastanie   1. Dekade

Die Buche war der bevorzugte Baum im Keltischen Baumkreis. Sie steht an einem wichtigen Wendepunkt im Ablauf eines Jahres. Dem Winter wird die Sonne entgegengesetzt, die neues Leben im Naturgeschehen ermöglicht.

So umgibt diesen Baum auch heute noch ein gewisses Flair, das jeder auf seine persönliche Art empfindet und auslegt.

Der Januar 2000 steht vor der Tür, und besondere Akzente erwarten Sie. Buche-Leute, das muß vorausgeschickt werden, gehören zu den energischen Menschen und glauben von sich, daß Ihre Gefühlswelt nicht in vollem Ausmaß zur Geltung kommen kann. Schon zu Beginn dieses Jahres werden Sie darüber aufgeklärt, daß das nicht so ist.

Ihre Beziehungen zu den Mitmenschen werden herzlicher, großzügiger, Sie sind sogar zu Kompromissen bereit.

Zunächst ist es die Familie, die davon berührt wird. Aus diesem Personenkreis werden Sie mit seelischer Zuwendung reichlich versorgt. Ärger, vor wenigen Wochen noch eine fast tägliche Erscheinung, ist kaum festzustellen.

Im Arbeitsbereich ereignen sich ebenfalls erfreuliche Dinge. Zunächst allerdings nur andeutungsweise. Doch wenn Sie Augen zum Sehen und Ohren zum Hören haben, verstehen Sie die Zeichen recht gut. Es gibt Möglichkeiten, die vielleicht nicht gewinnbringend, aber doch recht interessant sind.

Hervorragend ist, daß Sie schon im ersten Monat des Jahres 2000 bemerken, daß eine verträgliche Atmosphäre innerhalb einer Familie Außerordentliches für das Leben jedes einzelnen leistet. Es ist eine Basis, auf der jede menschliche Existenz Halt findet und die jedem den Rücken stärkt.

Es ergeben sich im geschäftlichen Bereich Streßsituationen, die das physische Wohlbefinden stark beeinträchtigen. Hier handelt es sich um die kaufmännischen Berufe, alle anderen bleiben davon weitgehend unberührt.

Am Tag geborene Buche-Leute haben mit einem kosmischen Strahleneffekt ein besonderes Glück. Das Verhalten wird zusehends verbindlicher, der Umgangston angenehmer.

Bemerkenswerte Pluspunkte sind nicht zu erwarten. Doch die kleinen werden Ihnen auch Freude machen.

Kunstschaffende unter den Buche-Geborenen können mit schöpferischen Impulsen rechnen. Nach der ersten Monatswoche beginnt dann auch noch ein Mondeinfluß die Phantasie anzuregen. Bisher auf Eis gelegte Ideen und phantastische Vorstellungen lassen sich nun realisieren.

Nach der Monatsmitte fühlen Sie sich dann endlich nicht mehr als ein Stiefkind des Glücks. Es können neue Freundschaften geknüpft werden, gehen Sie aus sich heraus! Es ist das einzige Verhalten, das Ihnen jetzt noch in Ihrem Repertoire fehlt. Überlassen Sie sich einmal spontanen Einfällen. Sie sind zu bescheiden, manchmal sogar zuwenig von sich selbst überzeugt, was eigentlich bei Buche-Leuten kaum zu glauben ist.

Wissen Sie in einem finanziellen Engpaß keinen vernünftigen Weg aus einer vorübergehend sehr unerfreulichen Situation, so lösen Sie dieses Problem zu einem späteren Zeitpunkt.

Haben Sie aber einen brandheißen Wunsch, der zuviel Geld kostet, so trösten Sie sich selbst. Eine kleine Wartezeit ist doch kein Unglück!

Der Gang zu einem Geldinstitut steht Ihnen natürlich offen. Aber Darlehen kosten Geld, und Sie sollten sich vorher gut überlegen, welche Vor- und Nachteile ein Kredit für Sie hat. Warten Sie noch eine kleine Weile, und Sie werden wieder über das jetzt fehlende Geld verfügen.

Auf Buche-Geborene wartet ein gutes Jahr. Dazu gehört selbstverständlich auch ein gutes finanzielles Polster.

Ganz wichtig ist in diesen Februartagen, daß Sie keine vorschnellen Entscheidungen treffen. Damit bekommen Sie eventuell Probleme, noch ehe das Jahr richtig begonnen hat.

Nach dem 19. wird Ihnen die berufliche Arbeit ausgesprochen lästig. Sie können sich aber keine Nachlässigkeiten erlauben, von Unzuverlässigkeit darf keine Rede sein. Bleiben Sie fleißig, auch wenn es vorübergehend schwerfällt. Sie sind als Buche-Frau oder Buche-Mann relativ gut mit positiven Kräften versorgt, die Ihnen aus den kosmischen Regionen zufließen.

Hat sich ein Buche-Mann entschlossen, eine Beziehung zu beenden, wäre es besser, dies nicht in diesem Monat zu tun. Werden Sie sich über Ihre Gefühle vollkommen klar, und nehmen Sie nicht ganz normale Alltagsschwierigkeiten zum Anlaß, einfach alles hinzuwerfen und zu gehen.

Ist der Verdruß mit den vielen kleinen Ärgernissen des normalen Tagesablaufs tatsächlich die Ursache, dann wird auch die nächste Beziehung zum Scheitern verurteilt sein. Nur der Reiz des Neuen wird für einen schönen Anfang sorgen, aber das Gefühl, jetzt endlich die Richtige gefunden zu haben, wird im Alltag schnell wieder als Illusion entlarvt.

Kompromißbereitschaft wird notwendig, auch im Betrieb. Ihre persönliche Ausstrahlung ist in den März- und Aprilwochen ganz besonders stark. Selbstbewußtsein und Tatendrang, vielleicht sogar Machtstreben sind Eigenschaften, die nicht immer gerne gesehen werden. Sie stecken voller Unternehmungslust, vielleicht sehen Sie gar nicht, wie streitlustig das die Leute macht, die mit Ihnen zusammenarbeiten.

Bei den Buche-Damen wird ein Partnerwechsel von dem verständlichen Wunsch ausgelöst, einfühlsameres Verständnis und innigere Zuneigung bei einem neuen Partner zu bekommen.

Ist es aber nur die Lust nach einem neuen erotischen Erlebnis, geben Sie dem Bedürfnis nach diesem vorübergehenden Spaß ein Ventil. Sicher ist, daß Ihnen damit die Augen geöffnet werden und die Erkenntnis nicht ausbleibt, daß Ihr Herz dort zu Hause ist, wo es bisher relativ zufrieden war.

Sonderzuwendungen finanzieller Art können sich Leute in Ihrem familiären Bereich erwarten. Nur ein Besuch oder ein kurzes gemeinsames Essen genügt nicht.

Sie sehen schon, es sind Märzwochen, die den materiellen Ansprüchen Tür und Tor öffnen. Diese Tendenz zeigt sich überall und in allen Beziehungen, auch den freundschaftlichen.

Nicht alles geht nach Ihren Wünschen. Die kleinen, vielleicht auch größeren Verdrießlichkeiten sind aber nicht so gravierend, daß Sie Ihren Arbeitseifer völlig lähmen würden.

Buche-Leute verfügen schon durch die besondere Geburtszeit, die eine neue Jahreszeit einläutet, über eine gewisse lässige Art. Hält dieser April tatsächlich Zwischenfälle bereit, die schlechte Laune verursachen, so nehmen Sie alles auf die leichte Schulter.

Es könnte sein, daß es nahestehende Menschen sind, die Ihnen in den ersten Aprilwochen das Leben schwermachen. Sie haben ein recht gesundes Selbstbewußtsein mitbekommen, es sollte Ihnen nicht schwerfallen, das einmal ganz offenkundig zu zeigen.

Nach dem 19. wird es keinem Menschen mehr einfallen, Ihnen ohne Respekt zu begegnen. Ob es sich um Leute handelt, die zu Ihrer Familie gehören, oder um Kollegen, man zeigt sich freundlich, mitunter sogar herzlich. Auch Vorschläge, die Sie machen, kommen gut an. Ob es sich um Angelegenheiten im häuslichen Bereich oder um ein neues Programm in der Freizeitgestaltung handelt – alle sind begeistert.

Natürlich gibt es nicht nur Pluspunkte. Sie sollten sich daher nach Kräften bemühen, die intensiven Energien gezügelt und gelassen zu nutzen. Negativ wird sich vieles auswirken, wenn Sie wieder alles auf einmal bewältigen möchten und den Mitmenschen keine Zeit lassen, sich eine eigene Meinung zu bilden.

Von dieser letzten Aprilwoche an wird der Liebesbereich in eine sehr erfreuliche Entwicklung einbezogen. Geben Sie sich so, wie Ihr Herz empfindet, wie es Ihnen die Zuneigung eingibt. Weiter ist nichts zu tun. Ihre Art, Zärtlichkeiten manchmal ganz bewußt sparsam zu dosieren, ist eine Unaufrichtigkeit, die eventuell in einer lieblosen Kindheit ihre Wurzeln hat. Jetzt sind Sie aber kein Kind mehr. Lieblosigkeit im Verhalten oder nur gelegentlich geschenkte Zuwendung geben Ihnen nicht die kleinste Chance, Glück zu finden und zu erleben.

Ihre Bemühungen, Kontakte aufzunehmen und geselligen Anschluß zu finden, haben in diesen Maiwochen den gewünschten Erfolg. Unterscheiden Sie, wer offen und ehrlich auf Sie zukommt und wer nicht. Halten Sie Ihre persönliche Meinung etwas zurück, wenn Sie in manchen Fällen nicht ganz sicher sind.

Ihr persönliches Umfeld, Eltern, Partner, Geschwister, Freunde und Kollegen, sollten nicht vernachlässigt werden. Es kann schon sein, daß neue Gesichter mehr unterhalten. Vielleicht kann es deshalb zu Auseinandersetzungen kommen, weil Buche-Leute sofort Feuer und Flamme sind und Angehörige das nicht akzeptieren können.

Es wird sicher keine ernsthaften Streitereien geben, die schönen Maitage, die auch für Buche-Leute persönlich schön werden, sollten nur Sonnenschein bringen. Jede kleine Mißstimmung sollte daher vermieden werden. Dazu gehört auch, daß alles umgangen wird, das nach einem »guten Rat« aussieht. Sie wissen sicher längst, daß das selten erwünscht ist. Jeder hat heute eine ganz präzise Vorstellung von allem, was ihn persönlich betrifft und berührt. Auch Sie lassen sich in Ihrer eigenen Meinung durch nichts erschüttern. Lassen Sie daher jeden nach seiner eigenen Fasson selig werden. Das hat auch für Sie einen ganz großen Vorteil: Sie sparen sich Kräfte.

Erst ab dem 27. bekommt die Liebe Aufwind, wenn man nur die kosmischen Werte gelten läßt. Aber Sie verfügen auch über eigene Initiative. Sie wissen doch, alles, was von »oben« diktiert wird, ist kein unbedingter Zwang. Wo kämen die Menschen auch hin, wenn sie Roboter wären, die sich nur nach Befehlen von oben richten würden.

Es ist uns leider noch nicht vergönnt, das Rätsel zu lösen, das uns mit diesem Thema immer noch aufgegeben ist. Eines wissen Sie aber ganz genau: Es ist Mai, der Frühlingsmonat, auch Wonnemonat genannt! Es muß für Sie daher wieder wichtig sein, Liebe zu geben und Liebe zu empfangen.

Übertreibungen sind in diesem Bereich jedoch kein empfehlenswertes Rezept.

Die Alltagsarbeit geht den Buche-Leuten leicht von der Hand, es gibt kaum einen Tag, an dem Sie schlecht gelaunt sind oder widerwillig Ihren Pflichten nachkommen.

Manches ist schon jetzt soweit gediehen, daß keine Bedenken aufkommen, irgend etwas könnte noch schieflaufen.

Kleine und kleinste Möglichkeiten, Geld zu verdienen oder sich materielle Vorteile zu verschaffen, heben Ihre Laune.

Fehlen Ihnen aber die ganz großen Chancen, sehen Sie sich in Ihrer Freizeit um. Es könnten sich Gelegenheiten anbieten, die Sie zumindest in eine abwechslungsreiche Beschäftigung einbinden. Mit einem geringen Aufwand an Mühe wird in Buche-Leuten ein wunderbares Lebensgefühl geweckt.

Was auch geschieht, was Sie interessiert, die Hochkonjunktur eines typischen Sommermonats zeigt sich im privaten Umfeld. Sie werden das nach dem 17. selbst feststellen. Ihre Stimmung und Ihr Aussehen sind hervorragend. Es bestätigt sich immer wieder: Harmonie, von Geist, Seele und Körper empfunden, zieht das Glück an und macht erfolgreich. Versuchen Sie den Menschen in Ihrem Umkreis etwas von diesem schönen Zustand zu vermitteln. Aber machen Sie nicht zuviel Wind um Ihr eigenes Schicksal, das derzeit keinen einzigen Mißklang aufweist.

Ihr Glück wird nicht größer und nicht kleiner, wenn Sie sich bemühen, an andere, weniger gut Versorgte ein bißchen Glück weiterzugeben.

Das Bedürfnis, den Partner besonders glücklich zu machen, ist mit keiner freundlichen Position irgendeines kosmischen Zeichens zu erklären. Warum und weshalb dies in der letzten Juniwoche der Fall ist, kann nur in Ihrem Ich begründet sein. Es scheint ausschließlich Sache Ihres Unterbewußtseins zu sein.

Es können sich berufliche Chancen ergeben, die zum sofortigen Zugreifen geeignet wären. Es ist aber nicht ratsam, sich für etwas zu entscheiden, das noch nicht ausgereift ist.

Was nach einem Risiko aussieht oder als gewagte Entscheidung bezeichnet werden müßte, sollte noch für ein paar Wochen auf die Warteliste gesetzt werden.

Der Juli ist aber sicher ein Monat, der Ihnen viele Möglichkeiten einräumt, an die Sie nicht einmal im Traum gedacht haben. Auch wenn es verlockend für Sie wäre, jetzt – und nicht erst morgen – zuzugreifen, lassen Sie die Finger davon! Sie haben mit einer guten Zeit, einer guten Zukunft, zu rechnen, aber sofort wird wohl kaum etwas realisiert werden.

Eine Partnerschaft könnte Ihnen angeboten werden, die neben etlichen privaten Vergünstigungen auch ausgezeichnete Verdienstmöglichkeiten in Aussicht stellt. Vorsicht ist das einzig Richtige, wenn damit eine intime Beziehung angestrebt wird. Diese Vorsicht ist in jedem Fall angebracht, ob das Angebot nun von männlicher oder weiblicher Seite kommt. Probleme sind ganz sicher zu erwarten, wenn das Angebot auch noch aus einem Ihnen fremden Berufsbereich kommt.

Ein neues Arbeitsgebiet und zugleich eine neue private Verpflichtung, das sind zwei Aufgaben, die für Sie, ob Mann oder Frau, nur unter den günstigsten Bedingungen zu bewältigen sind.

Sollte sich irgendwann eine Liebessehnsucht melden, die unter diesen Ereignissen eine Flucht in das Innerste sein könnte, werden Sie sich wohl oder übel für den einen oder anderen Weg entscheiden müssen.

Da dieser Juli im Jahre 2000 aber eine ganz spezielle »Schwäche« für Buche-Geborene hat, wird kaum etwas so heiß gegessen, wie es gekocht wird.

Ein recht stürmischer August erwartet Sie. Es kriselt dort, wo Sie Ihrer gewohnten Arbeit nachgehen. Aber auch in der Familie kann von harmonischem Zusammenleben nicht die Rede sein.

Buche-Leute haben meist einen kühlen Kopf und überlegen genau, wenn manches unübersichtlich ist. In diesem August, das kann vorweggenommen werden, kann Unerfreuliches von Kollegen zu erwarten sein. Bitte nicht schon sofort Gegenmaßnahmen ergreifen! Sie wissen doch, wie so etwas abläuft. Ein Wort ergibt das andere, und plötzlich steht man mitten in einer handfesten Auseinandersetzung, die niemand gewollt hat.

Nach dem 9., wenn das Element Luft das Regiment führt, lichtet sich der Himmel. Es zeigt sich nicht nur bei Ihnen, sondern auch bei allen Mitmenschen eine Bereitschaft zur Harmonie.

Sie können nach diesem Donnerstag tatsächlich alles Unangenehme vergessen. Freunde werden Ihnen das erleichtern. Bei Ihnen fühlen Sie sich in diesen Hochsommerwochen am wohlsten. Was Sie in schlechte Laune versetzt, Ihnen vielleicht sogar den Appetit oder den Schlaf geraubt hat, ist vergessen. Nur ausgesprochene Eigenbrötler unter den Buche-Leuten, die sich im Getümmel eines gesellschaftlichen Lebens nicht wohl fühlen, machen eine Ausnahme.

Es ist sehr wahrscheinlich, daß sich ein unguter Mondaspekt in den Geburtsdaten auf diese Wesensart ausgewirkt hat. In geistigen Berufen Tätige profitieren davon. Wichtig ist, daß die Betreffenden damit glücklich sind.

Die Woche vom Sonntag, den 20. August, bis Samstag, den 26., dürfte die beste dieses Monats werden. Jedem Menschen in Ihrem Bekanntenkreis könnten Sie ein bißchen Glück bringen. Sie werden schnell herausfinden, was für den einzelnen Glück bedeutet.

Es wird sich in diesen Wochen bezahlt machen, wenn Sie klug und umsichtig und am besten auch vorsichtig handeln. Jede Woche wird mit intensiver Arbeit ausgefüllt sein, und alles spricht dafür, daß es auch mit der finanziellen Situation aufwärts geht.

Begraben Sie jetzt die Unzufriedenheit. Wenn Sie optimistisch sind, kommen die unbeschwerten Tage ganz von selbst. Es ist schon lange erwiesen, daß Zuversicht und ein siegessicheres Verhalten den Erfolg anziehen.

Sorgen Sie dafür, daß Ihr Kopf von depressiven Gedanken frei bleibt. Versöhnen Sie sich mit Leuten, die nicht zu den Bevorzugten gehören, die Sie zu Ihren Freunden zählen.

Steht in diesen Wochen eine Reise auf dem Programm, überlegen Sie nicht lange, ob sich das lohnt. Buche-Geborene sind ein bißchen schwerfällig, wenn es um Ortsveränderungen geht. Es bringt nichts, wenn Sie lange zögern. Eine elementare Energie, in diesem September die Erde, wird dafür sorgen, daß es diesmal keine Zwischenfälle gibt, die Sie aus der Ruhe bringen.

Ihr besonderes Merkmal, nämlich sich gefühlsmäßig nicht zu verausgaben, wird sich jetzt eine Korrektur gefallen lassen müssen. Sie werden ein bißchen geselliger und können sogar in der Familie Gefühle zeigen.

Auch der Partner kommt in diesen Septemberwochen nicht zu kurz. Die beruflich bedingte Selbstverwirklichung ist nicht mehr das »A und O« Ihres Strebens. Wenn die Liebe auch immer noch mehr einen kameradschaftlichen Charakter hat, ab und zu spüren Sie, daß da auch noch etwas anderes – Persönliches und Intimeres – vorhanden ist. Doch Sie müssen es sich abgewöhnen, den Partner als Ihren persönlichen Besitz zu sehen.

Im Beruf können sich neue Wege aufzeigen, die Ihnen gut gefallen werden. Auch der Freizeitsektor wartet durchaus mit Veränderungen auf. Buche-Leute, eigentlich eher im Gewohnten verwurzelt, sind im allgemeinen nicht schnell zu begeistern. Diesmal ist es nicht so. Sie überwinden Ihre statische Ruhe, die in vielen, man kann sagen, in den meisten Berufen nützlich ist.

Überprüfen Sie alles, was Sie bisher an Tätigkeiten begeistert hat. Möglich ist, daß es hier genaue Hinweise gibt, die Ihre neue Richtung aufzeigen.

Erotische Wünsche sind möglicherweise die Folge davon, daß Sie zu festgefahren sind, auch im persönlichen Umfeld. Bevor Sie sich auch hier auf Ihre Veränderungswünsche konzentrieren, sehen Sie zu, daß Ihre Herzlichkeit nicht immer nur eine schöne Geste ist. Niemand wird von Ihnen erwarten, daß Sie mit romantischen Gefühlen aufwarten, doch ein bißchen mehr Intensität wäre schon angebracht.

Es versteht sich eigentlich von selbst, daß ein Partner, mit dem Sie schon eine ganze Weile verbunden sind, etwas anderes erwartet als sachliche Argumentation. Nicht umsonst bemühen sich in diesen Oktobertagen kosmische Einflüsse für den Bereich Liebe. Offenheit, Herzenswärme und eine optimistische Haltung werden ab Freitag, den 20. Oktober, den Buche-Leuten endlich die Möglichkeit geben, sich als wirklich liebende Partner zu zeigen.

Dieser Oktober wird Ihnen die Augen öffnen und Ihnen klarmachen, daß die Liebe zu Recht den ersten Platz im Leben der Menschen einnimmt.

Buche-Damen bekommen schon bald den Beweis geliefert, daß es »dem Himmel« mit Ihrer Bekehrung zur echten, innigen Liebe ernst ist. Buche-Herren müssen sich noch etwas gedulden, es ist anzunehmen, daß bei Ihnen die dafür notwendigen Erkenntnisse etwas mehr Zeit in Anspruch nehmen.

Sie werden sich ohne Bedauern aus der intensiven Betriebsamkeit Ihres Arbeitsbereiches zurückziehen. Man könnte beinahe sagen, Sie haben die Ernte eingebracht. Denn Ihre neuen beruflichen Pläne entwickeln sich nur deshalb so rasch und unproblematisch, weil das bisherige Arbeitsfeld erfreulicherweise Ihre Weiterentwicklung so effektiv vorangetrieben hat.

Haben Sie sich tatsächlich um die Verbesserung Ihrer bisherigen Position bemüht, so sind Ihre beruflichen Ziele, die eine geistige Vervollkommnung brauchen, auf ein solides Fundament gebaut.

Auch Buche-Damen sind in derartige Vorgänge einbezogen. Sammeln sie also Wissen, und unterhalten Sie sich mit Leuten, die in diesem Interessengebiet schon Erfahrungen erworben haben. In Bibliotheken gibt es sicher auch Literatur, die Ihnen gute Dienste erweisen kann.

Auch Ihre Aufnahmefähigkeit ist bestens. Geistige Schwerstarbeit macht manchen Buche-Leuten ausgesprochen Spaß. Dieser November bietet dafür ausgezeichnete Möglichkeiten.

Ihre Familie ist, bis auf wenige Ausnahmen, begeistert von Ihren Fortschritten. Jede Ihrer Bemühungen wird nach Möglichkeit unterstützt, eventuelle Hindernisse räumt man Ihnen bereitwillig aus dem Weg.

Ihr Partner macht, soweit es ihm möglich ist, mit. Sie sonnen sich geradezu in dem Bewußtsein, einen lieben und fürsorglichen Menschen an Ihrer Seite zu haben, der auch für die ausgefallensten Ideen viel Verständnis aufbringt.

Er akzeptiert, daß Ihr Interesse in diesen Tagen auf andere Dinge konzentriert und die Liebe eine Weile gewissermaßen auf Eis gelegt ist.

Sie haben beide an den neuen Vorhaben viel Spaß und verfolgen das gemeinsam mit viel Optimismus.

Es ist beruflich momentan sicher noch vieles in Bewegung. In diesen Wochen haben auch private Interessen durchaus die Berechtigung, sich deutlich bemerkbar zu machen. Das beste wäre, sich den jeweiligen Gegebenheiten anzupassen und sich nicht eigensinnig auf das eine oder andere zu kaprizieren. Jedes Zuviel an eigener Initiative ist unangebracht, ja fast schädlich.

Schonen Sie sich ein bißchen, das Jahr hat Ihnen genug abverlangt. In diesen letzten Wochen sollte keine Hektik mehr aufkommen. Diese Dezembertage verlangen ganz eindeutig Ausgeglichenheit und Ruhe. Toleranz, Einfühlungsvermögen und großzügiges Verhalten entsprechen diesen letzten Tagen des Jahres 2000.

Die Natur liegt im Winterschlaf, es ist nur recht und billig, daß Sie sich das für eine Weile zum Vorbild nehmen. Niemand verlangt, daß Sie sich dem »süßen Nichtstun« hingeben sollen, doch Ihr Ich könnte das jetzt gut brauchen.

Es ist sicher kein Zufall, daß diese Tage im Dezember dazu ausersehen sind, den Menschen etwas mehr Ruhe zu bringen und ihnen Gelegenheit zu geben, ausgiebig zu feiern.

Haben einige Buche-Männer oder Buche-Damen die Liebe im Sinn – es ist bekannt, daß eine Zeit der Ruhe das geradezu herausfordert –, so haben die für Sie gültigen Aspekte nichts dagegen.

Es sieht auch nach neuen Beziehungen aus – aber versprechen Sie sich nicht zuviel davon: Bestand wird die Sache nicht haben. Sehen Sie es als Weihnachtsgeschenk, wenn ein intensiver Flirt Sie über die Feiertage begeistert. In einem Nußbaum-Jahr ist es nicht ungewöhnlich, daß derartige Überraschungserfolge schon bald beendet sind.

Nachwort

Das Baumhoroskop nach keltischem Ritual hat uns nicht nur durch bloßen Zufall in diesen Jahren, kurz vor der Jahrtausendwende, erreicht.

Wir stehen auf der Schwelle zu einer neuen Ära, und die Botschaft, die uns mit dem Wissen und den Erfahrungen des keltischen Naturvolkes vermittelt wird, zeigt recht deutlich, daß wir mit den Ansprüchen unseres materialistischen und hochtechnisierten Zeitalters nicht das erreicht haben, was der Menschheit die allseits gewünschte Zufriedenheit und das ersehnte warme Glücksgefühl gebracht hätte.

Um nur ein wenig diesen »Zustand« zu erreichen, müssen wir uns angewöhnen, uns als einen Teil der Natur, also der Schöpfung, zu verstehen. Natur sollte auch mit einbezogen werden, wenn es sich um die Vorgänge handelt, die sich Tag für Tag außerhalb unserer Erde ereignen und zu denen wir beispielsweise durch Erdumkreisungen und Flüge zu anderen Planeten nähere Informationen bekommen möchten.

Tiefes Einfühlungsvermögen in dieser Richtung wäre schon der erste Schritt zu einem Leben, das negative Gefühle wie Neid, Mißgunst, Abneigung oder gar Haß reduziert, die den Menschen nur körperlich und seelisch krank machen. Der Weg über das keltische Baumhoroskop ist dafür recht brauchbar.

21 Bäume, kreisförmig in den Jahreszeitenablauf eingebaut – mit Frühling, Sommer, Herbst und Winter in linksdrehender Bewegung – dies zeigt deutlich, wie das »primitive« Volk der Kelten das Naturgeschehen mit ausgezeichnet funktionierendem Instinkt in das Leben auf Erden integriert hat. Wer kein Gespür dafür hatte, konnte sich darauf verlassen, daß einer aus der Gemeinschaft der Druiden ihm diese Vorgänge nahezubringen versuchte, um ihm zu beweisen, daß eine Bindung an das »außerirdische« Geschehen vom Tag der Geburt bis an das Lebensende eine Tatsache ist. Es sind Vorgänge, die sich zwischen Himmel und Erde ereignen, wofür wir aber nur noch keine leichtverständlichen Bezeichnungen zur Verfügung haben. Doch

daß dieser ganze Komplex eine Tatsache ist, ist sicher, seit sich die Menschheit um Erkenntnisse in der Astrologie bemüht.

Wir durchleuchten den menschlichen Körper mit Röntgenstrahlen, wir reagieren auf ultraviolette Strahlung, was ausnahmslos alles anerkannte und akzeptierte Energie-Materie-Strahlungen sind. Man spricht von Strahlenbelastung, von Strahlenschutz und Strahlenheilkunde – alles zusammen ein wissenschaftlich fundierter Bereich. Auch damit werden dem einfachen menschlichen Denken neue Erkenntnisse aufgezwungen.

21 Bäume sind im keltischen Baumhoroskop Symbole für ähnliche Vorgänge, und trotzdem bezeichnet ein Großteil der Menschheit dies schlicht als Unsinn.

Der keltische Baumkreis in der grafischen Darstellung offenbart die konzentrierte Sonneneinstrahlung zu einem festgelegten Zeitpunkt innerhalb eines Jahres. Das ist auch ein Beweis dafür, daß jeder Mensch in eine kosmische Ordnung einbezogen ist, die für ihn zum Maß aller Dinge wird.

An der Spitze der Liste der für ein gutes, naturnahes Leben notwendigen Dinge steht die Liebe – Liebe als heilbringend für alle Wehwehchen auf dieser Erde! Liebe im allumfassenden Sinn bedeutet, ein Empfinden zu haben, das jedes tierische und pflanzliche Leben mit einbezieht.

Erinnern Sie sich an die Aufregung und die Faszination, die von dem Vorgang einer totalen Sonnenfinsternis ausgelöst wurde. Am 11.08.1999 war es »nur« der Mond, der, unendlich weit von der Sonne entfernt, sich an dieser vorbeibewegte. Ein an sich harmloses kosmisches Ereignis, das die Erdenbewohner jedoch schon Wochen vorher in Aufregung versetzte. Dieser Vorgang ist nur ein Bruchteil von dem, was sich »dort oben« tagtäglich ereignet.

Zum Schluß noch lose gefaßte Dichterworte zum Thema Baum, sehr frei formuliert nach einem Gedicht von Erich Kästner:

Ich wollt', ich wär ein Baum,
stünd' hoch droben im Wald
mit Sonne, Mond und Stern' in meinen grünen Haaren,
wär' mit meinen 300 Jahren
noch gar nicht so alt.

Feng Shui

Chao-Hsiu Chen
Feng Shui
Gesund und glücklich wohnen in
Buddhas Haus und Garten
08/5181

Sarah Bartlett
Feng Shui der Liebe
Harmonie und positive Energie
für Lust und Sinnlichkeit
08/5204

Chao-Hsiu Chen
Body Feng Shui
Das chinesische Geheimwissen von
Partnerschaft und Körpersprache
46/5

**Das kleine Buch vom
Feng Shui**
40/405

Ulrike und Joachim Prinz
Das Feng-Shui-Kochbuch
07/4737

08/5181

HEYNE-TASCHENBÜCHER

HEYNE BÜCHER

Bach-Blüten

08/9517

HEYNE-TASCHENBÜCHER

Kalender

Anna-Maria Bauer
**Das Heyne-
Mondjahrbuch 2000**
08/5296

James Redfield
Celestine-Kalender 2000
13/9804

C. Joachim Weiss
Astro-Kalender 2000
08/5293

C. Joachim Weiss
**Das große Astro-
Jahreshoroskop**
08/5294

08/5296

HEYNE-TASCHENBÜCHER